W0110151

MARTIN HOBEK

HC Strache – Vom Rebell zum Staatsmann

Martin Hobek

HC Strache

Vom Rebell zum Staatsmann

Leopold Stocker Verlag

Graz – Stuttgart

Umschlaggestaltung: Signs Werbeagentur GmbH, 9020 Klagenfurt am Wörthersee

Bildnachweis
Umschlagabb. Vorderseite: FPÖ
Umschlagabb. Rückseite: BKA / Andy Wenzel
Abb. Innenteil: FPÖ: 52, 79, 169; FPÖ / Ruttinger: 9, 29, 61, 62, 73 unten, 87, 112, 141, 144 oben, 145 oben, 155, 247; FPÖ / Pego: 33, 48, 65, 73 oben, 77; Bundeskanzleramt / Regina Aigner: 173; Bundeskanzleramt / Dragan Tatic: 189; Bundeskanzleramt / Andy Wenzel: 192; Franz M. Haas: 66, 107, 117, 150, 179, 183; Mike Ranz: 145 Mitte; Heinz-Christian Strache privat: 175; Harald Vilimsky: 176; Cornelia Bauernhofer: 123; Eleonore Stadler: 133; Michael Niegl privat: 126; Tomio Okamura privat: 145 unten; Martin Hobek: 39, 69, 91, 144 unten, 196, 209; Archiv Hobek: 42f., 75, 81, 88, 187, 188, 198, 243; G. Schneeweiß-Arnoldstein: 57, 165; Karl Heinz Grünsteidl: 58; Walter B. Simon, Andreas Mölzer u. Martin Hobek (Hg.): Juden und Deutsche: Vergangenheit und Zukunft, Graz u. Stuttgart 1994: 199; Zur Zeit 19/2002: 93.

Bibliographische Information der Deutschen Nationalbibliothek
Die Deutsche Nationalbibliothek verzeichnet diese Publikation in der Deutschen Nationalbibliographie; detaillierte bibliographische Daten sind im Internet unter http:// dnb.d-nb.de abrufbar.

Hinweis: Dieses Buch wurde auf chlorfrei gebleichtem Papier gedruckt. Die zum Schutz vor Verschmutzung verwendete Einschweißfolie ist aus Polyethylen chlor- und schwefel-frei hergestellt. Diese umweltfreundliche Folie verhält sich grundwasserneutral, ist voll recyclingfähig und verbrennt in Müllverbrennungsanlagen völlig ungiftig.

Auf Wunsch senden wir Ihnen gerne kostenlos unser Verlagsverzeichnis zu:
Leopold Stocker Verlag
Hofgasse 5 / Postfach 438
A-8011 Graz
Tel.: +43 (0)316/82 16 36
Fax: +43 (0)316/83 56 12
E-Mail: stocker-verlag@ares-verlag.com
www.stocker-verlag.com

ISBN 978-3-7020-1771-2

Alle Rechte der Verbreitung, auch durch Film, Funk und Fernsehen, fotomechanische Wiedergabe, Tonträger jeder Art, des auszugsweisen Nachdrucks oder der Einspeicherung und Rückgewinnung in Datenverarbeitungsanlagen aller Art, sind vorbehalten.

Leopold Stocker Verlag, Graz 2018

Layout: Ecotext-Verlag, Mag. G. Schneeweiß-Arnoldstein, A-1010 Wien

Inhaltsverzeichnis

2003 – Wie alles begann

Das H leuchtet in sattem Gold. In Sekundenschnelle verblasst es und wird wieder eins mit seiner Umgebung. Draußen sind die Temperaturen schon etwas herbstlich, aber drinnen wissen die Biertrinker es nach wie vor zu schätzen, dass die Gläser so stark vorgekühlt werden, dass sie beschlagen. Der Zeigefinger zeichnet zwei neue senkrechte Striche und verbindet sie mit einem Querbalken. H, das ist H wie Herbert und H wie Heinz. Herbert Kickl hat als Treffpunkt das „Einstein" vorgeschlagen, dessen Eingang sich im Arkadengang jenes Gebäudeblocks befindet, der zwischen der Universität Wien und dem Rathaus liegt. Hier kommen alle sozialen Schichten und Altersgruppen zusammen, vom hohen Magistratsbeamten knapp vor der Pension bis hin zum erstsemestrigen Studenten. Herbert Kickl mag das markante Eck-Lokal. An der schräg gegenüberliegenden „Haupt-Uni", wie sie in der Bundeshauptstadt mit ihren vielen Hochschulen genannt wird, hat er Philosophie, Politikwissenschaft, Publizistik und Geschichte studiert.

Jetzt arbeitet Herbert Kickl für den Kärntner Landeshauptmann Jörg Haider. Das südlichste Bundesland Österreichs ist auch Kickls Heimat. 1968 in Villach geboren, wuchs er in Mittelkärnten auf. Diese Region ist traditionell ein sehr guter Boden für die Freiheitlichen: Bei Wahlergebnissen liegen sie in den ersten Jahrzehnten nach dem Krieg prozentuell um ein Vielfaches höher als im Bundesschnitt und stellen immer wieder einmal Bürgermeister in kleineren Gemeinden. Kickl machte auch die Matura in Kärnten, in Spittal an der Drau. Seine Klassenkameradin Eva Glawischnig, ein Trachtenmädel, das bei der Hausmusik der traditionsbewussten Familie die Zither spielte, sitzt seit vier Jahren für die Grünen im österreichischen Parlament. Herbert Kickl ist sicher der politischere Mensch, aber er scheut das Rampenlicht. Bei den Kärntner Freiheitlichen ist er offiziell für die interne Kommunikation zuständig. Jörg Haider schätzt ihn überdies als seinen Redenschreiber. Den meisten Kärntner Funktionären jedoch ist Kickl nicht geheuer. Vereinsmeierei und nächtliche Gelage sind seine Sache nicht. Kleine Brillen à la John Lennon, Stoppelbart und legere Kleidung tun ihr Übriges. Kickl wirkt wie ein Wiener Student und ist damit doppelt suspekt. Die meisten Kärntner fühlen sich seit dem Abwehrkampf ihrer Heimat nach dem Ersten Weltkrieg von den als arrogant empfundenen Wienern verraten, und seit es in der Landeshauptstadt Klagenfurt eine eigene Universität mit primär „antifaschistischem" Selbstverständnis gibt, die gerne auch die berüchtigten Tito-Partisanen glorifiziert, betrachten viele von ihnen akademischen Boden als Feindesland.

Herbert Kickl ist ein Außenseiter, dessen Wohl oder Wehe einzig vom alles überstrahlenden Landesvater Jörg Haider abhängt. Er wird nicht überall eingeweiht, aber sein wacher Geist bekommt trotzdem alles mit, und ihm ist klar: Jörg Haider will die sich (durch seine eigene Schuld) in einer schweren Existenzkrise befindliche FPÖ verlassen und eine neue Partei gründen. Nach außen hin scheint nur mehr „Die Freiheitlichen in Kärnten" auf. Die Parteifarbe Blau wird gänzlich durch Orange ersetzt, weil Jörg Haider von der „orangen Revolution" in der Ukraine schwärmt, und er interessiert sich bemerkenswerterweise für alle bisherigen Parteineugründungen in der Geschichte.

Herbert Kickl weiß: Es ist Zeit, zu handeln. Er geht davon aus, dass Jörg Haider nur in Kärnten Erfolg haben wird. Für die FPÖ in den acht anderen Bundesländern aber würde die orange Abspaltung den Todesstoß bedeuten. Damit wäre das Ende des Dritten Lagers besiegelt. Die FPÖ gilt in Europa seit der 1986 begonnenen Obmannschaft Jörg Haiders als erste wirklich erfolgreiche Partei des Rechtspopulismus. Journalisten aus dem nicht deutschsprachigen Ausland sind allerdings oft überrascht, dass die FPÖ bereits seit 1956 besteht, schon vor Haider 30 Jahre lang mit konstant 5 % Wähleranteil im Parlament saß und 1979–1993 der Liberalen Internationale angehörte. Die (national-)liberale Partei mit besonders vielen Freiberuflern und Bildungsbürgern in den Städten sowie Protestanten am Land stellte durchgängig den Präsidenten des Rechnungshofes und ging 1983 auf Initiative des scheidenden SPÖ-Bundeskanzlers Bruno Kreisky sogar eine rot-blaue Koalition ein. Schon in der Zwischenkriegszeit hatte die FPÖ zwei erfolgreiche Vorläuferparteien (eine städtische und eine ländliche) und sieht die Revolution von 1848 als Geburtsstunde ihrer Bewegung.

Das abrupte und schmähliche Ende dieser 155 Jahre alten Tradition will Herbert Kickl verhindern. Er hält außerhalb Kärntens Ausschau, ob sich unter den durchgebeutelten Landesgruppen ein potenzieller Retter finden könnte – und er wird in Wien fündig: Heinz-Christian Strache, 34 Jahre jung und trotzdem schon seit sieben Jahren Abgeordneter im Wiener Gemeinderat und Landtag. Kickl nimmt den Vitalität ausstrahlenden Strache aus der Distanz genauer unter die Lupe und fasst Hoffnung. Aber jetzt steht eine heikle Etappe bevor: Strache muss eingeweiht und gewonnen werden. Hans Weixelbaum vereinbart als Mittelsmann das dezidiert vertrauliche Treffen.

Seit 2003 vereint für Österreich: HC Strache und Herbert Kickl, hier im Nationalrats-wahlkampf 2017.

Da sitzt Herbert Kickl nun im „Einstein" und malt nervös ein H nach dem anderen auf die milchig-trübe Oberfläche seines Bierglases. Ihm ist mulmig zumute. Er ist schon einige Minuten früher eingetroffen, um sich geistig sammeln zu können. Sein Respekt vor Strache ist noch gewachsen, seitdem er bei der Recherche herausfand, dass dieser Wiener Jugend-Landesvize-meister im Schach war. Dass er in Kärnten als „Radikaler" gilt, vergrößert das Unbehagen. Aber wird er überhaupt kommen …? Oder hat Kickl sich in ihm getäuscht, und er wird vielleicht unmittelbar nach dem Gespräch Jörg Haider Bericht erstatten? Falls der befürchtete Super-GAU nicht eintritt, ist deswegen noch nichts gewonnen. Wird Strache ihm Glauben schenken und darüber hinaus die Mission annehmen …? Oder wird vielleicht gar ir-gendjemand, der beide kennt, sie zufällig sehen, etwas aufschnappen und alles zunichtemachen? Nein, in diesem Punkt beruhigt sich Kickl selbst. Der Tisch 21 steht zwar direkt beim Aufgang ins Obergeschoß, aber ein ge-wisser Grund-Geräuschpegel und die kleinen Einheiten, die – obwohl ohne Trennwände – fast ein wenig wie Kojen wirken, geben Sicherheit. Auch der beleibte FPÖ-Funktionär am Nebentisch, ein seit langem in Wien leben-der Oberösterreicher, wird nichts vom Gesprächsinhalt mitbekommen und schon gar nicht in Kärnten anrufen.

Schließlich erscheint Strache. Er ist neugierig, aber anfangs vorsichtig. Es könnte sich um eine Falle Jörg Haiders handeln, um das aufstrebende Jungtalent auszuschalten. Schließlich ist Kickl in Wien als Jörg Haiders „Einflüsterer" bekannt. Strache bestellt einen Schinken-Käse-Toast mit Spiegelei, Kickl ein überbackenes Camembert-Brot mit Preiselbeeren. Beide ordern überdies je ein großes Bier. Strache zündet sich eine Camel light an, neben Marlboro light damals seine bevorzugte Marke. Er wird damit dazu beitragen, dass die verrauchte Luft bald dem Beschlag auf den Biergläsern gleicht.

HC, wie er sich selbst gerne nennt, hört sich Herbert Kickls unglaublichen, aber glaubwürdigen Lagebericht an. Das gegenseitige Vertrauen wächst, und am Ende sind sich die beiden einig: HC Strache strebt an, im Folgejahr Vorsitzender der mächtigen Landesgruppe Wien zu werden, und wird sich danach gegen Haiders politisch mörderisches Manöver in Stellung bringen. Die beiden bleiben noch sitzen und beginnen, auch privat zu reden. Während der nächsten Stunden findet noch so manches Bier im eiskalten Glas seinen Weg zum Tisch 21. Der Beginn einer besonderen Freundschaft, die nicht ohne Auswirkung auf die österreichische Innenpolitik bleiben wird.

Die Vorgeschichte – seit 1789

Genau genommen beginnt die Vorgeschichte der FPÖ mit der Französischen Revolution 1789. Für die Geschichtswissenschaft ist seit einigen Jahren ein Forschungsansatz, dass ein isländischer Vulkan namens Lakagígar schuld an dieser war. 2010 lernte die Welt die Macht isländischer Vulkane kennen, als der Eyjafjallajökull für einige Tage den westeuropäischen Flugverkehr lahmlegte. Das ist aber gar nichts gegen die Eruptionen des Lakagígar von Juni 1783 bis Februar 1784. Die klimatische Veränderung bewirkt auf dem europäischen Festland eine Serie sommerlicher Missernten. Die meisten Menschen leben damals noch von der Landwirtschaft. Von Adel und Kirche wurden sie vorher schon ausgebeutet. Jetzt bleibt noch weniger Ertrag übrig. Und nicht nur das – Aristokratie und Klerus erhöhen aufgrund ihrer eigenen sinkenden Einkünfte noch die Abgaben. Der Hunger herrscht. Hunger tut weh, und er gerät zur ganz banalen Ursache, dass am 14. Juli 1789 in Paris die Bastille gestürmt wird. Dieses Bauwerk dient nicht nur als Gefängnis und Munitionsdepot, sondern zeitweilig auch als Getreidespeicher. In der Stadt entsteht das (falsche) Gerücht, dass darin Vorräte gelagert seien, womit alles aus dem Lot gerät. Zuerst rollen im Königshaus und im Hochadel die Köpfe. Die Guillotine sorgt dafür, dass das wortwörtlich zu verstehen ist. Die neuen Machthaber gehen aber schnell auch gegeneinander vor. Zeitzeuge Pierre Vergniaud bringt es auf den Punkt: „Die Revolution (ist wie Saturn), (sie) frisst ihre (eigenen) Kinder", was heute nur mehr in der verkürzten Form zitiert wird.

In den gewaltsamen Wirren dieser Zeit setzt sich ein junger, begabter Feldherr an die Spitze. Der gebürtige und ethnische Korse Napoleon Bonaparte überzieht die nächsten zwei Jahrzehnte durch seinen französischen Imperialismus Europa mit Krieg und zeichnet die Landkarte des Kontinents nach Gutdünken neu. Die Liberalen im deutschsprachigen Raum finden durchaus Gefallen an Napoleon; er schafft 1804 den Code civil, ein Gesetzbuch, das erstmals die Rechte der einfachen Bürger festschreibt und in weiten Teilen bis heute in Frankreich gültig ist. Aber Napoleon annektiert auch deutsche Gebiete und rekrutiert die jungen Männer, um sie in seinen Kriegen auf andere Deutsche schießen oder in den winterlichen Weiten Russlands verrecken zu lassen. Die Parfümmarke 4711 ist ein kurioses Relikt aus dieser Zeit: Am Höhepunkt der napoleonischen Macht reicht das französische Staatsgebiet im Süden bis einschließlich Barcelona und Rom, im Norden über die heutigen Benelux-Staaten hinweg bis inklusive Hamburg. Auch Köln ist Teil Frankreichs geworden. Jedes Haus erhält sofort eine Konskriptionsnummer, um zu erfassen, wie viele kriegsdienstfähige Männer darin wohnen. Jenes Haus, in dem das „Kölnisch Wasser" (Eau de Cologne) hergestellt wird, trägt die Konskriptionsnummer 4711. Nach der Schlacht von Waterloo ist endgültig Schluss mit Napoleon.

Auf dem Wiener Kongress 1814/15 wird die alte Ordnung wiederhergestellt. Die Herrscherhäuser legen zusammen mit dem Adel und der Kirche die Untertanen an die kurze Leine. Bauern und Angehörige des noch jungen Arbeiterstandes schuften wieder rechtlos. Das Bürgertum, das sogar im Wirtshaus um die Ecke von der Obrigkeit massiv bespitzelt wird, zieht sich in die eigenen vier Wände zurück. Diese Epoche ab 1815 wird politisch Vormärz bzw. kulturell Biedermeier genannt und findet in Österreich im März 1848 mit dem Ausbrechen der Revolution in Wien ein abruptes Ende. Die Revolutionäre, an deren Spitze die frühen Freiheitlichen stehen, fordern eine Demokratisierung des Staates und der Gesellschaft mittels Verfassung und eines gewählten Parlaments sowie diverse Freiheiten. Am drängendsten werden die Meinungs- und Pressefreiheit, aber auch die Religionsfreiheit für die jüdischen und protestantischen Minderheiten begehrt. Die österreichischen Freiheitlichen werden in die beiden neu geschaffenen Parlamente, den Österreichischen Reichstag in der Spanischen Hofreitschule und die Deutsche Nationalversammlung in der Paulskirche in Frankfurt am Main, gewählt. Diese Revolution lässt keine Köpfe rollen. Und als die Obrigkeit sich von ihrem Schrecken erholt und sich neu gesammelt hat, schlägt sie im Oktober 1848 in Wien und 1849 mit russischer Hilfe in Ungarn die Revolution blutig nieder. Wer von den herausragenden Persönlichkeiten nicht als Rädelsführer erschossen werden will, muss flüchten. Auch der Freiheitliche Hans Kudlich, dessen Antrag auf Aufhebung der bäuerlichen Untertänigkeitsverhältnisse als einziger die Niederschlagung der Revolution übersteht, wird zum Tode verurteilt und lässt sich mit einer Million anderer aus dem deutschsprachigen Raum in den USA nieder, wo manche das politische Werk fortsetzen und es zu hohen Ämtern bringen. Einige werden auf Seiten der Nordstaaten eine nicht unwesentliche Rolle im Amerikanischen Bürgerkrieg (1861–1865) spielen.

In Österreich hingegen ist Restauration angesagt. Nach einem Jahrzehnt der Repression setzt allerdings ein Tauwetter ein. Durch das Februarpatent von 1861 bekommt Österreich erstmals eine Verfassung und mit dem Österreichischen Reichsrat ein Parlament, das von Thron und Altar akzeptiert wird. Wahlberechtigt sind freilich nur Männer, und davon nur solche, die eine gewisse Steuerleistung erbringen. Die Freiheitlichen auf dem Gebiet des heutigen Österreich, die sich selbst Deutschliberale nennen, mischen im Vielvölkerstaat kräftig mit, vor allem in der nach Schleifung der Stadtmauer ihre volle Blüte entfaltenden Reichshaupt- und Residenzstadt Wien. Es kommt sogar zu einer Ära freiheitlicher Bürgermeister: Andreas Zelinka (1861–1868), Cajetan Felder (1868–1878), Julius Newald (1878–1882), Eduard Uhl (1882–1889), Johann Prix (1889–1894), Raimund Grübl (1894/95).

Der wegen seiner Wohltätigkeit populäre „Papa Zelinka" wird von seinem legendären Nachfolger Cajetan Felder noch übertroffen. Felder hat bis heute augenfällige Spuren im Stadtbild hinterlassen: Hochquellwasserleitung, Donauregulierung, Zentralfriedhof, Neues Rathaus. Der Grundstein zum Wiener Rathaus (im Alten Rathaus befindet sich heute das Bezirksamt des 1. Bezirks, Innere Stadt) wird 1872 gelegt. Felder ist sein heutiger Standort zu verdanken, denn ursprünglich war dafür das Areal geplant, auf dem sich heute der Stadtpark befindet. Da der militärverliebte Kaiser Franz Joseph keinesfalls auf einen Exerzierplatz verzichten will, wäre nach Fertigstellung des Prachtboulevards Ringstraße zwischen Parlament und Universität ein relativ großes Stück Ödland gelegen – bei den Wienern unbeliebt, weil im Sommer staubig und ansonsten oft verschlammt. Diese Lücke wäre freilich heute längst verbaut, aber nicht mit dem Rathaus, das sich weitab vom Schuss an der Stelle des Stadtparks befinden würde. Felder ist von Beruf Rechtsanwalt, hat in seiner Jugend die Welt bereist, beherrscht mehrere Fremdsprachen (für einige ist er sogar beeideter Gerichtsdolmetsch) und gehört als Schmetterlingskundler der Akademie der Wissenschaften an. Das vielseitige Genie Cajetan Felder genießt ein derartiges Ansehen beim politisch ganz anders gestrickten Franz Joseph, dass der sture Kaiser sich ausnahmsweise umstimmen lässt und den Exerzierplatz aufgibt. Seinen politischen Höhepunkt erreicht Felder bei der 1873 in Wien stattfindenden Weltausstellung. Er prognostiziert deren finanzielles Fiasko und hält die Stadt Wien aus allen Spekulationsgeschäften heraus. Während der Weltausstellung hingegen begrüßt er am Pratergelände in der pompösen Rotunde mit ihrer Kuppel, die größer ist als die des Petersdoms in Rom, die Staatsoberhäupter aus aller Welt meist in deren Muttersprache. (Die Rotunde brennt 1937 vollständig nieder; die meisten Wiener glauben heute, das 1898 entstandene Riesenrad sei Wiens Weltausstellungssymbol gewesen.)

Auf höherer Ebene wird Anton Ritter von Schmerling zum prominentesten Freiheitlichen. Als Abgeordneter zur Frankfurter Nationalversammlung gehört er 1848 als Reichsminister der kurzlebigen gesamtdeutschen Regierung an. 1860–1865 ist er österreichischer Regierungschef. Die Wiener nennen den 1861 geschaffenen Reichsrat in den ersten Jahren gleichermaßen ironisch wie ehrfurchtsvoll „Schmerling-Theater". Schmerling schließt seine politische Laufbahn 1871 als Präsident des Reichsrates ab.

Beim Wiener Rathaus gibt es heute eine Felderstraße und einen Schmerlingplatz. Im nicht parteipolitischen Vorfeld der FPÖ Wien gibt es das Cajetan-Felder-Institut (CFI) und das Schmerling-Institut.

Mit Beginn des Ersten Weltkriegs im Juli 1914 nimmt die Tragödie ihren Lauf, deren Ende Kaiser Franz Joseph, der 1916 nach knapp 68 Jahren Regentschaft stirbt, nicht mehr miterleben muss. Wenigstens das bleibt ihm erspart. Am 3. November 1918 kapitulieren die österreichischen Streitkräfte; acht Tage später dankt Kaiser Karl ab, womit die Donaumonarchie Geschichte ist. Am 12. November 1918 ist es der Freiheitliche Franz Dinghofer, dem als einer der drei Präsidenten der „Provisorischen Nationalversammlung für Deutschösterreich" die Aufgabe zukommt, die Republik auszurufen.

In dieser Ersten Republik vereinigen die beiden Parteien der Freiheitlichen, die in den Städten angesiedelte Großdeutsche Volkspartei (GDVP) mit ihren als Freiberuflern und Beamten tätigen Bildungsbürgern und der in ruralen Regionen aktive „Landbund (für Österreich)" 15–20 % der Wähler auf sich. Der erste Bundespräsident, der diesen Titel trägt, ist Michael Hainisch (1920–1928). Er gehört keiner Partei an, steht aber der GDVP nahe und bekennt sich als Freiheitlicher. Mitglied der GDVP ist Johann Schober, der 1921/22 als Bundeskanzler amtiert. Da es immer wieder zu Regierungskoalitionen mit den Christlichsozialen kommt, ist die Zahl der freiheitlichen Vizekanzler noch höher. Zuerst bekleiden für die GDVP Felix Frank, Leopold Waber und Franz Dinghofer dieses Amt, danach für den Landbund Karl Hartleb, Vinzenz Schumy und Franz Winkler. Zwischen den Landbündlern findet sich auch GDVP-Mann Johann Schober, der offiziell nur als „Beamter" das Vizekanzleramt bekleidet. In der Zwischenkriegszeit bringen es immerhin vier Freiheitliche zum Landeshauptmann. Im Burgenland ist das der Heimatdichter Alfred Walheim. Ihm verdankt das Burgenland seinen Namen: Nach dem Ersten Weltkrieg war es als „Deutsch-Westungarn" zu Österreich zurückgekehrt. Bei der Namenssuche schlägt Walheim „Vierburgenland" vor, nach den ungarischen Komitaten/Grafschaften Preßburg (Pozsony; heute als Bratislava Hauptstadt der Slowakei), Wieselburg (Moson), Ödenburg (Sopron) und Eisenburg (Vasvár), denen dieser Landstreifen angehört hatte. Walheims Vorschlag wird zu „Burgenland" verschlankt. Um die Christlichsozialen auszuhebeln, küren die Sozialdemokraten den

Freiheitlichen Walheim im Juli 1923 zum Landeshauptmann, was er bis Jänner 1924 bleibt. Ein interessantes Detail am Rande: Walheim war innerhalb des freiheitlichen Lagers von der GDVP zum Landbund gewechselt. Die anderen drei freiheitlichen Landeshauptleute regieren alle in Kärnten: Vinzenz Schumy (1923–1927), Arthur Lemisch (1927–1931) und Ferdinand Kernmaier (1931–1934). Schumy und Kernmaier gehörten dem Landbund an, Lemisch nicht, obwohl er ihn mitbegründet hatte. Der zeitlebens parteilose Lemisch hatte schon 1918–1921 als Vorsitzender der Provisorischen Landesversammlung mit dem Titel „Landesverweser" die Geschicke des Bundeslandes geleitet, auch während des Kärntner Abwehrkampfes.

Mit der Errichtung des autoritären Ständestaates durch die Christlichsozialen (von der politischen Linken auch Austrofaschismus genannt) enden die freiheitlichen Karrieren. Eine prominente Ausnahme stellt Vinzenz Schumy dar, der im Ständestaat Bundesminister bleibt und 1945–1949 für die ÖVP im Nationalrat sitzen wird. Auf den Anschluss Österreichs an Hitler-Deutschland im März 1938 reagieren die Freiheitlichen sehr unterschiedlich. Schumys Nachfolger als Landeshauptmann, Ferdinand Kernmaier, bekleidet im Dritten Reich hohe Funktionen, bevor er 1941 in Graz stirbt.

Nach den ersten Nationalratswahlen der Zweiten Republik 1945 bilden ÖVP, SPÖ und KPÖ eine Konzentrationsregierung. Die Freiheitlichen streben eine Parteigründung an. Während die ÖVP eine Aufsplitterung des bürgerlichen Spektrums befürchtet, kommt genau deswegen Unterstützung vom für das Parteienwesen zuständigen SPÖ-Innenminister Oskar Helmer. Die Sozialdemokraten fühlen sich nämlich durch die lästigen Genossen der KPÖ im Kampf um Platz 1 stark behindert. 1949 entsteht der freiheitliche Verband der Unabhängigen (VdU). Dessen Führungsetage könnte auf Außenstehende nicht widersprüchlicher wirken: Seine beiden Gründer sind Herbert Kraus und Viktor Reimann. Kraus war Regimegegner gewesen, Reimann sogar inhaftierter Widerstandskämpfer. Anton Reinthaller hingegen, der später erster FPÖ-Bundesparteiobmann werden sollte, war schon 1930 aktiver und bekennender Nationalsozialist gewesen. Er galt als moderater Mann des Ausgleichs, weshalb der NSDAP-Apparat geteilter Meinung über ihn war. Trotzdem gehörte Reinthaller 1938–1945 dem Berliner Reichstag an und wurde zusätzlich zum Unterstaatssekretär ernannt. Die breite Mitgliederbasis besteht aus alten Freiheitlichen von vor 1934 (so wird etwa Vizekanzler a. D. Karl Hartleb VdU-Parteivize), aus Geläuterten, die dem Nationalsozialismus auf den Leim gegangen waren, sowie aus Heimatvertriebenen. Der VdU erreicht als Wahlverband der Unabhängigen (WdU) bei der Nationalratswahl 1949 beachtliche 11,7 % und 16 Mandate. Das Kalkül der Sozialdemokratie geht trotzdem nicht im Geringsten auf: Der VdU nimmt nämlich beiden Parteien je acht Mandate ab …

Nach heftigen Richtungsstreitigkeiten zerbricht der VdU. 1956 wird die Freiheitliche Partei Österreichs (FPÖ) gegründet, die bei den Nationalratswahlen im selben Jahr 6,5 % und sechs Mandate erlangt. 1959, bei der ersten Wahl nach Abzug der Besatzungsmächte (auch der sowjetischen), fliegt die KPÖ aus dem Nationalrat. Die FPÖ erzielt mit 7,7 % und acht Mandaten einen Rekord, der bis 1986 halten wird. In diesen 27 Jahren gibt es nur drei Parlamentsparteien. Da die FPÖ die mit Abstand kleinste (und meistens einzige) Oppositionspartei ist, stellt sie ab 1964 den Präsidenten des Rechnungshofes. Als klassische Honoratiorenpartei hat sie kein Problem damit, diese Position optimal zu besetzen. Es werden aufgrund der langen Amtszeiten aber nur zwei: Jörg Kandutsch (1964–1980) und Tassilo Broesigke (1980–1992). Ansonsten kann die FPÖ aufgrund des politischen Proporzes und der noch starren Gesellschaft kaum auf sich aufmerksam machen. Der Coup des Alexander Götz (1978/79 Bundesobmann), 1973 Bürgermeister der zweitgrößten Stadt Graz zu werden und es bis 1983 zu bleiben, bildet eine Ausnahme. Die FPÖ hatte im Gegenzug der ÖVP in der Kärntner Landeshauptstadt Klagenfurt zum Bürgermeisteramt verholfen.

Die Große Koalition ist seit 1945 Quasi-Staatsdoktrin, die Beteiligung der KPÖ an einer Konzentrationsregierung bis 1947 der sowjetischen Besatzungsmacht geschuldet. Dank ihres Mandatsvorsprungs bei Nationalratswahlen stellt die ÖVP immer den Bundeskanzler. 1966 genügen ihre 48,4 % sogar für eine absolute Mandatsmehrheit und die Alleinregierung. 1970 gelingt dem SPÖ-Spitzenkandidaten Bruno Kreisky jedoch eine Sensation: Er jagt der ÖVP nicht nur die absolute Mehrheit an Mandaten, sondern auch die relative Mehrheit an Stimmen ab. Diese 48,4 % genügen allerdings nicht für eine Alleinregierung. Kreisky bricht mit einem Tabu. Der konfessionslose Agnostiker aus einer jüdischen Familie hat einen starken Hang zur FPÖ, waren doch einige seiner Verwandten freiheitliche Politiker im deutschböhmischen Teil der Donaumonarchie. Er schließt mit der FPÖ ein politisches Geschäft ab: Die Freiheitlichen unter ihrem Langzeitobmann Friedrich Peter (1958–1978) stimmen im Nationalrat einer roten Minderheitsregierung und dem Budget zu, dafür beschließen beide gemeinsam ein für die FPÖ faireres Wahlrecht.

Mit seiner Angelobung als Bundeskanzler wird Bruno Kreisky kurioserweise auch Mitglied im Bundesparteivorstand der ÖVP – denn in deren Parteistatut steht, dass der Bundeskanzler der Republik Österreich automatisch dem Bundesvorstand angehört. So fern liegt den Schwarzen im ersten

Vierteljahrhundert der Zweiten Republik der Gedanke, dass ein Roter Regierungschef werden könnte …

Dank des neuen Wahlrechts erhält die FPÖ bei der Nationalratswahl 1971 für die gleichen 5,5 % zehn statt sechs Mandate (auch weil die Gesamtzahl der Sitze von 165 auf 183 erhöht wird), und die SPÖ holt die absolute Stimmen- und Mandatsmehrheit. Als Kreisky 1983 die Absolute wieder verliert und sich schwerkrank in die Pension zurückzieht, bringt er noch eine rotblaue Koalition auf Schiene. Fred Sinowatz wird roter Bundeskanzler und Norbert Steger blauer Vizekanzler.

Es ist eine nette Episode in der österreichischen politischen Geschichte, dass es FPÖ-Obmann HC Strache sein wird, der 2010 das Bruno-Kreisky-Archiv rettet. Ein FPÖ-Bezirksrat ist am Vormittag des 4. November 2010 als Student zufällig während einer Seminar-Exkursion im Kreisky-Archiv anwesend, als dort die telefonische Nachricht einlangt, dass die Subvention ab dem Folgejahr definitiv gestrichen werde. Das schlägt ein wie eine Bombe, weil diese für die Wissenschaft wichtige und gut geführte Institution damit Anfang Jänner 2011, just wenige Tage vor Kreiskys 100. Geburtstag, schließen müsste. Noch um 11.51 Uhr läuft Straches Protest, dessen Sympathie für die Kanzlerlegende kein Geheimnis ist, via APA-Aussendung über die Redaktionsbildschirme. Es kommt dann auch darüber zu einer Debatte im Nationalrat, die vor allem den Roten sehr peinlich ist. Jedenfalls wird danach die fortwährende Finanzierung des Bruno-Kreisky-Archivs sichergestellt.

Aber zurück zur Chronologie: Für die Freiheitlichen verläuft die 1983 geschlossene sozialliberale Koalition ungünstig. Aus heutiger Sicht lag es vielleicht primär am falschen Zeitpunkt für eine solche Positionierung. Denn sie fällt in die letzte große Epoche des internationalen Konservativismus. In Großbritannien regiert die „Eiserne Lady" Margaret Thatcher, in der BRD eine bürgerliche Koalition unter Helmut Kohl. Dieser gehörte neben CDU und FDP natürlich auch die CSU an, in der noch der legendäre bayerische Ministerpräsident Franz Josef Strauß das Sagen hatte. Auf geopolitischer Ebene hatten der republikanische US-Präsident Ronald Reagan und der polnische Papst Johannes Paul II. begonnen, am Fall des Eisernen Vorhanges zu arbeiten.

In Österreich setzt es bei Landtagswahlen für die blauen Juniorpartner des roten Kanzlers überall deutliche, teils existenzbedrohende Verluste. Nur in Kärnten kann die FPÖ 1984 unter ihrem neuen, jungen Landesparteiobmann Jörg Haider von 11,7 % auf 16,0 % zulegen, allerdings auch deswegen, weil der neue Star auf der politischen Bühne gerne die

Bundes-FPÖ kritisiert. Als 1986 Franz Vranitzky, Finanzminister mit hohen Sympathiewerten, Fred Sinowatz als Bundeskanzler ablöst, stürzt die FPÖ auf Bundesebene bei Umfragen mit 2–3 % endgültig unter die statistische Schwankungsbreite. Da es damals die Vierprozenthürde (erst 1992 eingeführt) noch nicht gibt, erklärt Steger im Fernsehen dem staunenden Publikum gut gelaunt, dass der Verbleib im Nationalrat 1987 auch bei einer Halbierung gelingen werde. Und: Sollte die SPÖ nichts verlieren, was er so vermutet, stehe einer Fortführung von Rot-Blau nichts im Wege. Beim Innsbrucker Bundesparteitag am 13. September 1986 besiegt Jörg Haider in einer Kampfabstimmung Norbert Steger. Franz Vranitzky löst die Koalition augenblicklich auf und ruft Neuwahlen aus. Bei diesen verdoppelt sich die FPÖ unter ihrem Charismatiker Haider beinahe auf 9,7 %. Da der schwer schockierte ÖVP-Obmann Alois Mock Zweiter bleibt, kommt es erstmals zu einer rot-schwarzen Regierung.

Es folgt ein FPÖ-Siegeszug, der seinesgleichen sucht. Im März 1989 bricht Haider bei der Kärntner Landtagswahl die Absolute der SPÖ und überholt die ÖVP, die ihn zum Landeshauptmann kürt. Als er im Juni 1991 nach einer Äußerung im Landtag über eine „ordentliche Beschäftigungspolitik im Dritten Reich" abgewählt wird, schlittert er in eine tiefe persönliche Krise. Er fängt sich aber wieder und setzt noch im selben Jahr seinen Triumphzug fort: Bei der Wien-Wahl verdreifacht sich die FPÖ (die sich schon 1987 von zweien auf acht Mandate vervierfacht hatte) noch einmal beinahe von acht auf 23 Sitze und wird zweitstärkste Kraft. Jörg Haider sorgt für eine Polarisierung, die um den Jahreswechsel 1992/93 einen neuen Gipfelpunkt erreicht. Es sind die Wochen vor dem Volksbegehren „Österreich zuerst", das von den Gegnern mal „Ausländervolksbegehren", mal „Anti-Ausländer-Volksbegehren" genannt wird. Trotz der Einheitsfront von etablierter Politik, Medien, Kirchen und Kunstszene, die auch ein Lichtermeer am Heldenplatz organisiert, unterschreiben 416.531 Menschen und damit 7,35 % der Wahlberechtigten. Die Gegner des Volksbegehrens jubeln über dessen „Scheitern", sind inoffiziell aber über die hohe Zahl an sich offen Deklarierenden, die nur einen Bruchteil der heimlichen Unterstützer darstellen, schwer erschüttert. Die damals als skandalös eingestuften Forderungen des Volksbegehrens würden übrigens heute nur mehr extrem linke Gruppierungen aufregen.

Für die FPÖ hat das Volksbegehren aber doch eine drastische Folge: Am 4. Februar 1993, drei Tage nach Ende der Eintragungswoche, erklärt Heide Schmidt gemeinsam mit vier anderen Abgeordneten ihre Abspaltung von der FPÖ und die Gründung einer neuen Partei samt Parlamentsklub unter dem Namen Liberales Forum (LiF). Dieses kann sofort reüssieren, allerdings ohne den Aufstieg der FPÖ zu bremsen. Das LiF hingegen, das bei der Nationalratswahl 1995 die Grünen überholt und Platz 4 einnimmt, fliegt 1999 hinaus und erholt sich davon nicht mehr. Es geht mehrere Jahre später in den NEOS auf.

1999 erreicht Jörg Haider seinen Zenit: Am 7. März wird die FPÖ klare neue Nr. 1 im Kärntner Landtag (16 von 36 Mandate) und er selbst in weiterer Folge wieder zum Landeshauptmann gewählt. Bei der Nationalratswahl am 3. Oktober erreicht die FPÖ mit 26,9 % einen neuen Spitzenwert und nimmt der ÖVP mit einem Vorsprung von 415 Stimmen den zweiten Platz ab.

Nach monatelangem Verhandlungspoker vor allem des ÖVP-Obmanns Wolfgang Schüssel, der angekündigt hatte, bei Zurückfallen auf Platz 3 in Opposition zu gehen, kommt es am 4. Februar 2000 zu einer blau-schwarzen Regierung, allerdings mit schwarzem Kanzler. Der Gegenwind aus dem rot-grünen Lager und aus Brüssel ist heftig. Die neue Bundesregierung muss die paar Meter vom Kanzleramt zur Hofburg, wo der Bundespräsident sie (nach Ablehnung zweier Freiheitlicher als Minister) mit demonstrativer Eisesmiene angelobt, unterirdisch zurücklegen. Der Druck ist so groß, dass ein blauer Minister nach genau vier Wochen nur mehr in der Lage ist, im Viertelstunden-Takt zum Telefon zu greifen und beim Autohändler einen Jaguar zu bestellen, bevor er in einer Nervenklinik verschwindet. Beim Bundesparteitag am 1. Mai 2000 in Klagenfurt übergibt Jörg Haider der Vizekanzlerin Riess-Passer mit einem tränenerstickten „Susanne, geh du voran!" auch den Parteivorsitz. Das ist der Auftakt eines permanenten Störfeuers. Riess-Passer wächst mit der Aufgabe, aber die Widrigkeiten sind mächtig. Fatal ist auch, dass 2002 die Ersetzung des Schillings durch den Euro zu ihren Aufgaben zählt, obwohl die FPÖ gegen die neue Einheitswährung kämpfte. Da bei vielen Preisen einfach das Komma um eine Stelle verschoben wird, erhöhen sich diese um 37 %. Gegen solche Fälle wurde zwar ein Verbot erlassen, aber da es keine Sanktionen gibt, bleibt es wirkungslos. Die sozial schwachen Schichten jaulen auf. Dass die halbstaatlichen Wirtschaftsinstitute die sprunghafte Inflation leugnen, erzeugt Zorn.

Die neue Regierung reformiert, und sie saniert das Budget. Dabei lassen sich die unerfahrenen blauen Minister gelegentlich auch von roten Spitzenbeamten ein Bein stellen: Ein wunderbares Beispiel ist die Besteuerung der Invaliditätsrente. Die Sozialdemokraten hatten das vor vielen Jahren schon versucht und den Versuch aufgrund massiver Gegenwehr gleich wieder abgeblasen. Nun setzen sie der Vizekanzlerin diesen Floh ins Ohr. Die

Folge: Die Wiener Freiheitlichen müssen eine eigene Hotline einrichten, damit ihre Bürotelefone nicht blockiert werden. Auf einem Tisch sind vier Festnetzapparate eingerichtet. Neben den Mitarbeitern müssen auch Landtagsabgeordnete und Bezirksvorsteher-Stellvertreter Telefondienst verrichten. Wenn einer von ihnen nach seinem Rechtfertigungsgespräch auflegt, läutet in der nächsten Sekunde dieses Telefon, und es haben wieder alle vier den Hörer am Ohr. Gut nachvollziehbar werden von der Regierung vor allem die Belastungen gestaltet, so wird die Autobahn-Vignette von 550 auf 1000 Schilling erhöht.

Das Störfeuer aus dem Süden wird zum Sperrfeuer. Am Samstag, den 7. September 2002, kommt es zur großen Katastrophe: Knittelfeld. Jörg Haider will nach außen hin eine Steuersenkung erzwingen, die die Bundesregierung infolge eines Jahrhunderthochwassers im August 2002 verschoben hat. Intern schwärzt er Regierungsmitglieder, vor allem seinen Zögling Karl-Heinz Grasser, als korrupt und knapp vor der Verhaftung stehend an. Das ist damals ein völlig neuer und absurd klingender Vorwurf. Es weiß auch noch kaum jemand, dass die medial diskutierte tausende Euro teure Handtasche der Vizekanzlerin nur die Spitze des Eisbergs ist. Jörg Haider wäre freilich der Letzte, der mit dem Finger auf andere zeigen dürfte. Aber auch das ist in der Partei noch weitgehend unbekannt. Schon zu Wochenbeginn wurde mit dem Sammeln von Unterschriften unter den Bundesparteitagsdelegierten begonnen. Von den 751 Delegierten unterschreiben 380, nicht wenige werden schlichtweg überrumpelt. Manche erhalten im Ausland die Expressmeldung, dass man dringend ihre Unterschrift benötige, und es wird hin- und hergefaxt. Einige unterfertigen das Forderungspapier an Riess-Passer nur, nachdem sie unter Druck gesetzt wurden. Letztlich liegen eben 380 Unterschriften vor. Mit dieser Mehrheit könnte jederzeit ein außerordentlicher Bundesparteitag einberufen werden. Sollte es zu diesem kommen, wäre die Abwahl Riess-Passers die scheinbar logische Folge. Vorerst wird aber nur eiligst ein Delegiertentreffen in Knittelfeld einberufen.

In der obersteirischen Stadt, deren Name seit damals ein Synonym für selbstmörderische Revolten ist, tun sich eigenartige Dinge. Es sind ungefähr 300 Delegierte anwesend, und von denen macht ein Drittel keinen Hehl aus ihrem Unmut. „Was tun wir hier eigentlich?", „Was soll das bringen?" und ähnliche Aussagen sind im Saal zu hören. Als Oberösterreichs Landesobmann Hans Achatz in gewohnt ungelenken Worten eine scheinheilige Friedensansprache hält, kommt es an den oberösterreichischen Tischen beinahe zu Sprechchören gegen ihn. Achatz ahnt zu diesem Zeitpunkt nicht, dass er sich in diesem Moment mit seiner führenden Teilnahme an Knittelfeld selbst das politische Grab schaufelt. Noch im selben Monat wird er die Landesobmannschaft auf Druck der Basis zurücklegen müssen. Riess-Passer wiederum weiß natürlich nicht, dass ihr in Knittelfeld nur 200 der 751 Delegierten, die somit weit entfernt von einer Mehrheit sind, an den Kragen wollen.

Eine besondere Rolle spielt Jörg Haider. Er sitzt sichtlich gut gelaunt am Podium, streckt die Beine entspannt durch und beschränkt sich aufs Zuhören. Es gibt mehrere Redner. Am nachhaltigsten beeindruckt Kurt Scheuch aus Kärnten das Auditorium: Er hält ein Papierdokument in Händen, bei dem es sich – wie er erklärt – um einen Vorschlag Riess-Passers handelt. Kurt Scheuch ist ein echter Mann, was er durch sein Markenzeichen, ein rotes Piraten-Halstuch, unterstreichen will. Er lässt kein gutes Haar am Papier – und um das zu verdeutlichen, zerfetzt er es demonstrativ in kleine Stücke. Nur Jörg Haider und einige wenige Getreue wissen zu diesem Zeitpunkt, dass das Papier am Vortag während eines vertraulichen Gesprächs am Obdacher Sattel im steirisch-kärntnerischen Grenzgebiet Jörg Haider und Susanne Riess-Passer gemeinsam ausformuliert haben. In Knittelfeld weist Haider seinen blind ergebenen Gefolgsmann Kurt Scheuch an, das Papier zu „zerreißen", was der nicht allzu kompliziert Gestrickte wortwörtlich nimmt. Jörg Haider verschaukelt an diesem Tag Freund und Feind. Er greift schließlich ein und formuliert gemeinsam mit den Anwesenden ein neues Papier. Diese beteiligen sich rege durch Zurufe an Haider, der den jovialen Schriftführer gibt. Die Stimmung hat sich enorm verbessert. Das Papier ist ein guter Kompromiss, der beide Seiten das Gesicht wahren lässt. Für den nächsten Tag ist ein Treffen von Riess-Passer mit den neun Landesparteiobleuten in Wien angesetzt. Die Wiener ziehen sich daher noch für eine Stunde zurück, um gemeinsam zu beraten, was ihr Obmann Hilmar Kabas der Vizekanzlerin an Wünschen und Anregungen überbringen soll. Gegen 2 Uhr morgens fahren die Wiener Busse Richtung Nordosten heimwärts los. Viele fallen sofort in Morpheus' Arme, einige sind so überdreht, dass für sie an Schlaf nicht zu denken ist. Im Gespräch miteinander sind sie sich einig: Die Katastrophe wurde abgewendet. Es dominiert Erleichterung, erstmals seit Langem lebt sogar die Hoffnung auf eine grundsätzliche Wendung zum Guten auf.

Als an diesem Sonntag die Medien über Stunden wiederholt melden, dass die Freiheitlichen noch immer tagen, schwant den positiv gestimmten Knittelfeld-Teilnehmern Übles. Um 21 Uhr verkünden Vizekanzlerin Susanne Riess-Passer, Finanzminister Karl-Heinz Grasser und Klubobmann Peter Westenthaler die Niederlegung all ihrer politischen Funktionen.

Einen weiteren Tag später gibt ÖVP-Kanzler Wolfgang Schüssel die Auflösung der Koalition bekannt und ruft Neuwahlen aus.

Die FPÖ braucht nun einen neuen Bundesparteiobmann. Jörg Haider, der sich selbst als „einfaches Mitglied" deklariert und permanent „Bin schon weg", „Bin wieder da" mitteilt, verweigert die Übernahme dieser Verantwortung. Infrastrukturminister Mathias Reichhold muss einspringen. Der Landwirt Reichhold war 1989 von Jörg Haider in die Politik geholt worden. Bei der Antrittspressekonferenz lernten die Journalisten damals einen extrem jugendlich wirkenden 32-jährigen Kärntner kennen, der wie ein Prototyp des braven Bauernbuben wirkte. Als er gefragt wurde, ob sich sein Vorname mit einem oder mit zwei t schreibe, erstickte er mit seiner Antwort jegliche Missverständnisse im Keim: „Mit einem – aber wenn der Jörg es will, auch mit zwei." „Hiasi", wie er allgemein gerufen wurde, ging als Generalsekretär nach Wien, wo er nebenbei das Freiheitliche Bildungswerk zu managen hatte. Er rief sofort die die Junge Akademie (JA) ins Leben, die für eine Nachwuchs-Elite sorgen sollte. Bei den fünftägigen Basisseminaren dominierten oberösterreichische Gemeinderäte zwischen 45 und 55 Jahren, nicht wenige davon hauptberufliche Landwirte. Reichhold ging bald zurück nach Kärnten, wo er verschiedenste Funktionen bis hinauf zum Landeshauptmann-Stellvertreter bekleidete.

Nun fällt ihm die Aufgabe zu, den Karren aus dem Dreck zu ziehen. Er ist sich dieser Bürde bewusst und stellt sich ihr. Zur besseren Bewältigung hofft er beim Sonder-Bundesparteitag in Oberwart am 21. September 2002, genau zwei Wochen nach Knittelfeld, auf ein Votum von 80 %. Dieses übertrifft er eindrucksvoll mit 92,2 %. Reichholds Rede kommt der allgemeinen Stimmung, endlich aus dem Albtraum erwachen zu wollen, sehr entgegen. Er schlägt versöhnliche und einigende Töne an und erntet mit seinem Appell „Sorgen wir dafür, dass es nie wieder zu einem Knittelfeld kommt!" tosenden Applaus. Während des Parteitags schüttelt er mit einem optimistischen Lächeln die Hände aller Delegierten, wie er es sich von den Bädern Jörg Haiders in der Kärntner Menge abgeschaut hat. Der Kärntner Landesparteiobmann Martin Strutz übermittelt dem abwesenden Jörg Haider von Oberwart aus via Presseaussendung eine an Unterwürfigkeit kaum zu übertreffende Ergebenheitsadresse und schreibt dabei – ein nettes Detail am Rande – Reichholds Vornamen mit zwei t.

Reichholds tapfere Mission endet nach 40 Tagen dramatisch: Mit einer verschleppten schweren Lungenentzündung und Herzrhythmusstörungen wird er gerade noch rechtzeitig ins Deutschordensspital in Friesach gebracht. Jörg Haider schickt ihm ins Krankenhaus nach, dass er sich „von solchen Schwächlingen die Partei nicht kaputtmachen" lasse. Später wird das dann von ihm nachträglich auf Riess-Passer, Grasser und Westenthaler umgemünzt.

Die FPÖ verliert damit mitten im Wahlkampf ihren Spitzenkandidaten. Bei der Nationalratswahl am 24. November 2002 stürzt sie von 26,9 % auf 10,0 % ab und bleibt gerade noch vor den Grünen. Die Schüssel-ÖVP schießt von 26,9 % auf 42,3 % in die Höhe. Der alte und neue Bundeskanzler kann sich den Koalitionspartner aussuchen. Für ihn ist klar, dass es wieder die FPÖ sein wird, aber für das unpolitische Wahlvolk muss er pro forma zuerst mit den beiden anderen Parteien reden, sonst hätte für dieses ja die Neuwahl keinen Sinn ergeben. Mit der SPÖ ist es schnell vorbei. Die gegenseitige Antipathie der handelnden Personen ist über die letzten Jahre hinweg noch gewachsen und unüberwindlich. Schüssel lädt danach die Grünen ein. Diese haben festgestellt, dass die meisten ihrer Wähler das befürworten, und sagen zu. Partei-Vize Eva Glawischnig trägt zur ersten Verhandlungsrunde eine Halskette mit einem überdimensionalen Kreuz – als reine Provokation, wie sie lachend bekennt. Weil beide Seiten ohnehin wissen, dass daraus nichts wird und man sich nur zum Schein an den Verhandlungstisch setzt, ergibt sich eine unerwartete Dynamik. Unter der inoffiziellen Prämisse „Es geht eh um nichts" lässt es sich locker verhandeln. In Windeseile wird ein Kapitel nach dem anderen abgeschlossen. Als die Öffentlichkeit sich auf eine schwarz-grüne Regierung einzustellen beginnt, erwacht der grüne Basismob in Wien, für den ausschließlich Rot-Grün infrage kommt. Er ist mit ehemaligen Hausbesetzern und Opernball-Demonstranten durchsetzt. Allen ist noch der Bielefelder Parteitag der BRD-Grünen im Mai 1999 in lebhafter Erinnerung. Der grüne Außenminister Joschka Fischer hatte die pseudo-pazifistische Basis durch seine Zustimmung zu NATO-Einsätzen am Balkan erzürnt und wurde auf dem Podium von einem roten Farbbeutel am rechten Ohr getroffen, der sein Trommelfell reißen ließ. Van der Bellen und Glawischnig erkennen das Gesundheitsrisiko und erklären, dass man doch auf keinen grünen Zweig gekommen sei. Somit wird es wieder Schwarz-Blau. Für die FPÖ, eine Ertrinkende, ist die Fortsetzung der letzte Strohhalm, an dem sie sich festklammern kann. Sie muss aber mehrere Ministerien abgeben und gerät zum VP-Wurmfortsatz.

Am 8. Dezember wird Herbert Haupt in Salzburg mit 87,8 % zum neuen Bundesobmann gewählt. Für die FPÖ wurde 2002 somit zum Drei-Obleute-Jahr.

Mit Haupt hat erneut ein Jörg Haider treu ergebener Kärntner das höchste Treppchen der Parteihierarchie erklommen. Der fleißige Tierarzt, der sich als Vizekanzler und Sozialminister oft schon um 6 Uhr morgens im Büro einfindet, war bereits einige Male in seinem Leben klinisch tot gewesen. Er erfuhr dadurch auch viel über frühere Leben, wie er freimütig zu berichten pflegt. Mit der Öffentlichkeit hat es sich Haupt im Laufe der Zeit gerichtet. Sein typisches „Ich sage in aller Klarheit …", dem nicht selten ein Genuschel in längeren Schachtelsätzen folgt, verfügt fast schon über den Legendenstatus des Kreisky'schen „Ich bin der Meinung …". Aber Jörg Haider bereitet auch Herbert Haupt sein politisches Himmelfahrtskommando, sodass dieser im Juni 2004 entnervt den Bundesparteivorsitz hinschmeißen wird.

So geht es nach der Obmann-Kür Haupts ins Jahr 2003. Die drei Landtagswahlen werden zu drei Desastern. Im März gehen in Niederösterreich sieben der neun Mandate verloren. Im September erfolgt ein Doppelschlag: In Tirol geht es bergab von sieben auf zwei. In Oberösterreich drittelt sich die FPÖ von zwölf auf vier Sitze. In allen drei Landtagen sind die Freiheitlichen hinter die Grünen auf Platz 4 zurückgefallen. Auch die Bundesratsfraktion, die sich aus den Landtagen speist, schrumpft dementsprechend.

Es ist auch das Jahr 2003, in dem schließlich Herbert Kickl an HC Strache herantritt und mit ihm vereinbart, dass dieser beim nächsten Landesparteitag Obmann der Wiener Freiheitlichen werden wird, um die FPÖ vor Jörg Haiders Zerstörungsabsichten zu retten.

2004 – HC Strache wird Obmann der Wiener Freiheitlichen

„Ihr Verräter habt Heinz-Christian den Antrittsparteitag verpatzt!" – der Wiener Alt-Landesparteiobmann Hilmar Kabas ist für seine direkte Art bekannt. Nun lässt er in einem Nebenraum des Wiener Messezentrums seinem Temperament tosend freien Lauf. Es ist Samstag, der 6. März 2004, und Hilmar Kabas hat die Obmannschaft über die Wiener Freiheitlichen an HC Strache übergeben. Im Anschluss an den Landesparteitag hat sich der neue Vorstand zu einer kurzen Nachbesprechung zusammengefunden. Zwei Vorstandsmitglieder, die auch Bezirksobleute sind, spüren nun den Zorn des Nicht-mehr-Vorsitzenden, der eigentlich gut gelaunt und erleichtert sein sollte.

Für Kabas nämlich endet in diesem Moment eigentlich ein sechsjähriges Martyrium. Es ist typisch für ihn, dass er auch heute noch diesen Begriff für jene Zeit kategorisch ablehnt. Als der Wiener Landesparteiobmann Erwin Hirnschall 1991 sein Amt an Rainer Pawkowicz übergab, wurde Hilmar Kabas dessen rechte Hand. Es war eine Zeit der explosionsartigen Expansion. 1987 vervierfachte sich die Zahl der Freiheitlichen im Wiener Gemeinderat und Landtag von zwei auf acht. 1991 gab es noch einmal beinahe eine Verdreifachung von 8 auf 23. Pawkowicz war ein scharfsinniger und weltgewandter Ästhet. Der studierte Architekt kam in seiner Jugend viel in der Welt herum und malte ausgezeichnet. Als Kavalier der alten Schule genoss er auch bei den anderen Parteien hohes Ansehen. Der ebenfalls hochgebildete Jurist Kabas übernahm die Rolle des knochenharten Zuarbeiters im Hintergrund und des exzellenten Säckelwarts. Eskalierte im Gemeinderat eine Debatte, konnte man den Kontrahenten der beiden nur raten, die Köpfe rechtzeitig einzuziehen – wenngleich es sich um völlig unterschiedliche Stilrichtungen der Auseinandersetzung handelte: Pawkowicz bediente sich des fein geschliffenen Floretts, Kabas griff zum Bihänder.

Die Gemeinderats- und Landtagswahl 1996 nahte. Jörg Haider wollte Rainer Pawkowicz, der auf eine eigenständige Linie der Wiener Freiheitlichen bedacht war, als Spitzenkandidat unbedingt verhindern. Er schickte ein Mitglied der „Buberlpartie", Walter Meischberger, sowie Gernot Rumpold als den „Mann fürs Grobe" los. Bei diesem Sechsaugengespräch meinte Pawkowicz zum Wortführer Meischberger: „Dein Aussehen und mein Intellekt, und wir wären unschlagbar!" Schönheit aber vergehe; er setze daher auf andere Werte und behalte die volle Verantwortung für die Wiener Landesgruppe. Gleich nach dem Gespräch ließ Pawkowicz im Vorwahlkampf sein Porträt wienweit plakatieren und schuf gegenüber dem zähneknirschenden Bundesobmann Haider vollendete Tatsachen. Auch die Begehrlichkeiten, Wiens Kasse anzuzapfen, wusste Pawkowicz abzuwehren. Im Wahlkampf zeigte sich, dass der Mann von Welt sein Auditorium bei Massenveranstaltungen genauso fesseln konnte wie im kleineren Kreis. Auch sonst hatte der SP-Bürgermeister Michael Häupl dem neuen freiheitlichen Herausforderer nichts entgegenzusetzen. Am 13. Oktober 1996 legte die Pawkowicz-FPÖ – obwohl beim Aufstieg in einem Bereich mit bereits dünner Luft befindlich – noch einmal kräftig um fünfeinhalb Prozentpunkte und sechs Mandate auf 29 zu. Damit wurde nicht nur der zweite Platz deutlich abgesichert: Die SPÖ stürzte von 47,8 auf 39,2 % sowie von 52 auf 43 Sitze ab und verlor damit erstmals in der Geschichte die absolute Mandatsmehrheit in Wien.

Rainer Pawkowicz, der in Wien ein besseres Ergebnis erreicht hatte als die Bundes-FPÖ unter Jörg Haider bei den Nationalratswahlen, sollte diesen Erfolg aber nicht lange auskosten dürfen. Im März 1998 verstarb er nach kurzer, schwerer Krankheit mit nur 54 Jahren. Für Hilmar Kabas, seinen logischen Nachfolger, bedeutete das die größte Umstellung in seinem politischen Leben. Es war wie in einer Fußballmannschaft, in der der Goalgetter plötzlich nicht mehr da ist und der Flügelstürmer, der für die Vorlagen sorgte, ins Zentrum rücken muss. Dort steht er nun, an völlig ungewohntem Ort – und hat niemanden mehr, der ihn anspielt.

Das Trommelfeuer der politischen Linken konzentrierte sich nun auf Kabas, mit dem Eintritt der Freiheitlichen in die Bundesregierung am 4. Februar 2000 umso stärker. Ihm wurde unter anderem vorgeworfen, die „Operation Spring", eine groß angelegte Polizeirazzia gegen nigerianische Drogendealer, in der Öffentlichkeit verraten zu haben, obwohl sie schon zuvor in Printmedien erwähnt worden war. Die monatelange öffentliche Spekulation, ob es zu einer Anklage kommen würde, gipfelte am 3. November 2000 in der fetten „Krone"-Schlagzeile: „FP-Kabas mit Haft bedroht!" Für die erste drastische Aktion gegen Kabas, bei der die breite Masse Augenzeuge wurde, hatte schon ein halbes Jahr zuvor der ORF gesorgt. Am 18. April 2000 wurde er vor laufender Fernsehkamera „getortet", soll heißen, ein junger Mann drückte dem Wiener FPÖ-Obmann eine Cremetorte ins Gesicht und lief davon. Der ORF verweigerte die Herausgabe des Filmmaterials für gerichtliche Ermittlungen. Heute ist Kabas der festen Überzeugung, dass diese Aktion vom interviewenden ORF-Redakteur (der mittlerweile auf den österreichischen Fernsehbildschirmen durchaus präsent ist) sogar arrangiert worden sei. Dieser sprach ihn am Rande einer Freiluft-Veranstaltung an und bat ihn um ein paar Sätze in die Kamera. Kabas erinnert sich, dass die Anbahnung eigentümlich verlaufen sei; er wurde örtlich und zeitlich für den Angriff „hergerichtet". Die politische Gegnerschaft ergoss wochenlang ihren Spott über den „Getorteten". Hinzu kamen an Anwürfen ein behaupteter Bordellbesuch, den er absurderweise in Anwesenheit von Journalisten mit Parteikreditkarte bezahlt haben sollte, die „Hump-Dump-Affäre" und, und, und. Kabas wurde keine Ruhepause gegönnt.

Noch schlimmer traf es Michael Kreißl. Kabas hatte sich dem Thema Sicherheit leidenschaftlich verschrieben, und so wurde der Polizeigewerkschafter Kreißl zu seiner rechten Hand. Gegenüber diesem hatte Kabas zwei Vorteile: Er war nach Jahrzehnten des Engagements für die FPÖ Druck und Prügel gewohnt und verfügte über eine außergewöhnlich gute körperliche Konstitution. Zum 60. Geburtstag im Jahr 2002 schenkte die Wiener Landespartei dem begeisterten Alpinisten Kabas eine Mont-Blanc-Besteigung. Der stämmige Quereinsteiger Michael Kreißl war im Zusammenhang mit der bereits erwähnten „Operation Spring" wegen des Verrats von Amtsgeheimnissen im September 2002 zu sechs Monaten bedingter Haft verurteilt worden. Das skandalöse Urteil aber hielt nicht, und nach einem Neuaufrollen des Prozesses wurde Kreißl im Februar 2004 freigesprochen. Schließlich wurde ihm das Kesseltreiben zu viel. Im November 2004 starb Michael Kreißl schwer erkrankt eine Woche vor seinem 46. Geburtstag. Seine Beisetzung am Baumgartner Friedhof im Westen Wiens verlief sinnbildlich für seinen Wechsel in die (freiheitliche) Politik: Aus buchstäblich heiterem Himmel brach binnen weniger Sekunden ein gewaltiger Schneesturm los …

Als inmitten dieser heißen Phase HC Strache an Hilmar Kabas herantrat und seine Ambitionen auf den Landesparteivorsitz anmeldete, entschied sich der Amtsinhaber bald zu einer geordneten Amtsübergabe. Dass Kabas schon den jungen Bezirksrat Strache für ein großes Talent gehalten und dieser die Erwartungen als Gemeinderat erfüllt hatte, half dabei sehr.

Nun ging es darum, für Strache am Landesparteitag am 6. März 2004 einen guten Einstand sicherzustellen. Hinter den Kulissen wurden Verhandlungen mit der Gruppe um Herbert Scheibner geführt. Scheibner war Klubobmann der geschrumpften FPÖ-Fraktion im Nationalrat und gehörte dem „Regierungslager" in der Partei an. Er war 2000–2002 Verteidigungsminister gewesen, ein Amt, das er „geerbt" hatte, als Bundespräsident Klestil die Angelobungsunterschrift für Hilmar Kabas verweigerte, und war Ende der 1980er-Jahre hoher Funktionär vor allem in der Wiener Landesgruppe des Ringes Freiheitlicher Jugend (RFJ), der Parteijugend, gewesen. Als solcher war er in Wien maßgeblich daran beteiligt gewesen, dass Beitrittswerber HC Strache ohne Angabe von Gründen als Mitglied abgelehnt wurde. Scheibners Aktionsradius gegen Strache hatte sich aber nicht darauf beschränkt. Als 1991 die Kandidatenlisten für die Bezirksvertretungswahlen erstellt wurden, sorgte er dafür, dass Strache im 3. Bezirk auf den aussichtslosen 16. Platz zurückgereiht wurde. Der ehrgeizige Jüngling Strache verstand die Welt nicht mehr und sprach den neuen Wiener Landesparteiobmann Rainer Pawkowicz darauf an. „Ah, du bist das, ich habe nur den Namen Strache dir nicht zuordnen können", antwortete dieser und machte die Aktion Scheibners umgehend rückgängig, wodurch Strache der damals jüngste Bezirksrat der Geschichte werden konnte. Auf hochschulpolitischer Ebene hatte Herbert Scheibner sich vom traditionsreichen Ring Freiheitlicher Studenten (RFS) ferngehalten und einen eigenen „Liberalen Studentenverband" (LSV) gegründet, der aber über Nullkomma-Ergebnisse nie hinauskam.

Scheibner war jeden Montagabend beim Stammtisch des RFJ-Wien im „Café Bendl" dabei. Der harte Kern bestand anno 1988 aus fünf Personen, die Besucherzahl wurde selten zweistellig. Politische Aktivitäten gab es kaum; der Montagabend war dem Tratsch, der Intrige und mit vorrückender Stunde dem Barack (ungarischer Marillenschnaps) gewidmet. Der Wiener RFJ-Obmann zählte fast 30 Lenze, sein Finanzreferent, der sich allerdings nie blicken ließ, 35. Für einfache Angehörige war die Mitgliedschaft bis zum 30. Geburtstag limitiert, weshalb man sich erst recht im Vorstand einmauerte und Neumitgliedern gegenüber sehr restriktiv eingestellt war. Die beiden „Oldies" in der Runde sollten knapp eineinhalb Jahrzehnte später als Landtagsabgeordneter bzw. als Nationalrat beim BZÖ landen. In dieser kleinen, aber eingeschworenen Runde, in der Scheibner fast so etwas wie der Rechtsaußen war, war gelegentlich zu hören, dass man sich der SPÖ näher fühle als der FPÖ. Das änderte sich erst im März 1989 schlagartig, als Jörg Haider den Landeshauptmannsessel in Kärnten erkämpfte. Am Montag nach der Wahl wechselte die Wiener RFJ-Führung mit fliegenden Fahnen in sein Lager über. Die Besucher des RFJ-Stammtisches im „Café Bendl" waren meistens Bezirksräte. Gehörte man nämlich dem RFJ-Landesvorstand an, war es für die FPÖ-Bezirksgruppe, zu der der Jugendfunktionär gehörte, ein ungeschriebenes Gesetz, ihn bei Bezirksvertretungswahlen auf der Kandidatenliste sehr weit nach vorn zu setzen – eine reine Prestigesache, solan-

Ein Jahr, nachdem Hilmar Kabas als Wiener Landesparteiobmann an HC Strache übergeben hat, tut er das 2005 in Salzburg auch als interimistischer Bundesobmann.

ge es in den meisten Bezirksparlamenten in Wien nur einen freiheitlichen Mandatar gab. Ab 1987 aber, als sich die Bezirksratssitze vervielfachten, ein sicheres Mandat. Als die FPÖ 1987 in Rudolfsheim-Fünfhaus von einem auf vier Sitze anwuchs, wurde Scheibner Bezirksrat. Der gescheiterte Jus-Student, aber für sein Alter ungewöhnlich abgebrühte Netzwerker verfügte über die Gabe, die Gunst der Stunde zu nützen. Generalsekretärin Heide Schmidt, in der Bundes-FPÖ der Star neben Jörg Haider, machte Scheibner zu ihrem persönlichen Sekretär. Gemeinsam drängten sie den RFS mit ihrer Freiheitlichen Studenteninitiative (FSi) zu Beginn des Jahres 1989 ins hochschulpolitische Ausgedinge. Erster Vorsitzender wurde als Kompromisskandidat Walter Rosenkranz, ein moderater und allgemein anerkannter Burschenschafter, der fast 30 Jahre später mit der Regierungsbeteiligung 2017 die Klubführung im Nationalrat übernehmen wird. (Der RFS sollte 1994 auf die Bühne zurückkehren und nach einer gemeinsamen Kandidatur bei der ÖH-Wahl 1995 die Schmidt-FSi ab 1997 wieder ablösen.) Beim freiheitlichen Bundesparteitag in Feldkirch 1990, der mit kuriosen Turbulenzen bei nebensächlichen Themen überraschte, profitierte Scheibner auf ganzer Linie: Als Noch-Nobody erhielt er einen sicheren Listenplatz für die anstehende Nationalratswahl.

Herbert Scheibner und HC Strache verkörpern nun, im Jahr 2004, die beiden Gegenpole der Wiener Freiheitlichen. Es ist mit Scheibner vereinbart, dass Strache mindestens 85 % Zustimmung erhalten soll.

Das unerwartete Unheil nimmt seinen Lauf: Es kommt zur Wahl des Landesobmannes. HC Strache ist der einzige Kandidat. 325 Delegierte geben ihre Stimmen ab – davon sind 50 Streichungen. Die 275 Stimmen für ihn sind zwei zu wenig, bedeuten sie doch „nur" 84,62 %. Darüber würden Strache und Kabas noch nobel hinwegsehen. Auf ganze Prozent gerundet sind es 85, und die Öffentlichkeit weiß ohnehin nichts von der Abmachung. Ein Bezirksparteiobmann jedoch sieht das anders. Erbost über den für ihn offensichtlichen Vertragsbruch gibt er – ohne mit Strache Rücksprache zu halten – mit Unterstützung eines Kollegen per Flüsterpropaganda die Parole der Vergeltung aus. Und wie diese aussehen soll, liegt auf der Hand: Nach der Wahl des Obmanns werden dessen drei Stellvertreter und danach die weiteren acht Mitglieder des Landesvorstandes gewählt. Dafür kandidiert, wie jedes Mal, auch Herbert Scheibner. Dieser soll durch Streichungen unter Straches Prozentmarke zu liegen kommen. Von 324 abgegebenen Stimmen entfallen auf Scheibner 157. Das sind sechs zu wenig, er kommt nur auf 48,46 %. Dieser Denkzettel ist deutlich zu stark ausgefallen, der Eklat ist perfekt. Der FPÖ-Klubobmann im Nationalrat fällt bei der Wahl in den Wiener Landesvorstand durch!

Solch ein Vorfall, der naturgemäß größte mediale Aufmerksamkeit findet, kann leicht zu einem Casus Belli werden und ist der Grund für das eingangs beschriebene Poltern des Hilmar Kabas nach dem Landesparteitag.

Die Position gegen Jörg Haider, der tags darauf bei der Kärntner Landtagswahl seine 16 Mandate hält und sogar noch leicht auf 42,43 % zulegt (während die Salzburger zeitgleich fürchterlich abstürzen), ist jetzt noch klarer bezogen, als der neue Wiener Obmann HC Strache das beabsichtigte. Ihn kann das aber nicht irritieren, und er geht voller Elan ans Werk.

Wird HC Strache heute auf die damaligen und darauffolgenden Vorgänge angesprochen, betont er, dass er bis auf den völlig unberechenbaren Ewald Stadler mit allen Akteuren seinen Frieden gemacht habe. Auch mit Herbert Scheibner habe er sich zusammengesetzt und ausgesprochen. Man müsse nach vorn schauen und dürfe nicht in der Vergangenheit leben. Es gehe um die Einheit des Dritten Lagers, so Strache. Für diese Versöhnlichkeit war seinerzeit freilich noch kein Platz.

2004 – EU-Wahl: Die internen Fronten verhärten sich

Als HC Strache und Jörg Haider Stellung bezogen haben, steht bereits der nächste Urnengang an: die EU-Wahl am 13. Juni 2004. Die Freiheitlichen verfügen zu diesem Zeitpunkt noch über eine fünfköpfige Delegation in Brüssel und Straßburg. Aber sie wissen: Das kann sich drastisch ändern, denn die Umfragen prognostizieren einen katastrophalen Absturz. Es könnte sogar passieren, dass nur ein einziger Mandatar erhalten bleibt. Diesmal glaubt die Parteiführung den sonst oft fragwürdigen Umfragewerten. Eigentlich wären die EU-Wahlen die wichtigsten, denn 80 % der österreichischen Gesetzesmaterie werden in Brüssel produziert. Andererseits wird vieles davon am EU-Parlament vorbeigelenkt. Für die meisten Österreicher ist Brüssel weit weg, und sie stehen der EU als solcher kritisch gegenüber. Das trifft besonders auf die Anhänger der FPÖ zu. Jene FPÖ-Funktionäre, die sich schon bei Wahlen zur Österreichischen Hochschülerschaft als Aktivisten betätigten, fühlen sich ein wenig daran zurückerinnert. Im Wahlkampf hört man oft „Das interessiert mich nicht", „Das betrifft mich nicht" oder „Diese Unnötigen können mir gestohlen bleiben". Bei den Studentenwahlen bleiben die Freiheitlichen auf Bundesebene stets unter 5 %, primär deshalb, weil die Wahlbeteiligung weniger als 30 % beträgt. Während bei Nationalrats- und diversen Landtagswahlen zwischen 60 und 85 % der österreichischen Wahlberechtigten ihre Stimmen abgeben, werden es bei der EU-Wahl 2004 nur 42,43 % sein …

Umso stärker ist also diesmal der Fokus auf den Spitzenkandidaten gerichtet, könnte es doch sein, dass er der einzige Repräsentant der FPÖ im EU-Parlament werden wird. Erschwerend kommt hinzu, dass nach dem Beitritt zehn neuer Mitgliedstaaten zum 1. Mai 2004 die Zahl der österreichischen Abgeordneten von 21 auf 18 reduziert wurde. Jörg Haider lässt Hans Kronberger zum Spitzenkandidaten küren. Dieser war vom österreichischen Anfang 1996 an für die FPÖ im EU-Parlament dabei. Er ist als Umweltexperte bekannt, der in diesem Bereich für den ORF, aber hinter den Kulissen, tätig war. Politisch sozialisiert worden ist er in der KPÖ, der Kommunistischen Partei.

Diese Personalentscheidung Jörg Haiders stößt Andreas Mölzer sauer auf. Der in der Steiermark geborene und aufgewachsene Kärntner, der sich deshalb manchmal scherzhaft „Kästize" nennt, gehört schon seit Längerem zur intellektuellen Elite der Partei. Jörg Haider übergab ihm Anfang der 1990er-Jahre das Freiheitliche Bildungswerk und entsandte ihn in den Bundesrat. Mölzer galt als der Chefideologe der Partei und bekannte sich als „nationalliberaler Kulturdeutscher". 1992 brach ein wochenlanger Sturm der Entrüstung los, weil Mölzer den Begriff „Umvolkung" verwendet hatte. Dieser sei ein NS-Terminus. Dass er bei den Nationalsozialisten *positiv* besetzt war und Mölzer *gegen* ihn wetterte, half ihm nicht. In politischen Diskussionsrunden wurde Mölzer von Gegnern schon vor dieser Aufregung gerne als Hobbyhistoriker abgekanzelt, weil ihn der intensive Einstieg ins Berufsleben das Geschichtsstudium nicht abschließen ließ. Er publizierte dennoch Literatur in einem Umfang wie ein Universitätsprofessor, die überdies trotz aller böswilligen Unterstellungen fachlich unangreifbar bleiben sollte. Der Roman „Der Graue" über einen Atomkriegsüberlebenden wurde dafür umso hämischer verrissen – aber nur deshalb, weil Mölzer ihn unter seinem Namen veröffentlicht hatte. Als es zu Differenzen mit Jörg Haider kam, verlegte Mölzer sich wieder mehr auf die publizistische Schiene. Er übernahm die Österreich-Ausgabe des konservativen bundesdeutschen Wochenblattes „Junge Freiheit", die er unter dem Namen „Zur Zeit" verselbstständigte. Nach der erneuten Wahl Jörg Haiders zum Landeshauptmann wurde Andreas Mölzer Kulturbeauftragter der Kärntner Landesregierung. Nach Auslaufen des Vertrages 2001 trennten sich die Wege beider wieder. Sein Intellekt und sein Schreibstil machten Mölzer zu einer echten „Edelfeder". Er war oftmaliger Gastkommentator der damals noch hochqualitativen bürgerlichen Tageszeitung „Die Presse" und der Auflagenkaiserin „Kronen Zeitung". Aber auch Blätter des linken Spektrums griffen gern auf Mölzer als Autor zurück. In der Grünen-nahen Wiener Wochenzeitung „Falter" erschienen seine Beiträge eine Zeit lang regelmäßig.

Während Mölzers politische Einstellung pluralistisch ist, versteht er innerhalb der FPÖ weniger Spaß. Ihm ist eine unverwässert freiheitliche Fünf-Prozent-Partei lieber als eine bis zur Unkenntlichkeit angepasste Fünfzig-Prozent-Partei. Folglich sieht er in Haiders Plan, dass der Spitzenkandidat einer vielleicht künftigen Ein-Mann-Partei FPÖ in Brüssel ein Postkommunist sein solle, das schlechteste mögliche Vorgehen.

Mölzer entschließt sich zu einer Vorzugsstimmenkampagne. Er argumentiert, dass er in dieser Phase der existenziellen Krise die Kernwählerschichten motivieren wolle. Wenn sich auch die anderen Funktionäre

Sorgenvolle Zeiten ...

ins Zeug legten, so sei ein Halten von zwei, drei Mandaten möglich. Auch Kronberger hätte dann seinen Sitz sicher. Politisch potentester Unterstützer von Andreas Mölzer wird der neue Wiener Landesobmann HC Strache.

Der Wahlabend bringt das erwartete Desaster: Die FPÖ stürzt von 23,4 auf 6,3 % ab und verliert tatsächlich vier ihrer fünf Mandate. Sowohl die „Liste Martin" eines als unverträglich beschriebenen Aufdecker-Journalisten, der sich als Quereinsteiger mit der SPÖ überworfen hatte und von der „Kronen Zeitung" massiv unterstützt wurde, als auch die Grünen erzielen mehr als doppelt so viele Stimmen wie die Freiheitlichen.

Die Misere der FPÖ wird für Mölzer aber zum Glück im Unglück. Laut EU-Wahlrecht müssen 7 % der Wähler einer Partei einem Kandidaten ihre Vorzugsstimme geben, damit dieser auf Platz 1 der Liste vorgereiht wird. Mölzer hätten daher 11.000 Stimmen genügt – er schafft 22.000. Kronberger, der im Wahlkampf sogar der FPÖ als Mitglied beigetreten war, kann dem nichts entgegensetzen und sucht verärgert das Weite. Haider, der außerhalb Kärntens Verantwortung scheut wie der Teufel das Weihwasser, hat intern nun eine bombastische doppelte Niederlage erlitten.

Am außerordentlichen Bundesparteitag in Linz am 3. Juli 2004 wird HC Strache mit 74,8 % zum stellvertretenden Bundesparteivorsitzenden gewählt. Der österreichweit noch nicht so bekannte junge Wiener setzt damit ein Ausrufezeichen. Er bleibt nicht weit unter der neuen Bundesvorsitzenden Ursula Haubner (79,0 %) und über dem zweiten Stellvertreter, dem arrivierten Oberösterreicher Günther Steinkellner (69,5 %).

2005 – BZÖ-Abspaltung: Der vermeintliche Todesstoß

„Andreas Mölzer aus der FPÖ ausgeschlossen!" – Das ist am 17. März 2005 *die* innenpolitische Schlagzeile des Tages. Aber der Kärntner Landesparteivorstand hat die Rechnung ohne den Wirt gemacht, und der heißt HC Strache. Dieser macht nämlich darauf aufmerksam, dass laut den Parteistatuten nur der Bundesparteivorstand einen EU-Abgeordneten ausschließen kann. Jörg Haider und seine Schwester Ursula Haubner, die als seine Platzhalterin den Bundesparteivorsitz führt, können das nur zähneknirschend zur Kenntnis nehmen.

Jörg Haider ist mit seinem Schachzug im Vorjahr, den neuen Wiener Landesobmann zum Bundespartei-Vize zu machen und ihn damit ruhigstellen zu wollen, endgültig gescheitert. Ganz im Gegenteil: Seit Strache dem Bundesvorstand angehört, haftet er auch für die Finanzen und verlangt Einsicht in die Bücher. Diese wird ihm standhaft verweigert.

Es wird spekuliert, dass Jörg Haider eventuell wieder selbst die Führung übernimmt. Altvordere in der FPÖ, wie Ex-Obmann Friedrich Peter, trauen ihm im kleinen Kreis eine Mehrheit sogar zu, aber nicht, dass sein Ego einen Prozentsatz von nur 60 % verkraften würde. Die zweite Variante wäre die Gründung einer neuen Partei. Einige Funktionäre treffen sich regelmäßig in Gumpoldskirchen und sehen sich als Zelle einer „Erneuerung".

Schließlich haben die Spekulationen für HC Strache ein Ende: Jörg Haider bietet ihm an, ein Führungsduo zu bilden. Beim bald anstehenden Bundesparteitag Ende April solle er, Haider, wieder FPÖ-Bundesparteiobmann werden und Strache geschäftsführender Obmann. HC Strache nimmt zugunsten einer Versöhnung und der Einigkeit der Partei an. Die beiden setzen einen Vertrag auf. Nachdem beide unterschrieben haben, bittet Haider Strache für die nächsten zwei Wochen um Verschwiegenheit. Strache willigt ein. Aus nachträglicher Sicht ging es Haider lediglich darum, die Zeit für eine Parteigründung zu gewinnen.

Am Dienstag, dem 29. März 2005, unternimmt Ursula Haubner beim Bundesparteivorstand im „Penta Vienna Hotel" in Wien-Landstraße einen neuen Anlauf, Andreas Mölzer aus der Partei auszuschließen. Die Statuten bergen aber erneut einen Haken: Für den Ausschluss braucht es eine qualifizierte Mehrheit von zwei Dritteln der Stimmen. Jede einzelne Stimme könnte entscheiden. Jörg Haider reist nach Kanada, um Frank Stronachs Fabriken zu besichtigen. In der Öffentlichkeit wird das als Fluchtverhalten mit taktischem Hintergrund interpretiert. „Lieber feiger Hund als toter Löwe", kommentiert ein Zeitungsjournalist. Vor Beginn der Sitzung wird HC Strache von einem Kärntner und einem oberösterreichischen Vorstandsmitglied in die Mangel genommen, damit er gegen Mölzer votiert. Es kommt nach einer heftigen Diskussion schließlich zu einigen Gegenstimmen und auch Enthaltungen. HC Strache stimmt gegen den Ausschluss Mölzers. Beim Ergebnis von 15:8 für den Ausschluss gibt seine Stimme als Zünglein an der Waage den Ausschlag für Mölzers Verbleib in der Partei. Martin Strutz aus der Kärntner Landesparteispitze läuft unmittelbar danach wutentbrannt hinaus.

Am Montag, dem 4. April 2005, befindet sich HC Strache mit Hilmar Kabas und Gerhard Bauer im „Danieli", einem italienischen Lokal in der Wiener Himmelpfortgasse. Jörg Haider soll dazustoßen, um anschließend zu einer gemeinsamen Pressekonferenz zu gehen. Doch dazu kommt es nicht mehr. Haider gibt um 15.30 Uhr in der Urania, einer Sternwarte, deren historisches Gebäude an der Mündung des Wienflusses in den Donaukanal liegt, die Gründung des Bündnis Zukunft Österreich (BZÖ) mit der Parteifarbe Orange bekannt. Als das Trio im „Danieli" davon erfährt, wird es am falschen Fuß erwischt. Doch man fängt sich sehr schnell und beginnt, per Telefon eine Krisensitzung für den nächsten Tag einzuberufen.

HC Strache wird an diesem Tag noch einmal überrascht: Plötzlich steht Jörg Haider vor den dreien im „Danieli". Nach seiner Pressekonferenz hat er die paar hundert Meter zum ursprünglichen Treffpunkt zurückgelegt. Haider hat Tränen in den Augen. Er könne nicht anders, erklärt er. Aber es sei ihm ein Bedürfnis, sich zu verabschieden. Dann wendet er sich ab.

Um 16.42 Uhr meldet die FPÖ via APA, dass der Wiener Klubobmann Hilmar Kabas gemäß den Statuten nach dem Ausscheiden von Bundesparteiobfrau Ursula Haubner und ihrem Stellvertreter Günther Steinkellner als ältestes Bundesvorstandsmitglied die Geschäftsführung der FPÖ interimistisch bis zum nächsten Bundesparteitag übernehme.

Am folgenden Vormittag treten einige FPÖ-Landesobleute im „Hilton Plaza Vienna" am Schottenring vor die Presse und geben bekannt, dass HC Strache als Bundesparteiobmann kandidieren werde.

Als Hilmar Kabas den Wiener Landesparteivorsitz im März 2004 an HC Strache übergab, hatte das jeder politikkundige Beobachter für den ersten

Schritt eines geordneten Rückzuges ins Privatleben gehalten. Nun steht Kabas plötzlich wieder voll im Fokus. Aber er ist geeicht und erfahren, seine Entschlossenheit, sein Fleiß und nicht zuletzt sein Verantwortungsbewusstsein waren ohnehin immer vorhanden. Er wird in den kommenden Wochen der Fels in der ohrenbetäubend tosenden Brandung sein. Am 7. April 2005 setzt Hilmar Kabas einen rechtlichen Schritt, um den ihn viele beneiden und der zu einem außergewöhnlichen historischen Moment wird: Er schließt Jörg Haider aus der FPÖ aus. Dieser reagiert einmal mehr völlig widersprüchlich: Er beklagt sich weinerlich über die aus seiner Sicht „öffentliche Hinrichtung" und meint im nächsten Satz lapidar, dass er ja bereits mit der Gründung des BZÖ aus der FPÖ ausgetreten sei.

Für die FPÖ erreicht die BZÖ-Abspaltung eine kaum fassbare Dimension: Sämtliche Regierungsmitglieder, darunter die Bundesparteivorsitzende, fallen weg. Von den 18 Nationalratsabgeordneten fallen 16 weg; nur Barbara Rosenkranz und Reinhard Bösch bleiben. Die dramatischen Vorgänge, für die sich kein historisches Vorbild finden lässt, widersprechen der alemannischen Mentalität. Reinhard Bösch und seine ganze Landesgruppe sind daher anfangs überfordert und sitzen zwischen den Stühlen. Es gibt dann zwar nach einer Gesprächsinitiative von HC Strache relativ bald eine Entscheidung für den Verbleib bei den Freiheitlichen, aber Rosenkranz (die im Nachhinein gesehen auch nicht ganz sauber agiert – bei manchen Abstimmungen beruft sie sich aufs freie Mandat und geht mit der Mehrheit mit) und Bösch sind weit entfernt von der Beibehaltung eines Klubstatus, für den es fünf Abgeordnete braucht. Rechtlich gesehen sind sie ohne ihr Zutun „wilde Abgeordnete" geworden. Oberösterreich ist gespalten. In Tirol erweist sich die Landesgruppe als treu, aber die beiden Landtagsabgeordneten sind dahin. In Wien werden sich acht der 21 Landtagsabgeordneten verabschieden. In den Bezirksvertretungen erwischt es allerdings nur Ottakring schlimm. Die traditionelle Hochburg Kärnten erlebt hingegen den Super-GAU: Der Landeshauptmann geht als Initiator der Aktion und nimmt 15 der 16 Landtagsabgeordneten mit. Franz Schwager bleibt als einziger Aufrechter freiheitlich. Im südlichsten Bundesland gibt es viele Hundert FPÖ-Gemeinderäte. Jene, die ihrer Gesinnungsgemeinschaft die Treue halten, kann man nun an einer Hand abzählen – und sie werden von den Ex-Fraktionskollegen auch noch als „Verräter" gemobbt.

Beim Bundesparteitag in Salzburg am 23. April 2005 gibt es keine Gegenkandidatur zu Strache. Er erhält 90,1 % der Stimmen.

Müsste man für die Rettung der am Abgrund stehenden FPÖ eine symbolhafte Pflanze wählen, so würde sich keine besser eignen als der Glücksklee. Jedes der vier Blätter stünde für einen der Retter: HC Strache war der Retter nach außen, der Kapitän, der die Verantwortung übernahm, mit seinem Charisma auf die Menschen zuging und ihnen aus der Seele sprach. Herbert Kickl war der Retter an der Seite Straches, der rechtzeitige Warner, der ihn fortan als engster Mitstreiter und Ratgeber begleitete. Hilmar Kabas war der Retter nach innen, der erfahrene und energische Durchgreifer, der mit seiner erwirtschafteten Wiener Schatztruhe das finanzielle Überleben ermöglichte. Peter Fichtenbauer wiederum war der Retter im Hintergrund, der kaum Bekannte, aber Unbeirrbare, der sich in manch heikler Situation als richtiger Mann am richtigen Ort erwies.

Im August 2005 steht letzteren beiden ein schwerer Weg bevor – der Gang zur Bank. Jörg Haider hat das freiheitliche Familiensilber mitgenommen und einen beachtlichen Schuldenberg zurückgelassen. Kabas und Fichtenbauer marschieren zum Bankinstitut Am Hof. Beiden ist klar: Wenn die Bank die Kredite fällig stellt, also „zudreht", wie man beim Kartenspiel sagt, dann war's das. Trotzdem unterscheiden sich die Schilderungen der beiden zu dem vierstündigen Termin, einzeln befragt, doch relativ stark voneinander. Kabas erinnert sich, dass der zuständige Angestellte es mit Druck von oben zu tun gehabt habe, dem er aber standhielt. Fichtenbauer hingegen sagt in der für ihn typischen Art verschmitzt lächelnd: „Ein Banker denkt über politische Dinge anders als ein Politiker." Der Banker, der schon gerne das verliehene Geld zurückhaben will, äußert sich sehr positiv über Kabas' Kassaführung, der allerdings die allgemeinen Umstände klar entgegenstehen. Über den entscheidenden Punkt, der schließlich als Quintessenz übrigbleibt, berichten beide nahezu wortident: Wenn die FPÖ es wieder in den Wiener Landtag schafft, dann werden die Kredite verlängert; wenn nicht, so werden sie mangels Zukunftsperspektive augenblicklich fällig gestellt. Es heißt also alles oder nichts …!

2005 – Wien-Wahl:
Phoenix aus der Asche

„Du hast mir mein Orange verpatzt" – dieses Lied, 1973 von Brigitte Wall veröffentlicht und 1982 durch den Austropop-Barden Wilfried erst so richtig bekannt geworden, geht dem Mitarbeiter des Gemeinderats- und Landtagsklubs der Wiener Freiheitlichen an diesem Morgen nicht aus dem Kopf. Er hat von seinem Schreibtisch aus freie Sicht in den Vorraum, in dem sich für ihn Gespenstisches abspielt. Es ist Mittwoch, der 28. April 2005. Um 9 Uhr beginnt eine Sitzung des Wiener Gemeinderats. Es ist die erste seit der BZÖ-Abspaltung durch Jörg Haider. Drei Wochen lang lavierten einige der 21 Wiener FPÖ-Landtagsabgeordneten herum, ob sie sich dem BZÖ anschließen oder der FPÖ die Treue halten sollten. Heute gilt es, Farbe zu bekennen, und zwar buchstäblich. Den Klubmitarbeiter mit der starken Vorliebe für Orange trifft es besonders hart. Seit Kurzem ist Orange die Modefarbe schlechthin geworden. Man kann sie jetzt von Kopf bis Fuß tragen. Der Klubmitarbeiter hat nichts davon, denn seit diesem Monat ist es die Farbe jener Abtrünnigen, die seine weltanschauliche Heimat zerstören wollen. Acht Abgeordnete haben sich in Wien nun endgültig für das BZÖ entschieden. Sie finden sich im Vorraum ein, und jeder und jede trägt irgendein oranges Accessoire, eine Krawatte, eine Bluse, einen Schal, eine Strumpfhose, was auch immer. Sie sind gut gelaunt und stoßen mit Sekt an. Dass sie nicht von irgendwoher in den Gemeinderatssitzungssaal gehen, sondern sich ausgerechnet hier treffen, ohne die Mitarbeiter eines Blickes zu würdigen, soll wohl eine Demonstration darstellen.

Für die Mitarbeiter und verbliebenen freiheitlichen Abgeordneten mutet es surreal an, dass ausgerechnet jene zu Jörg Haider hinüberwechseln, die auch in dessen besten Zeiten eher schaumgebremste Verehrer waren und sich nach 1999 schnell von ihm abwendeten. Den krassesten Fall stellt Günther Barnet dar. Im Februar 2003 sagte er in einem „News"-Interview: „Wir können nicht ewig ein Jörg-Haider-Wahlverein bleiben, sondern brauchen ein erkennbares Profil. […] Ich glaube, er [Haider] ist die Birgit Sarata der österreichischen Innenpolitik. Eine ältere Operettendiva eben." Barnet wird Chef des BZÖ in Wien („BZW") und überdies Klubdirektor für das BZÖ im

Die ersten Wahlkämpfe – wie hier 2005 – endeten für HC Strache immer mit massiven Stimmbandproblemen. Die Konsultation medizinischer Spezialisten und rednerische Routine schafften Abhilfe.

Nationalrat. Es gibt in mehreren Fällen zweifellos persönliche Motive für den Wechsel. Eine Abgeordnete folgt ihrem Lebensgefährten, der wiederum von seinem besten Freund seit Sandkastentagen abgeworben worden ist. Ein anderer hasst einen Mandatarskollegen abgrundtief. Wäre jener zum BZÖ gegangen, so wäre dieser bei den Freiheitlichen geblieben. Die politisch-ideologischen Begründungen sorgen jedoch nur für Kopfschütteln. Eine Abgeordnete, der das Fremdenrecht nicht restriktiv genug sein konnte, lässt plötzlich Sätze vom Stapel wie: „Ich möchte nicht mehr einer Partei angehören, die nur gegen Ausländer ist …" Eine seltsame Truppe, die der FPÖ-Volksanwalt Ewald Stadler öffentlichkeitswirksam als „Bienen-Züchter Österreichs" verspottet. Später wird Stadler selbst dort landen …

Für die Klubmitarbeiter im Wiener Rathaus erreicht die Niedergangs-stimmung an diesem Tag eine apokalyptische Dimension. Aufgrund der ungebremsten Talfahrt seit dem Regierungseintritt im Jahr 2000 und des Rückzugs Jörg Haiders nach Kärnten, von wo aus dieser seine Salven abschießt, denken sie immer intensiver auch über ihre eigene Zukunft nach. Die Beamten unter ihnen, deren Zahl man an einer Hand abzählen kann, brauchen keinen Jobverlust zu fürchten. Sie beschäftigt anderes: Wird es für sie *Vae victis* heißen, das klassische „Wehe den Besiegten!"? Werden sie zukünftig in einem fensterlosen Kellerraum für das Zählen von Büroklammern zuständig sein? Man kennt solche Beispiele von Beamtenkollegen in Magistratsabteilungen, die mit ihrer politischen Meinung zu vorwitzig waren. Oder werden sie in ein Großraumbüro kommen, in dem der Vorgesetzte einen zum Gaudium aller mobbt? Die Privatangestellten der Partei haben ganz andere, aber nicht minder drückende Sorgen. Sie sind beruflich gut verwendbar, aber entweder in Bereichen, wo sich schon Warteschlangen bilden, oder dort, wo Linke und Linksextreme das Sagen haben und man von vornherein ein „Njet" zu hören bekäme. Es werden Jobangebote studiert, Zusatzausbildungen begonnen, Geschäftsideen gewälzt und dabei Kalkulationen mit dem Ersparten angestellt.

Die Aufregungen finden in diesen Tagen kein Ende. Stadträtin Karin Landauer bittet die Klubmitarbeiter zu sich, um eine Mitteilung zu machen. Sie ist neben Kabas der zweite Hauptarbeitsmotor in der Führung der Wiener Landespartei, gönnt sich kaum Urlaub und sprüht vor Ideen, die sie auch umzusetzen weiß. Ihr Metier ist Gesundheit und Soziales. Sie ist das soziale Gewissen jener Partei, die bei Wahlen vorzugsweise mit „harten" Themen punktet. Ihre „weichen" Themen sind daher umso wichtiger. Sie gründet im Internationalen Jahr der älteren Menschen 1999 einen Kinderchor, der für Senioren singt. Für ihre „Aktion Sonnenschein", bei der Freiwillige alten Menschen, die keinerlei Besuch bekommen, in Pflegeheimen Gesellschaft leisten, lässt sich Ende der 1990er-Jahre auch der junge Abgeordnete HC Strache gerne einspannen. Landauers Initiativen sind teilweise aber auch von großer Nachhaltigkeit geprägt. Sie ruft nicht nur die „Kleinen Sozialen Netze" ins Leben, ein Projekt für mobile Pflege, sondern schafft es auch, dass die KSN von der Stadt als Vertragspartner anerkannt werden. Diese Organisation besteht noch heute als „Soziale Netze". Landauers über Jahre mühsam aufgebauter alljährlicher Kindergesundheitstag im Rathaus entwickelt sich so gut, dass ihn die Stadt kurzerhand 1:1 nachahmt. In ihrer Bezirksgruppe Rudolfsheim-Fünfhaus wird Karin Landauer alle zwei Jahre in geheimer Abstimmung mit null Gegenstimmen als Vorsitzende bestätigt. Das ist absolut bemerkenswert, denn zumindest ein kurzfristig Unzufriedener oder ein Scherzbold ist bei solchen anonymen Wahlen meistens mit einer Gegenstimme dabei. Nicht bei Karin Landauer, eine Art „Mutter der Kompanie", die bei mehreren Anlässen übers Jahr auf allen Mitarbeiter-Schreibtischen liebevoll kleine Geschenke drapiert. Nun strömt die anwesende Belegschaft, ungefähr ein Dutzend Personen, zu ihr. Die Befürchtungen bewahrheiten sich: Sie werde sich wahrscheinlich dem BZÖ anschließen, lässt Landauer wissen. Dieses „Schiff getroffen!", das man zuletzt so oft hören musste, würden die meisten Mitarbeiter als „Schiff versenkt!" empfinden. Die nächsten zweieinhalb Stunden werden alle Beteiligten zeitlebens nicht mehr vergessen. Es entsteht eine Klausur im strengsten Wortsinn. Die Türen werden geschlossen. Wer während dieser Zeit im Klub der Wiener Freiheitlichen anruft, dessen Gespräch wird nicht entgegengenommen. Wer an der Tür läutet, dem wird nicht geöffnet. Keiner der Anwesenden nimmt etwaige Termine wahr, keiner geht zwischendurch an seinen Schreibtisch, um E-Mails zu lesen; es wird nicht einmal die Toilette aufgesucht. Die Runde aus Stadträtin Landauer und den Klub-Mitarbeitern, die um ihren Verbleib kämpfen, ist ausschließlich mit sich selbst beschäftigt. Eine abgekapselte kleine Parallelwelt, die es nicht mitbekäme, wenn die andere draußen unterginge. Die emotionale Intensität ist mit Worten nur unzulänglich zu beschreiben. Es wird Resümee gezogen, in die Zukunft geblickt, um Lösungsmöglichkeiten gerungen. Diese Momente werden den Klub mit seiner schon vorher familiären Atmosphäre auf Jahre eng zusammenschweißen. Immer wieder fließen Tränen. Am Ende ist Karin Landauers Entschluss schwer ins Wanken geraten. Nachdem sie einmal darüber geschlafen hat, gibt sie bekannt, dass sie bleiben, aber bei der Wahl nicht mehr kandidieren werde. Sie wird später aus der FPÖ austreten; fürs BZÖ jedoch ist sie uninteressant geworden. Zwischen den Stühlen sitzend verliert ihr leidenschaftlicher Humanismus damit viel zu früh die politischen Gestaltungsmöglichkeiten. Aber sie hat sich ihre Würde bewahrt und in einer solch seelisch schwierigen Situation ein mustergültiges Verhalten an den Tag gelegt.

Die Mitarbeiter gehen davon aus, dass die FPÖ bei der Wien-Wahl spätestens im nächsten März den Einzug in den Gemeinderat/Landtag nicht schaffen wird. Laut Umfragen liegen die Freiheitlichen in Wien bei ungefähr 2 %, unterhalb der berühmten Schwankungsbreite der Meinungsforscher. Aber sie wollen nachher, was immer dann auch beruflich aus ihnen geworden sein wird, in den Spiegel schauen und zu sich selbst sagen können: „An mir ist es nicht gelegen!"

Der Einzige, der zu diesem Zeitpunkt ungebrochenen Optimismus an den Tag legt und auch die anderen von einem glücklichen Ende überzeugen will, ist HC Strache. Er befindet sich schon früh im Wahlkampfmodus. So manche Nacht tingelt er durch die Diskotheken Wiens und begeistert in unzähligen persönlichen Gesprächen die Jugendlichen von seinen Ideen.

Dass das BZÖ in Wien chancenlos ist, weiß jeder. Seine Vertreter biedern sich deshalb verzweifelt der türkischen Gemeinde an. Jörg Haider hat sich schon die Jahre davor öfter für einen EU-Beitritt der Türkei als dagegen

Der Themenführer der letzten 15 Jahre ist zugleich auch das größte Hassobjekt der extremen Linken. Diese Collage speist sich aus dem Fundus des Autors. In der FPÖ hat NAbg. Petra Steger die Dokumentation derartiger Aktionen übernommen.

— 43 —

ausgesprochen. Mittlerweile gibt es zweisprachige Einladungen zu Veranstaltungen in türkischen Lokalen, wo hochrangige BZÖ-Vertreter mit türkischen BZÖ-Kandidaten für Bezirksvertretungen zu orientalischen Klängen das Tanzbein schwingen. Als diese Bilder in die Öffentlichkeit gelangen, ist ihnen das peinlich – sie rudern zurück.

Das BZÖ ist völlig auf die Person Jörg Haiders zugeschnitten. So etwas kann sogar in großen Ländern über viele Jahre hinweg funktionieren, lange über den Tod des Parteigründers hinaus. Dazu bedarf es aber eines charismatischen Staatsmannes mit einer klaren Ideologie, die in feste Grundsätze verpackt ist. Charles de Gaulle in Frankreich und Kemal Atatürk in der Türkei sind solche Beispiele. Das haideristische BZÖ ist im Vergleich zu den bekannten gaullistischen und kemalistischen Parteien eine armselige Karikatur. Das liegt gar nicht so sehr daran, dass man auf ein einzelnes Bundesland eines kleinen Staates beschränkt ist, denn auch ein solches Projekt kann erfolgreich sein (siehe Südtiroler Volkspartei): Die Crux ist der Parteigründer selbst. Haider hat keine Meinung, geschweige denn ein ganzes ideologisches Gerüst. Nicht selten antwortet er auf die gleiche Journalistenfrage am Donnerstag diametral anders, als er es am Dienstag getan hat. Unterm Strich ist er bei allen Themen „dafürgegen". In Kärnten, wo er einen halbgottähnlichen Status genießt, ist das egal; außerhalb aber steht sein Konstrukt von vornherein auf verlorenem Posten. Den Wiener Freiheitlichen nützt das allerdings nichts. Auch für sie liegt im April 2005 die Fünf-Prozent-Latte für den Einzug in den Landtag unerreichbar hoch …

Die Wiener SPÖ will sich diese Chance nicht entgehen lassen und verkündet am 30. Juni 2005 die Vorverlegung der Wahl um fünf Monate auf den Oktober 2005. Dass Österreich im ersten Halbjahr 2006 die EU-Ratspräsidentschaft innehaben wird, kommt ihr als Argument sehr zupass.

Am 25. August 2005 bestreitet HC Strache sein erstes ORF-Sommergespräch. Das musste zuvor hart erkämpft werden, weil BZÖ und ÖVP den Auftritt verhindern wollten. Für Strache eine im zweifachen Sinne neue Erfahrung, weil der Interviewer Armin Wolf heißt. Jener FPÖ-Mitarbeiter, der Strache damals vorübergehend in Sachen Internetpräsenz zur Hand ging, verwendete für die Rezension seines Lieblingsbuches – „Der Waldgang" von Ernst Jünger – Passagen einer Besprechung von einer anderen Internetseite. Armin Wolf weidet sich genüsslich daran. Dem jungen Obmann der durchgebeutelten Partei hat das bei den Wählern vermutlich nicht geschadet, und er lernt ungemein viel daraus. Wenn Strache und Wolf heute aufeinandertreffen, ist es Letzterer, der Obacht geben muss.

Die Parteien beginnen bei einem Wahltermin am 23. Oktober üblicherweise Anfang September mit ihrem Wahlkampf. Die FPÖ geht es eher schleppend an (offizielle Wahlkampf-Auftaktveranstaltung am Viktor-Adler-Markt erst am 22. September). Das hat zwei Gründe: Die finanziellen Ressourcen sind beschränkt. Wien muss die anderen Landesgruppen unterstützen, und schon im folgenden Jahr stehen Nationalratswahlen an. Man will auch vom Effekt her das Pulver nicht zu früh verschießen. Im Wahlkampf gibt es drei Plakatserien. Sie polarisieren bewusst. In Anlehnung an „Wien darf nicht Chicago werden", womit Rainer Pawkowicz 1991 die explosionsartig angestiegene Kriminalität thematisierte, heißt es nun: „Wien darf nicht Istanbul werden". Ebenfalls auf unzulängliche Integration zielt „Deutsch statt ‚Nix versteh'n'" ab. „Pummerin statt Muezzin" erweist sich als nicht so eingängig, weil infolge der Bildungsmisere vor allem viele Junge mit beiden Begriffen nichts anzufangen wissen. HC Strache und seine Freiheitlichen werden für die Slogans von den Mitbewerbern heftig angegriffen, aber im Vergleich zu späteren Wahlkämpfen eher halbherzig. Das liegt daran, dass viele darin das Um-sich-Schlagen eines Ertrinkenden sehen, den es ohnehin bald nicht mehr gibt. HC Strache versucht darüber hinaus, eine Duell-Situation mit SP-Bürgermeister Michael Häupl zu schaffen, der das aber (noch) an sich abprallen lässt.

Mit Spannung erwartet wird der Ausgang der steiermärkischen Landtagswahl am 2. Oktober. Er bedeutet für Straches Bemühungen alles andere als Rückenwind: Die FPÖ stürzt von 12,41 % auf 4,56 % ab. Sie fällt damit hinter KPÖ und Grüne auf Platz 5 zurück und unter die Fünfprozenthürde, womit sie aus dem Landtag fliegt. Das BZÖ mit seinen mageren 1,72 % hat lediglich bewirkt, dass die Freiheitlichen in der steirischen Landespolitik für fünf Jahre handlungsunfähig werden. Das bedeutet für die Wiener Freiheitlichen eine zusätzliche finanzielle Belastung, falls es ihnen nicht genau so ergehen soll wie ihren Kollegen an Mur und Mürz. Die Steiermark-Wahl bedeutet auch einen Linksruck: Die SPÖ nimmt der ÖVP den Landeshauptmannsessel ab, und die KPÖ ersetzt die FPÖ als drittstärkste Partei im Landtag.

Zum Glück für die Freiheitlichen schafft das BZÖ die Kandidatur für die Landtagswahl im Burgenland eine Woche später nicht. Die FPÖ verliert zwar mehr als die Hälfte ihres Stimmenanteils, bleibt aber mit 5,75 % knapp vor den Grünen und im Landtag. Die SPÖ erlangt die absolute Mehrheit.

Ungeachtet der Wahlergebnisse wird die Stimmung bei den Wiener Freiheitlichen immer besser; sie erhalten viel Zuspruch. Die Meinungsumfragen räumen ihnen im September plötzlich die Möglichkeit eines Verbleibs im Landtag ein. Daraus wird im Laufe der Wochen Gewissheit. Ganz knapp vor der Wahl lautet die günstigste Prognose sogar 9 %.

Der Wahlabend überrascht alle und übertrifft die kühnsten Erwartungen der Freiheitlichen: 14,83 %! Sie werden zwar von den Grünen um ein Mandat überholt, bleiben aber prozentuell vor ihnen. Die Situation ist skurril: Die anderen drei Landtagsparteien legen um je zwei Prozentpunkte zu, die FPÖ verliert fünf. Aber dessen ungeachtet ist sie umständehalber die einzige faktische Wahlsiegerin. Während HC Strache über das „Wunder von Wien" ausgelassen jubelt, freuen sich die anderen sehr verhalten. Besonders gereizt präsentiert sich Michael Häupl. Der FPÖ-Hasser war 1994 Helmut Zilk nachgefolgt. Bei seinem ersten Antritt 1996 hatte er eine desaströse Niederlage erlitten. Erstmals in der Geschichte verlor die SPÖ in Wien die absolute Mandatsmehrheit. Diese hatte Häupl zwar dank der für ihn günstigen Wahlarithmetik und der schwächelnden FPÖ 2001 zurückgewonnen, doch diesmal hätte es auch die Wiedererlangung der absoluten Mehrheit an Stimmen werden sollen. Seine Partei kommt aber bei 49,09 % zu liegen, und Häupl dämmert an diesem Abend, dass er als der erste Wiener SPÖ-Bürgermeister in die Geschichte eingehen wird, der nie eine absolute Stimmenmehrheit erreichen konnte. Sein Ärger ist aus seiner eigenen Sicht auch nachvollziehbar: Die Partei hat die Wiener fest im Griff. Zusätzlich werden jedes Jahr etliche Millionen ausgegeben, um die Menschen in der Stadt mit Propagandamaterial zuzuschütten. Und was passiert dann? Von 100 Wahlberechtigten gehen 39 gar nicht erst hin, und von den 61, die sich an den Urnen einfinden, entscheiden sich 31 für eine der anderen Parteien.

Besonders erfreulich für die Freiheitlichen ist der Vergleich mit dem BZÖ. Dieses erreicht mit seiner eher peinlichen „Vielgut"-Kampagne gerade einmal 1,15 %, die acht Abgefallenen fliegen mit Pauken und Trompeten raus. Noch beeindruckender gestaltet sich das Ergebnis auf unterer Ebene. In den 23 Bezirksvertretungen werden in Summe 1112 Mandate vergeben. Dieses Match zwischen FPÖ und BZÖ endet 143:1. Nur Hans Jörg Schimanek kann in Floridsdorf einen Sitz für die Orangen ergattern, aber mangels eines Kollegen nicht einmal einen Klub bilden …

HC Strache hat für die Freiheitlichen jene 13 Mandate gehalten, die sie schon nach der BZÖ-Abspaltung noch gehabt hatten. Da Wien die üppigsten Parteienförderungen vergibt (von denen die SPÖ am meisten profitiert), sind die Freiheitlichen vorerst finanziell stabilisiert. Die Kredite werden nicht fällig gestellt, sondern können bedient werden. Die Vorverlegung des Wahltermins hat sich jetzt sogar in einen Vorteil verkehrt.

Die Welt sieht für die Blauen plötzlich viel rosiger aus.

2006 – Nationalratswahl: Neuer Aufwind

HC Strache war nach der erfolgreichen Wien-Wahl nicht mehr nur Bundes- und Wiener Landesobmann, sondern überdies Klubobmann der Freiheitlichen im Wiener Gemeinderat und Landtag geworden, wo er eine kantige Oppositionspolitik betrieb.

Mit dem Jahr 2006 stand aber bereits die nächste Wahl an, diesmal auf Bundesebene. Für die FPÖ hatte sich die Situation grundlegend verändert: Man musste sich vor diesem Urnengang nicht fürchten, man sehnte ihn herbei. Im Kampf auf Leben und Tod mit dem BZÖ hatte sich das Blatt gewendet. Während die Orangen einer gehörigen Dezimierung entgegensahen, mit der sie noch gut bedient wären, konnten die Blauen nur gewinnen. Die Wiedererlangung des Klubstatus mit möglichst vielen Abgeordneten würde nicht nur die Rückgewinnung politischer Handlungsfähigkeit bedeuten, sondern in dieser prekären Lage auch ganz simpel Geld. Daher stimmen am 14. Juli 2006 auch die beiden FPÖ-Abgeordneten im Nationalrat der Vorverlegung der Wahl vom 26. November auf den 1. Oktober zu.

Die Voraussetzungen für die Wahl waren durchaus ungewöhnlich. Bundeskanzler Wolfgang Schüssel wusste genau, dass die nach dem fliegenden Regierungswechsel im April 2005 entstandene schwarz-orange Koalition nach einem Jahr beendet sein würde. Selbst wenn die ÖVP ihren guten Stand von 42 % würde halten können und das BZÖ die Vierprozenthürde schaffen sollte (beides sehr ungewiss), gäbe es keine gemeinsame Mehrheit mehr. Für Schüssel geht es also darum, unbedingt Stimmenstärkster zu bleiben, um in einer diesmal Großen Koalition Kanzler bleiben zu können. Nebenbei will man aber dem Dritten Lager nachhaltig schaden, indem man das langfristig nicht lebensfähige BZÖ in seinem Kampf gegen die rekonvaleszente FPÖ unterstützt. Den ersten Akt dazu setzt VP-Innenministerin Liese Prokop. Das BZÖ beansprucht den der FPÖ zustehenden Platz in der Bundeswahlbehörde sowie den dritten Platz auf dem Stimmzettel. Beides kommt dem Antrag auf Eröffnung eines Erbschaftsverfahrens über jemand noch Lebenden gleich. Prokop nominiert für den FPÖ-Platz in der Bundeswahlbehörde Günther Barnet vom BZÖ, und das elfköpfige Gremium seg-

Wir schreiben das Jahr 2006. Alle Politiker haben sich mit der herrschenden Regierung abgefunden oder sind bereit, die ÖVP in ihrem Machtrausch zu unterstützen. Alle Politiker? Nein, ein von einer unbeugsamen Partei, der FPÖ, aufgestellter Mann hört nicht auf, Widerstand zu leisten.
Ich bin HC, ein Volksvertreter, vielleicht sogar Überzeugungstäter.
Hier traut sich keiner, die Wahrheit zu sagen, darum tu's ich, bitte darf ich's wagen?
Was viele schon wissen, bringe ich zu Papier und diesmal ist der Text bestimmt von mir.

Skandale, Bestechung, Korruption und Verrat,
das sind die Eckpfeiler in uns'rem Staat.
So sehen das die Herrschaften im Parlament.
Es wird Zeit, dass da jemand dagegen anrennt,
der aufpasst, der aufschreit, Missstände aufzeigt
und nicht wie gewohnt heile Welt vorgeigt,
der Dinge anspricht, die die Menschen betreffen!
Dafür sind wir da, ich und meine Effen.

net das einstimmig ab. HC Strache protestiert aufs Heftigste. Er beruft eine Pressekonferenz zum Thema „SOS Demokratie" ein und kündigt eine Verfassungsgerichtshofbeschwerde an. Die Rechtslage ist eigentlich völlig klar. Im § 49 (3) der Nationalratswahlordnung heißt es: „[Auf dem Wahlzettel] hat sich die Reihenfolge der Parteien, die im zuletzt gewählten Nationalrat vertreten waren, nach der Zahl der Mandate, die die Parteien bei der letzten Nationalratswahl im ganzen Bundesgebiet erreicht haben, zu richten." Die Fairness erlebt eine Sternstunde: Zwei Politikwissenschafter, der ÖVP-nahe Fritz Plasser und der SPÖ-nahe Anton Pelinka, sowie der Jurist und ehemalige Zweite Nationalratspräsident der ÖVP Heinrich Neisser kritisieren Prokops Entscheidung massiv. Der öffentliche Druck wird so groß, dass die Bundeswahlbehörde am 30. August mit 9:2 Stimmen der FPÖ den dritten Listenplatz auf dem Stimmzettel zuerkennt. Nur BZÖ-Barnet und Michaela Sburny von den Grünen stimmen dagegen.

*Ich weiß, das gefällt den Mächtigen
   nicht,
dass ein Rebell die Dinge ausspricht.
Am Liebsten sähen sie mich stumm mit
   Knebel.
Aber aufgepasst, ich habe mehr als meinen
   Säbel!
Es geht um die Zukunft, um Österreichs
   Sache.
Ich bin dabei, Dein HC Strache!
HC – das ist unser Mann!
HC – der Österreich retten kann!
HC – Ihr alle habt jetzt bald die Wahl,
wer führt uns aus diesem Jammertal?
HC – er ist unser Mann!
HC – der uns noch retten kann!
HC – einer der sich nicht versteckt,
sondern Klartext spricht und Missstände
   aufdeckt!
Ich lass' mir den Mund nicht gern verbieten,
auch wenn die Gutmenschen noch so
   wüten.
Die Wahrheit kommt irgendwann ans Licht,
da nutzt es nichts, wenn der Kanzler spricht:
„Böse Menschen, rechte Recken!"
Gibt's hier vielleicht etwas zum Verstecken?
Statistiken schönen, Berater einkaufen
und dann die Leute für blöd verkaufen!
Ich sag nur das, was sich alle denken:*

*Wir wollen unser Land nicht mehr ver-
   schenken,
an Menschen, die uns're Kultur nicht
   schätzen,
sich über uns're Gesetze wegsetzen!
Wer sich nicht integrieren will,
für den hab' ich ein Reiseziel:
Ab in die Heimat, guten Flug!
Arbeitslose haben wir hier selbst genug.
Einbruch, Raub und Überfall,
Verbrechen steigt schnell und überall.
Die Ostöffnung ist eine „tolle" Sache.
Es grüßt Dich herzlich Dein HC Strache.
Die Wahrheit kommt irgendwann ans Licht.
Eure Lügen, die brauchen wir hier nicht.
Keiner fragt, und man zweifelt nie. Ich frage
   mich, ist das Demokratie?
Ich bin für's Volk, bin für Solidarität.
Ich bin der eine, der beim kleinen Mann
   steht.
Das und sonst nichts ist unsere Sache.
Das sagt nur Euer HC Strache.*

*HC Strache kämpft dafür,
dass wir Österreicher Herren im eigenen
   Haus bleiben.
Deshalb ist er unsere Wahl.*

https://www.youtube.com/watch?v=VQsRCve9xXE

Das ist die zweite schwere Niederlage für Wolfgang Schüssel innerhalb von zwei Wochen. Am 17. August 2006 hatte die Wiederwahl von Monika Lindner als ORF-Generaldirektorin angestanden. Der FPÖ-Stiftungsrat Peter Fichtenbauer, Rechtsanwalt und freiheitliches Urgestein, spielt seit einigen Monaten eine Schlüsselrolle hinter den Kulissen. Lindner kommt – wie Prokop – aus der niederösterreichischen ÖVP des Erwin Pröll, wo man mit politisch Andersfarbigen besonders brutal umgeht. Ihr Erfüllungsgehilfe ist der Intendant Werner Mück. Die FPÖ soll in der Berichterstattung möglichst schlecht dargestellt werden oder, falls das nicht möglich ist, gar nicht vorkommen. „Wir wären mit Neutralität uns gegenüber schon völlig zufrieden gewesen", beteuert Fichtenbauer. Aber alle Beschwerden nützen nichts. Lindner fühlt sich völlig sicher. Fichtenbauer nimmt den Fehdehandschuh auf. Er redet mit Lindner Tacheles und formuliert nach klassischem Vorbild: „Madame, alles was ich sage, ist nicht gegen Sie persönlich gerichtet, sondern gegen das System, das Sie repräsentieren." Und er warnt Lindner ein letztes Mal: „Wenn Sie sich nicht von Mück trennen, werden Sie mit Mück stürzen!" Bei Rot und Grün rennt Fichtenbauer naturgemäß offene Türen ein. Es gilt, Stimmen von außerhalb zu sammeln, um auf die Mehrheit von 18 im 35-köpfigen Stiftungsrat zu kommen. Fichtenbauer führt Gespräche, deren Inhalt Mücks „Terrorherrschaft" ist. Als Lindner am Rande der Salzburger Festspiele mit Fichtenbauer sprechen will, wimmelt dieser sie ab: „Madame, machen Sie sich keine Sorgen, alles wird gut!" Als Gegenkandidat wird der SPÖ-Mann Alexander Wrabetz ausgewählt. Dass dessen Vater, Peter Wrabetz, ein alter Freiheitlicher ist, habe dabei überhaupt keine Rolle gespielt, betont Fichtenbauer heute. Es habe sich um eine Notwehraktion gehandelt. Sogar noch am großen Tag gibt sich VP-Fraktionschef Kurt Bergmann jovial und wiegt sich selbst in Sicherheit. Wrabetz wird mit allen Stimmen von SPÖ, FPÖ und Grünen sowie denen von vier der fünf BZÖ- und zwei ÖVP-Stiftungsräten gewählt. Das sind 20 von 35. Der erfolgreiche Fichtenbauer wird später die FPÖ in der Bundeswahlbehörde vertreten.

Die schwarze Abgehobenheit wird in der Koalitionsregierung durch das orange Chaos kongenial ergänzt. Jörg Haider gibt nach nicht einmal 14 Monaten am 23. Juni 2006 den BZÖ-Parteivorsitz ab – ausgerechnet an den ehemaligen FPÖ-Klubobmann Peter Westenthaler, der vor knapp vier Jahren aufgrund von Haiders Agitation die Politik verlassen hatte. Als Westenthaler mit der konzeptlosen Abschiebung von 300.000 Ausländern als „Wahlkampf-Zuckerl" in den Medien hausieren geht, bleibt das nicht ohne Folgen: Die Justizministerin und BZÖ-Vizeobfrau Karin Gastinger erklärt am 25. September 2006, sechs Tage vor der Wahl, via „Kurier"-Interview ihren Parteiaustritt. Sie wolle „in keiner politischen Bewegung tätig sein, die ausländerfeindlich ist, die mit Ängsten operiert". Als Karin Miklautsch (damals noch unverheiratet) am 25. Juni 2004 Dieter Böhmdorfer als Parteifreie im Justiz-Ressort nachgefolgt war, hatte das allgemeine Verwunderung ausgelöst – auch in der FPÖ. Es hieß, dass Ursula Haubner erwähnt hätte, sie habe unlängst bei einem Seminar eine Juristin kennengelernt, die sehr sympathisch wirkte. Jörg Haider habe sein Placet gegeben und Haubner Miklautsch angerufen, die nach einer Nacht Bedenkzeit zusagte. Bei der Antrittspressekonferenz antwortete sie auf die Frage nach ihrer politischen Gesinnung verklausuliert, sie stamme aus einer slowenischen Familie und habe weder Haider noch die Freiheitlichen jemals gewählt. Als Ministerin machte sie mit teils seltsamen, teils besser zu einer rot-grünen Regierung passenden Ideen von sich reden.

Die FPÖ, die ihren Wahlkampf mangels Abgeordneten mit dem Sammeln von 2600 Unterschriften begann, setzt bei ihren Plakaten auf ihre Kernthemen. In den medialen Mittelpunkt gerät „Daham statt Islam". Es ist auch intern nicht unumstritten. Für manche ist es zu pauschal gegen eine Religion gerichtet, man sei schließlich nur gegen die Fundis. Für andere ist es für ländliche Gebiete unpassend, auch sprachlich, denn in einigen Bundesländern sagt man „dahoam". Aber weder „Dahamismus statt Islamismus" noch „Dahoam statt Isloam" wären möglich gewesen. HC Strache setzt allerdings auch völlig andere, ganz neue Akzente. Am 18. August präsentiert er einen Rap-Song, in dem er Schwarz und Rot angreift, aber auch Sinn für Selbstironie beweist. Als im Internet zu einer musikalischen „Battle" gegen Strache aufgerufen wird, haben die Werbestrategen gewonnen. Auch der „HC-Man" kommt erstmals zum Einsatz, eine Superhelden-Comicfigur, die für die eigenen Funktionäre gewöhnungsbedürftig ist, aber bei der Jugend Anklang findet.

Für Verwirrung zwischendurch sorgt die „Kronen Zeitung" mit einem Werbesujet, dessen Fotomontage Haider und Strache bei einer Verbrüderungsszene zeigt.

Im Rechtsstreit mit dem BZÖ um deren Zusatz „Die Freiheitlichen" auf Plakaten behält die FPÖ mittels einstweiliger Verfügung die Oberhand.

Die FPÖ setzt sogar einen kleinen Nadelstich gegen Haider in dessen Revier. Ein Mitarbeiter des Wiener Landtagsklubs meldet sich freiwillig als Kärntner Wahlkampfleiter nach Klagenfurt. Die Überlegung ist klar: In keinem Bundesland findet man so viele potenzielle Wähler, und jede Stimme, die man bekommt, nimmt man dem BZÖ weg. In der FPÖ geht man davon aus, dass das BZÖ bundesweit 2–3 % erreichen wird, also keine Chance auf Überwindung der Vierprozenthürde hat. In Kärnten ist die Aussicht auf ein BZÖ-Grundmandat in gleich zwei Wahlkreisen jedoch sehr hoch. Das deckt sich mit dem Fachurteil außerhalb der Partei. Es gilt, ein oranges Grundmandat zu verhindern.

Als der Kärntner Wahlkampfleiter bei einer Sitzung der Wiener Landesleitung um einen Bericht gebeten wird, unterhält er die Kollegen mit einigen Anekdoten aus seiner täglichen Arbeit: Mit der idyllischen Ortschaft Ruden im Bezirk Völkermarkt, in der einzigartigerweise zwei Maibäume stehen – einer von der FPÖ gestiftet, einer vom BZÖ. Mit der Frau, die er eine Viertelstunde lang nicht aus seinem FPÖ-Büro hinausbekam, weil sie auf der orangen Jacke bestand, die ihr der BZÖ-Landesrat Gerhard Dörfler versprochen hatte. Und mit der Beamtin in der Bundespolizeidirektion Klagenfurt, die beim Ausstellen einer Veranstaltungsbewilligung einen Schweißausbruch bekam, weil sie zu spät bemerkt hatte, dass die FPÖ nicht die „Landeshauptmann-Partei" ist.

Fasching das ganze Jahr!
Oder: wer narrt hier wen?

Samstag, 28. Februar 2004: Anlässlich der bevorstehenden Landtagswahl am 7. März 2004 hält Jörg Haider im Klagenfurter Konzerthaus vor KAB und KHD eine kämpferische Rede. Er erklärt zum wiederholten Mal: „Solange ich Landeshauptmann von Kärnten bin, wird keine einzige weitere zweisprachige Ortstafel aufgestellt!"

Jörg

Donnerstag, 12. Mai 2005: Jörg Haider stellt gemeinsam mit Bundeskanzler Wolfgang Schüssel, KHD-Chef Josef Feldner und dem Obmann des slowenischen Zentralverbands, Marjan Sturm, einige zweisprachige Ortstafeln auf. Bei einer diesbezüglichen Feier in Windisch Bleiberg preist Haider die „historische Chance" an und kanzelt die Kritiker der zweisprachigen Ortstafeln als Hinterwäldler ab.

Jörg / Jurij

Jörg

Mittwoch, 8. Februar 2006: Um eine von der Bezirkshauptmannschaft verordnete zweisprachige Ortstafel in Bleiburg mit einem Trick zu verhindern, gräbt Jörg Haider diese aus und verrückt sie um ein paar Meter.

Dienstag, 27. Juni 2006: Jörg Haider präsentiert das Ergebnis einer brieflichen Volksbefragung in den 18 von der Ortstafeldebatte betroffenen Gemeinden. Für die Schüssel-Variante für mehr zweisprachige Ortstafeln votierten 9,3 %. Für Haiders faulen Kompromiss (weitere zweisprachige Ortstafeln, aber nicht so viele) stimmten 38,3 %. Für die dritte Möglichkeit, überhaupt keine weitere zweisprachige Ortstafel, entschieden sich satte 52,4 %. Obwohl Haider vorher versprochen hatte, dass das Ergebnis für ihn bindend sein werde, erklärt er sich für beauftragt, „seinen Weg fortzusetzen".

Jörg / Jurij

Jörg

Jurij

Freitag, 25. August 2006: Jörg Haider taucht wieder in Bleiburg auf, verkündet „Kärnten wird einsprachig!" und montiert zur Ortstafel ein slowenisches Zusatztäfelchen. Diese bislang letzte Kapriole befriedigt keinen Beteiligten und führt nur mehr zu einem allgemeinen Kopfschütteln...

Diese unseriöse und gefährliche Politik hat unsere Kärntner Heimat nicht verdient! Damit das Blatt sich wendet, wenden auch Sie es bitte und unterstützen Sie unsere umseitig angeführten Positionen!

An einen Haushalt. Postentgelt bar bezahlt! Verantwortlich für den Inhalt: FPÖ Kärnten, Feldmarschall-Conrad-Platz 4, 9020 Klagenfurt

Der Hauptgegner der FPÖ im Nationalratswahlkampf 2006 ist das BZÖ, das von der Schüssel-ÖVP unterstützt wird. Diese Auseinandersetzung wird als „Bruderkrieg" umso erbitterter geführt. Haider setzt im Kärntner Unterland voll auf das hochemotionale Ortstafel-Thema; die FPÖ ihrerseits prangert seinen Zickzack-Kurs an. Die Chronologie auf der FPÖ-Postwurfsendung wurde von Haider nachträglich noch um eine weitere Episode erweitert: Nach einem VfGH-Urteil, wonach Zusatztäfelchen an Ortsschildern unzulässig sind, schraubte er dieses am 22. Februar 2007 in die Ortstafel hinein ...

Gegen Haider ist in Kärnten kaum anzukommen. Dieser kann nach Gutdünken fuhrwerken. Er präsentiert das Ergebnis einer von ihm initiierten Volksbefragung, bei der er mit seinem Vorschlag durchfällt, und erklärt seelenruhig, dass er diese 39 % als Auftrag für die Umsetzung seines Planes sieht. Und er löst als Schulreferent kurzerhand einen Fonds für benötigte zusätzliche Lehrmittel auf, um mit dem Geld BZÖ-Plakate drucken zu lassen.

Der FPÖ stehen in ganz Kärnten nur rund 40 Aktive zur Verfügung, einige davon hochbetagt. Der proportionale Anteil an Polit-Prominenz aber ist sogar höher als beim BZÖ: Neben dem letzten verbliebenen Landtagsabgeordneten Franz Schwager sind da der EU-Abgeordnete Andreas Mölzer, Kriemhild Trattnig, deren Bruder Alois Huber und Gerd Klamt, der im ersten Halbjahr 2001 als erster freiheitlicher Präsident des Bundesrates amtiert hatte.

Am 9. September 2006 lädt HC Strache als Bundesparteiobmann ins Palais Ferstel in der Wiener Innenstadt, um das 50-jährige Bestehen der FPÖ zu feiern. Außer Haider leben noch drei andere ehemalige Obleute: Friedrich Peter liegt 84-jährig im Hanusch-Spital, wo er 16 Tage später stirbt. Alexander Götz ist Festredner im Ferstel, wo auch Norbert Steger unangekündigt erscheint und entgegen seiner ursprünglichen Absicht doch ans Rednerpult tritt, um sich für Strache auszusprechen. Dieser hat damit – um es in überholten Mustern auszudrücken – liberal und national wieder in der Freiheitlichen Partei vereint.

Schließlich bricht der Wahltag an. Es kommt zu zwei kuriosen Positionswechseln: Die SPÖ unter Alfred Gusenbauer verliert zwar, aber keine acht Prozent wie die Schüssel-ÖVP, die dadurch mit einem Prozentpunkt Abstand auf Platz 2 zurückfällt. Auch das BZÖ überrascht auf seine Weise: In keinem der beiden Kärntner Wahlkreise gelingt das erhoffte Grundmandat, das es aber auch gar nicht braucht, weil bundesweit 4,11 % eingefahren werden.

Für die FPÖ geht der Wahlkarten-Krimi schlecht aus. Man erzielt 11,03 % und wird um 532 Stimmen von den Grünen (11,04 %) überholt. Das hat zwei bittere Folgen: Der Dritte Nationalratspräsident geht an Eva Glawischnig von den Grünen. Und diese erhalten das Nominierungsrecht für den dritten Volksanwalt, der gleich sechs Jahre lang von 2007 bis 2013 diese Position bekleidet. Es wird Terezija Stoisits, langjährige Grünen-Politikerin, die mit dem Sozialdemokraten Bruno Aigner zusammenlebt, der wiederum die rechte Hand des Bundespräsidenten Heinz Fischer ist. Die FPÖ tröstet sich damit, dass ihr neuer Klub 21 Abgeordnete umfasst, genau dreimal mehr als jener des BZÖ. Sie hat jetzt endgültig wieder Tritt gefasst.

2007 – Drei Finger und ein Orkan im Bierglas

„Auf einem Foto waren Sie mit drei gespreizten Fingern zu sehen, in der rechten Szene als ‚Kühnen-Gruß‘ bekannt. Sie wollen nur drei Bier bestellt haben. Inzwischen witzeln Sie, dass man mit Ihnen auch auf ein viertes gehen kann. Ist das wirklich lustig?", fragt Barbara Tóth von der Wiener Wochenzeitung „Falter". HC Strache antwortet, „dass man manchmal boshaften Gemeinheiten, die einem unterstellt werden, auch mit Ironie begegnen muss". Der „Falter" ist eine Art „Ganze Woche" für „Bobos" und kann die ideologische Nähe zu den Grünen nicht verhehlen. HC Strache hat dieses Interview, das am 12. September 2007 erscheint, selbst angebahnt. Es markiert das Ende eines für ihn grausigen halben Jahres, in dem es in den Medien primär um seine angebliche „Neonazi"-Vergangenheit ging.

Spricht man heute mit Insidern von damals, schütteln diese den Kopf darüber, dass man sich mit so etwas derart in die Enge treiben ließ. Analysiert man diese Gespräche, zeigen sich zwei ungünstige Konstellationen zu Beginn des Jahres 2007. Erstens: HC Strache ist nach zwei Jahren in der Spitzenpolitik noch nicht wirklich erfahren, hat aber bereits zwei Wahltriumphe bewerkstelligt. Er ist „verwöhnt" und ahnt nicht, dass ihm die Feuertaufe erst noch bevorsteht. Und zweitens: Bei dem versuchten Vernichtungsfeldzug gegen ihn wird er von innen und außen her in die Zange genommen.

Da ist zum einen Ewald Stadler, ein ursprünglich Freiheitlicher, der zum katholischen Fundamentalisten mutiert ist – nach einem Klosteraufenthalt in Spanien, wie erzählt wird. Als sich Jörg Haider 1997 in der katholischen seiner vielen unterschiedlichen Phasen befand, überantwortete er Stadler die Erstellung eines neuen FPÖ-Programms. Das löste Turbulenzen aus, weil Stadler aus dem blauen Planeten eine schwarze Scheibe machen wollte. Er musste sich letztlich mit einem „wehrhaften Christentum" begnügen. Seither trägt er in der Partei die Spitznamen „St. Adler" und „Ewald Erbakan" (nach dem damaligen türkischen Ministerpräsidenten und Islamistenführer, der zum Wegbereiter Erdoğans wurde).

Und da ist zum anderen Wolfgang Fellner. Aus der roten Ecke kommend, fabriziert er die Gratis-Tageszeitung „Österreich", von der Machart her das Wiener Pendant zur deutschen „Bild".

Zur Zeit der Abspaltung des BZÖ ist Ewald Stadler Volksanwalt und Präsident der Freiheitlichen Akademie (FA). Nach der Nationalratswahl 2006 zieht er erneut ins Parlament ein und übergibt die Funktion des Volksanwalts für die letzten sieben Monate bis zum Amtsantritt der Grünen Terezija Stoisits an Hilmar Kabas. Die FPÖ bekommt jetzt wieder ausreichend Förderung für die FA. Die Parteiakademien nehmen eine wichtige Rolle in der Bundespolitik ein. Die im Nationalrat vertretenen Parteien lehren ihre Funktionäre, einfache Mitglieder, aber auch Interessierte von außen Rhetorik, die eigene Geschichte, die Tätigkeit als Wahlbeisitzer und vieles mehr. Darüber hinaus veranstalten sie auch meinungsbildende Podiumsdiskussionen, vergeben Forschungsaufträge etc.

Das Verhältnis zwischen Strache und dem polternd-sprunghaften Stadler ist brüchig geworden und eigentlich nicht mehr zu kitten. Der Überlebenskampf gegen BZÖ und ÖVP hatte die Bruchlinien überdeckt. Aber jetzt ist dieser Überlebenskampf ausgestanden. Stadler macht offen Stimmung gegen Strache. Dieser würde ihn gerne der Präsidentschaft entheben, aber Stadler hat sich in der Parteiakademie einzementiert. Peter Fichtenbauer ist auch in diesem Bereich rechtskundig und daher in der Lage, das Ei des Kolumbus zu servieren: Eine Parteiakademie wird zu einer, weil die Partei sie als solche deklariert. Man muss nur einen neuen Verein gründen und der Parlamentsdirektion melden, dass die gesetzlich vorgesehene Förderung fortan an diesen zu gehen habe, dann sitzt Stadler augenblicklich auf dem Trockenen. Das FPÖ-Bildungsinstitut wird gegründet, das intern „FBI" genannt und auch englisch ausgesprochen wird. Dieser Gag hat mittlerweile sein erstes Jahrzehnt auf dem Buckel.

Stadler bekommt Wind von dem Schachzug. Er trifft sich am 22. Dezember 2006 mit Johann Gudenus und droht diesem an, Fotos von Strache in Militäruniform zu veröffentlichen, wenn man seiner Akademie den Geldhahn zudrehe.

Vier Wochen später ist es soweit: In der „ZiB3" spricht BZÖ-Generalsekretär Gerald Grosz seinen FPÖ-Kollegen Harald Vilimsky mehrmals auf „Wehrsportfotos vom Herrn Strache" an. Strache geht in die Offensive und zeigt in der „ZiB2" Fotos, die ihn beim Paintball-Spielen (bzw. Gotcha, wie es damals noch hieß) zeigen. Die Kleidung habe er sich damals – 1987 – in einem Army-Shop in der Gumpendorfer Straße gekauft, in dem sich mittlerweile eine Kebab-Bude befindet.

Zu dieser Zeit finden einige Krisensitzungen statt. Die Medien haben sich auf den erfolgreichen Obmann eingeschossen, der die tot geglaubte FPÖ nicht nur gerettet, sondern auch auf die Siegerstraße zurückgeführt hat. Nach dem Tagwerk trifft man sich im Klubobmannzimmer des Rathauses und berät bis in den späten Abend hinein. Neben Strache sind Herbert Kickl, Harald Vilimsky, Klaus Nittmann und Karl-Heinz Grünsteidl sowie als Rechtsbeistände Peter Fichtenbauer und Johannes Hübner anwesend.

Am Freitag, dem 26. Jänner 2007, spitzt sich die Lage zu. Auf dem Weg zum WKR-Ball präsentieren ORF-Journalisten vor der Hofburg im Scheinwerferlicht die Titelseite der „Österreich"-Ausgabe des nächsten Tages. HC Strache ist zu sehen, sitzend, mit der Mütze seiner Pennälerverbindung auf dem Kopf. Er lächelt und zeigt bei lockerer Handhaltung Daumen-, Zeige- und Mittelfinger. Strache kann sich nicht erinnern und mutmaßt, er befinde sich auf einer Bude und bestelle für sich und seine Sitznachbarn drei Biere. Laut „Österreich" soll es sich um den „Kühnen-Gruß" handeln. Michael Kühnen war ein führender Neonazi in der Bundesrepublik. Weil der „deutsche Gruß" der Altnazis – das stramme Ausstrecken des rechten Arms – seit 1945 verboten ist, werden in diesen Kreisen seit den 1970er-Jahren nicht mehr die fünf Finger aneinandergepresst, sondern Daumen, Zeige- und Mittelfinger weggespreizt. Damit ist eine Abweichung von der verbotenen Geste gegeben, und es entsteht mit ein bisschen Fantasie der Buchstabe W, der für „Widerstand" stehen soll. „Österreich" bringt auf der Titelseite sogar ein anderes Foto zum Vergleich – den führenden österreichischen Neonazi Gottfried Küssel mit „Kühnen-Gruß". Eigentlich entlastet dieses Strache, weil es den Unterschied verdeutlicht, aber „Österreich" ringelt bei beiden Bildern die drei Finger rot ein. Das ist so, als würde man von zwei Menschen behaupten, eineiige Zwillinge zu sein, nur weil beide Ohren haben. Aber der Mensch ist nun einmal ein visuelles Wesen, und die Macht der Bilder dementsprechend groß. Spricht man heute mit Strache darüber, weist er zusätzlich darauf hin, dass sein Bild gedreht wurde. Man sehe auf der Grußhand das Armband seiner Uhr, und diese habe er immer links getragen. Also eine ganz alltägliche Geste. Ein freiheitlicher Funktionär sammelt seit damals sporadisch solche Drei-Finger-Beispiele in den Printmedien und heftet sie an eine eigene kleine Pinnwand. Sein „Best-of" reicht von österreichischen Politikern jeder Couleur über einen nordkoreanischen Soldaten bis zum Heiligen Vater.

Heute würde man über den Fellner'schen Polit-Slapstick herzlich lachen und zur Tagesordnung übergehen. Damals empfand man das zugelassene Kesseltreiben als eine drückende Bedrohung. Straches Pressesprecher

Ein freiheitlicher Mitarbeiter sammelte jahrelang besonders markante Beispiele der angeblichen „Nazi"-Geste und heftete sie an eine Pinnwand. Neben österreichischen Politikern aller Couleurs findet sich auch internationale Vielfalt: vom obligaten „Dreimal Ja" des Dieter Bohlen und dem polnischen Nationalhelden über den Scheich von Dubai und den Scharfschützen auf einem nordkoreanischen Propagandagemälde („Drei Treffer!") bis hin zum Heiligen Vater.

SPORT MAGAZIN 4,20 € DEZEMBER 2015, NR. 11

ADLER-TALK
KRAFT & HAYBÖCK
„WIR SIND DIE
NEUE GENERATION!"

PLATTENSTARS
FEGERL, GARDOS & CO.
IHR STURM AUF DIE
CHINESISCHE MAUER

SKI-SAURIER
IVICA ...

Die Reportage vom Sieg des neuen Superstars SEITE 2

Die aktuelle Updates - auf wetter.at

ÖSTERREICH Nur 0,50 Euro

...STAG, 27. JÄNNER 2007 · ÖSTERREICHS NEUE TAGESZEITUNG. UNABHÄNGIG. ÜBERPARTEILICH. · LIVE IM INTERNET: WWW.OE24.AT

DAS ERSTE FOTO: Der FPÖ-Chef gerät jetzt unter Druck

Straches Nazi-Gruß

Gespreizte drei Finger waren Symbol der Neo-Nazis

Drei Liebesbriefe bekommt der frühere ...
im Monat von ...

Grünsteidl: Intellektuell hinterfragbare Fellner-Presse

Wohl zuviele Folgen von Chaos-City gesehen

Wien (OTS) - "Intellektuell hinterfragbar." Solcherart ins Gericht ging der berühmte FPÖ-Bundespressereferent Karl Heinz Grünsteidl heute ins Gericht mit den jüngsten Erzeugnissen der Fellner-Presse.

"Ich bin aus meiner Laufbahn als FPÖ-Pressesprecher wirklich einiges gewohnt", sagte Grünsteidl. "Und ich kenne auch einige Journalisten und Journalistinnen, die sich jetzt bei der Fellnerei aus ökonomischen Gründen verdingen müssen. Dennoch sollte man, Auflage hin, Auflage her, bei der Wahrheit bleiben."

Grünsteidl bezeichnete die Aufregung um die Strache-Fotos als völlig absurd. "Einerseits fühle ich mich an die US-amerikanische Serie ‚Flash Gordon' erinnert, andererseits an James Joyce und seinen Schüler Samuel Beckett. Das ist nicht positiv gemeint."

Um Jean-Paul Sartre zu zitieren: "Das Reich des Menschen hat begonnen." Genau darum geht es: Um das Reich des Menschen. Um den Menschen schlechthin. Dafür treten wir ein, in all unserer zugegebenermaßen intellektuellen Fragwürdigkeit. Aber genau deshalb forcieren wir die Frage nach dem Menschen.

Genau dafür, sagt Grünsteidl, steht die FPÖ. "Das Reich des Menschen hat begonnen." Die FPÖ stehe dafür, dass Menschen zu keiner minderwertigen Ware mutieren, wie es etwa in dem Science-Fiction-Film "Gattaca" der Fall sei. "Die Menschheit", sagt Grünsteidl, "darf nicht zu einem Gen-Experiment verkommen." Deshalb stehe die FPÖ ein gegen Gen-Experimente jedweder Art. "Die Gedankenspiele eines Michel Houellebecq bergen durchaus ihren Reiz", meint Grünsteidl. "Aber in Wahrheit sind sie nur dazu gedacht die Auflage seiner Bücher zu erhöhen. Das Wasser war kalt, damals. Jetzt ist es lauwarm, bestenfalls."

Grünsteidl zündet sich jetzt eine Zigarette an. Gauloises rouge. Wen juckt's. Denn Grünsteidl- Pressesprecher der FPÖ - treibt so manches. Er raucht. Und trinkt alles, außer Alkohol. Cola light rules!

That's Steidl (rücktrittsreif, spätestens seit heute) Andererseits: Eventuell bin ich Michael J. Fox oder Charlie Sheen...

PS.: Falls irgendeine faszinierende reiche junge Frau sich für mich interessiert, bitte hurtig melden!

Rückfragen & Kontakt:

Freiheitlicher Parlamentsklub
Karl Heinz Grünsteidl, Bundespressereferent
Tel.: +43-664-44 01 629, karl-heinz.gruensteidl@fpoe.at

OTS ORIGINALTEXT PRESSEAUSSENDU͏NG UNTER AUSSCHLIESSLICHER

Freiheitli
ZUM

RÜC

Freiheitliche
Karl Heinz Gr
Bundespre
Tel.: +43-6
heinz.grue

MEF

Stichworte:
FPÖ, Grüns
LetzterTanz

Channels:
Politik,

Karl-Heinz Grünsteidl wird noch in der Nacht des Bekanntwerdens des „Österreich"-Titelblattes zu einem kurios Kollateralgeschädigten: Er konsumiert daheim eine Flasche Whisky und setzt über seinen Zugang zur APA eine Presseaussendung ab (siehe gegenüberliegende Seite). Bis auf einen Tippfehler tadellos und in einem sensationellen Stil, den 99 % der Gesamtbevölkerung im nüchternen und ausgeschlafenen Zustand nicht erreichen würden. Diese Aussendung wird zur dritthäufigst gelesenen des Jahres 2007 auf der APA-Internetseite. Grünsteidl, dessen Arbeit und auch Charakter von Strache noch heute hoch geschätzt werden, hat daraus eine klare Konsequenz gezogen: „Ich habe keinen Alkohol mehr zu Hause." Mittlerweile kann er über seinen Fauxpas selbst schmunzeln.

Der Verursacher des Ganzen kommt nicht so glimpflich davon: Im März 2007 flüchtet Ewald Stadler in einen Parteiaustritt, bleibt aber Mitglied des Nationalratsklubs. Er geht später zum BZÖ, für das er 2011 erst der einzige EU-Abgeordnete wird und 2013 auch dort durch Gerald Grosz „hochkant rausfliegt", wie man im Volksmund sagt. Wegen der Foto-Affäre kommt Stadler vor Gericht und wird wegen schwerer Nötigung verurteilt. Im Oktober 2015 verliert er in letzter Instanz. Der nunmehr Vorbestrafte erhält wegen der langen Verfahrensdauer immerhin einen „Strafrabatt" von zwei Monaten auf zwölf Monate bedingte Haft.

Straches Nerven werden 2007 noch einige Monate durch die Drei-Bier-Posse strapaziert. Im kleinen Kreis beschließt er, reinen Tisch zu machen. Er kramt in seiner Vergangenheit und trägt alles zusammen, was irgendwann einmal zur Belastung werden könnte. Dann wendet er sich über einen Mitarbeiter an die Presse. Man hat sich für Barbara Tóth entschieden, sie gilt als „links, aber fair". Das heißt: Sie ist der FPÖ und Strache gegenüber konsequent kritisch eingestellt, aber man muss bei ihr nicht fürchten, dass sie etwas hinzudichtet, ins Gegenteil verkehrt oder sinnentstellend weglässt. Tóth ist gerade erst vom „Standard" zum „Falter" gewechselt. Dort erscheint am 12. September 2007 das eingangs zitierte längere Interview, in dem Strache auch zuvor Unbekanntes auf den Tisch legt: Als er 1990 eine Großveranstaltung der DVU in der Passauer Nibelungenhalle besucht hatte, war im Zuge einer polizeilichen Kontrolle bei ihm eine Schreckschusspistole gefunden worden, wofür er 8000 Schilling Verwaltungsstrafe zahlen musste.

HC Strache ist im September 2007 um einige Erfahrungen reicher und um sämtliche Gefahrenherde aus der Vergangenheit ärmer.

2008 – Schon wieder Nationalratswahl

„Es reicht!" – Wilhelm Molterer, VP-Vizekanzler, verkündet am 7. Juli 2008 die Auflösung der Regierungskoalition und damit Neuwahlen. Für diesen verhängnisvollen Sager, mit dem er sich selbst politisch entleibt und den SP-Kanzler Alfred Gusenbauer gleich mit dazu, wird er der Nachwelt in Erinnerung bleiben. Gusenbauer hat bereits knappe vier Monate vorher, Mitte März 2008, Ähnliches abgeliefert: „Und das wird heute was Ordentliches in Donawitz, oder das übliche Gesudere?", fragte er vor einer Parteiveranstaltung in der Obersteiermark und übersah dabei eine laufende Fernsehkamera des ORF-„Report".

Beide agieren seit eineinhalb Jahren permanent glücklos. Im Gegensatz zu Gusenbauer wirkt Molterer bei Fernsehauftritten aber zuletzt überbordend selbstbewusst. Und so wagt er sich an eine Mission, an der sein Vorgänger Wolfgang Schüssel, ein gewiefter Taktiker, schon 1995 gescheitert war: durch Neuwahlen vom Vizekanzler zum Bundeskanzler zu avancieren.

Diese Aktion lässt die Menschen auch aus einem anderen Grund die Köpfe schütteln: Erst am 1. Juli 2007 hatte die Koalition eine große Wahlrechtsreform beschlossen. Die Briefwahlkarte wurde eingeführt, das aktive Wahl-Mindestalter auf 16 Jahre gesenkt und die Legislaturperiode von vier auf fünf Jahre verlängert. „Da wollen sie fünf statt vier Jahre regieren, und dann schaffen sie nicht einmal zwei …!", hört man allerorten.

Alfred Gusenbauer ist noch vor der Wahl, die für den 28. September 2008 festgelegt wird, Geschichte. Er überlässt Werner Faymann die Spitzenkandidatur.

Damit endet auch die Kooperation der SPÖ mit dem Liberalen Forum (LiF). Dieses war 1999 aus dem Parlament geflogen. 2006 hatte Gusenbauer dem LiF-Vorsitzenden ein fixes Mandat auf der SPÖ-Liste überlassen, im Gegenzug für eine Wahlempfehlung. Diesmal kandidiert das LiF wieder, sogar unter der Gründerin Heide Schmidt, die es noch einmal wissen will – und am Wahlabend dann lieber doch nicht wissen will. Sie scheitert deutlich mit 2,1 %.

Wahlkampf-Konvoi der wiedererstarkten FPÖ.

Der Wahlkampf ist extrem kurz. HC Strache legt sich zu Beginn fest, mit keiner der beiden Großparteien in deren gegenwärtigem Zustand zu koalieren. Er fordert eine eigene Sozialversicherung für Drittstaatsangehörige, eine Erhöhung der Pensionen und die Verlängerung der „Hacklerregelung" für Langversicherte und Schwerarbeiter.

Zur großen Überraschung gerät Jörg Haider. Er muss als Spitzenkandidat einspringen, nachdem Peter Westenthaler gerichtlich verurteilt worden ist, bekennt aber sogleich, in Kärnten bleiben zu wollen. Wesentlich vitaler als 2006 orientiert er sich vor allem an HC Strache. Agiert dieser angriffig, geriert Haider sich staatsmännisch. Tritt Strache moderat auf, gibt er den letzten Unbeugsamen. Die beiden sorgen am 22. August auch für die interessanteste der TV-Konfrontationen. Haider stellt sich väterlich-jovial dar, Strache weist ihn in die Schranken: „Herr Haider, ich pflege mit Ihnen seit dem Jahr 2005 das Du-Wort nicht." Die Generalabrechnung gipfelt darin, dass Strache Haider ein Kunststoff-Rückgrat überreicht.

Am Wahlabend muss Molterer feststellen, dass sein Schuss nach hinten losgegangen ist: Faymann verliert zwar für die SPÖ beachtliche sechs Prozentpunkte, er selbst aber für die ÖVP mehr als acht … Die 29,3 bzw. 26,0 % stellen für die beiden Großparteien jeweils einen historischen Tiefstand dar. Der lachende Dritte ist HC Strache, der lachende Vierte Jörg Haider. Die FPÖ legt um 6,5 % auf 17,5 % und 34 Mandate zu. Das BZÖ verdreifacht seine Sitze auf 21 und verdrängt mit 10,7 % die Grünen vom vierten Platz.

Jörg Haider, der nun wieder die große Unbekannte in der österreichischen Innenpolitik darstellt, kann seinen Erfolg jedoch nicht lange auskosten. Am 11. Oktober 2008 kommt er bei einem Autounfall ums Leben.

In nur drei Jahren von 2 % in Umfragen auf 17,5 % bei Wahlen.

HC Strache und Jörg Haider

„Adolf, kumm oba!", sagt Jörg Haider ins Mikrofon. Für einen Moment könnte man im Villacher Kongresshaus trotz seiner tausend Gäste die sprichwörtliche Stecknadel fallen hören, dann bricht aus mehreren hundert Kehlen ein Orkan des Gelächters los. Um diesen Heiterkeitserfolg würden sogar die Villacher Narren, deren Sitzung jeden Faschingsdienstag zur Hauptsendezeit von diesem Saal aus in die österreichischen Wohnzimmer übertragen wird, Jörg Haider beneiden. Dabei ist der Anlass der Veranstaltung ein denkbar ernster: An diesem 8. April 1994 will die FPÖ eine Linie für die am 12. Juni 1994 anstehende Volksabstimmung über einen Beitritt zur EU finden.

Haider hat Glück: Zu diesem Zeitpunkt sind die Journalisten schon gegangen. Sie interessierten sich nur für die prominenten Pro- und Contra-Redner. Die beiden beitrittsgierigen Regierungsvertreter verhielten sich unterschiedlich geschickt: ÖVP-Außenminister Alois Mock erntete Applaus, SPÖ-Staatssekretärin Brigitte Ederer Buhrufe. Die Liste der Skeptiker, die sich anmeldeten, war wesentlich länger und vielfältiger. Der Gründervater der Grünen und Zwentendorf-Verhinderer Alexander Tollmann etwa warnte vor den Gefahren des Multikulturalismus. Er führte die Veränderung von Paris während der letzten Jahrzehnte als Negativ-Beispiel an.

Nach einigen Stunden sind alle anderen Anwesenden, die sich melden möchten, an der Reihe. Ein älterer Herr im Kärntner Anzug auf der großen Galerie ergreift das Wort. Seine Stimme ist kaum vernehmbar, sodass ihn Jörg Haider jovial zum Mikrofon herunterbittet – eben das eingangs zitierte „Adolf, kumm oba!".

Das Bemerkenswerte an dieser Begebenheit ist nicht die unbekannt bleibende Anekdote. Es ist der vierte Erfolgsfaktor Jörg Haiders neben seinem Charisma, seiner Rhetorik und seinem Instinkt: Man kann davon ausgehen, dass er von den 1000 Anwesenden im Kongresshaus mindestens 900 kennt. Mit „kennt" ist aber nicht nur gemeint, dass er alle Namen parat hat, die er den Gesichtern zuordnen kann. Nein, er erinnert sich an alles, was er jemals mit diesen Menschen persönlich gesprochen hat. Er hat sozusagen ein fotografisches Kommunikationsgedächtnis. Und es arbeitet so gut, dass ihm auch der Zahn der Zeit, der an uns allen nagt, nichts anhaben kann. Das beeindruckt sogar Menschen, die mit Haider bis zum Kennenlernen eigentlich wenig anfangen konnten und nie freiheitlich wählten. Haider schlendert an der Spitze seines Wahlkampftrosses durch die Straßen Klagenfurts. Da kommt ihm ein einzelner Passant entgegen. Haider weiß schon aus der Entfernung: Das ist Walter aus Annabichl. Vor knapp zehn Jahren hatte er ihn zufällig in einem Lokal kennengelernt und war für eine Stunde an seinem Tisch hängen geblieben. Dabei hatte Walter dem Jörg (in Kärnten ist man generell schnell per Du miteinander) auch darüber sein Herz ausgeschüttet, was ihn damals am meisten beschäftigte. Haider überrascht den Passanten damit, dass er ihm erfreut die Hand schüttelt und sagt: „Servus, Walter, lange nicht mehr gesehen! Wie hast du dich damals entschieden? Hast du dich selbstständig gemacht oder bei deinem Bruder angeheuert?" Diese Geschichte ist übrigens nicht bloß gut erfunden, sondern von Walter selbst so erzählt.

Wenn jedes Jahr (seit 1393!) um den 1. September herum vier Tage lang der Bleiburger Wiesenmarkt stattfindet, ist das für Jörg Haider ein Pflichttermin – und die Möglichkeit für ein „Update". Er nimmt sich ausreichend Zeit und geht von Stand zu Stand. „Hilde, wie geht's deinem Rheuma?", „Josche, hat deine Tochter die Matura eh geschafft?" So nimmt Haider Anteil am Leben der Menschen, für die er damit irgendwann fast zur Familie gehört. Als Landeshauptmann kann er auch immer wieder einmal direkt helfen, wenn ein Job gebraucht wird oder eine medizinische Spezialbehandlung. Und er schreibt gerne Gratulations- und Dankesbriefe. An so mancher Kärntner Wand hängt gerahmt solch ein persönliches Schreiben von IHM.

Zeitungsjournalisten aus Wien und Kamerateams aus Deutschland kommen, Bücher werden über ihn oder, besser gesagt, gegen ihn geschrieben. Ein bundesdeutscher Psychologe, den es bei seinem Kampf gegen alles Rechte an die prononciert linke Universität Klagenfurt verschlagen hat, behauptet, dass die angeblich hohe Scheidungsrate in Kärnten „schuld" an Haiders Erfolg sei. Er werde als der vermisste „Übervater" gesehen. Die meisten anderen Anwürfe sind weniger originell: Schon sein Vater Robert Haider war illegaler Nationalsozialist gewesen, er selbst sei von Oberösterreich bewusst nach Kärnten gegangen, wo er auf dem braunen Boden besonders gut habe gedeihen können. So ist der hasserfüllte Grundtenor, der den vierten Erfolgsfaktor völlig außer Acht lässt. In Kärnten kann das dem Angegriffenen nicht schaden – im Gegenteil.

Jörg Haider nimmt Gegenwind gerne in Kauf. Er weiß diesen so zu lenken, dass er ihn am Ende vielmehr voranbringt. Ein gutes Beispiel ereignet

Ein Bild aus unbeschwerten Tagen – im Hintergrund die sinnbildliche Parole der „Alpha-tiere".

sich Anfang Oktober 2007: Haider verkündet just vor dem Landespartei-tag der zerstrittenen SPÖ in Villach, dass er wieder einmal Geld verteilen wird. Mit der neuen Währung gebe es ständig Teuerungswellen. Er neh-me 4,5 Millionen Euro „aus den sprudelnden Steuereinnahmen" zur Hand und starte die Aktion „Kärntner Euro gegen den Teuro". Schätzungsweise 43.000 Kärntner – „Kleinverdiener, Mindestpensionisten und unversorgte Mütter" – würden berechtigt sein, dieses und nächstes Jahr je 100 Euro Teuerungsausgleich zu erhalten. Der Aufschrei der Empörung außerhalb Kärntens ist groß. Als Haider das letzte Mal solch eine Maßnahme – nur für Mindestpensionist(inn)en – ergriff, ließ er es sich nicht nehmen, medien-gerecht selbst in der Amtsstube anwesend zu sein und die grünen Scheine persönlich an die dankbaren Damen zu überreichen. Sprach man Kärntner kritisch darauf an, hörte man einhellig: „Auch andere Bundesländer haben Schulden, aber dort sehen die Mindestpensionisten keinen Cent, das Geld versickert irgendwo anders!" Dem konnte schwerlich etwas entgegenge-setzt werden …

Die offensive Herzlichkeit Haiders wurde sehr bald auch HC Strache zu-teil. Es war Anfang der 1990er-Jahre, der junge Bezirksrat verbrachte sel-tenerweise einen Abend zu Hause. Das Telefon läutete, seine Freundin hob ab und holte ihn: „Für dich – ein Haider will dich sprechen." Zu Straches

Erstaunen war *der* Haider dran. Strache erinnert sich noch heute gut daran, aber nicht mehr an das, was Haider genau sagte: „Er ist irgendwie auf mich aufmerksam geworden und lobte mein politisches Talent. Ich war so überrascht und so gebauchpinselt, dass ich nicht einmal mehr richtig zuhören konnte." Danach schüttelte man einander gelegentlich die Hand, aber nur im Rahmen von Großveranstaltungen, wenn Haider manchmal hunderte Teilnehmer begrüßte. Das erste richtige persönliche Kennenlernen und Gespräch gab es am Abend des 13. Oktober 1996. Die Wiener Freiheitlichen feierten ihren Wahlsieg in einem Zelt am Rathausplatz. HC Strache war Gemeinderat und Landtagsabgeordneter geworden. Haider gratulierte und stieß mit ihm an.

Für Haider war das die Zeit zwischen erster und zweiter Landeshauptmannschaft. Die erste wurde nach dem Wahlsieg am 12. März 1989 und dem Brechen der jahrzehntelangen absoluten roten Herrschaft möglich. Ein politisches Bonmot besagt, dass in Wien alle Parteien rot seien, in Vorarlberg alle schwarz und in Kärnten alle blau. Auch in jeder maßlosen Übertreibung steckt ein Körnchen Wahrheit, das den Scherz erst ermöglicht. Die FPÖ unter Haider gewann sechs Mandate, Rot und Schwarz verloren je drei. Das Landtagswahl-Ergebnis 1989 (SPÖ 17, FPÖ 11, ÖVP 8) war ideologisch ident mit dem Ergebnis der letzten Landtagswahl der Ersten Republik im Jahre 1930. Die Sozialisten erhielten damals 17 Mandate (15 Rote,

60 JAHRE FPÖ

2008, HC Strache, Jörg Haider persönlich versöhnlich

HC Strache ist froh, sich mit Jörg Haider noch wenige Tage vor dessen Tod ausgesprochen zu haben.

2 Braune), die drei sich freiheitlich bekennenden Parteien 6, 3 und 2 Sitze, also zusammen 11, und die beiden katholisch-konservativen Parteien 8 (die deutsche 6, die slowenische 2). Haider hat also die „alten Verhältnisse" in Kärnten wieder hergestellt. Zur politischen „Stunde null" stürzt er sich in seine Arbeit als Kärntner Landeshauptmann. Trotzdem gewinnt er im Jahr darauf auch die Nationalratswahlen: Fast sieben Prozentpunkte werden zugelegt. Haider hat damit ein Sechstel der Wählerschaft von sich überzeugen können und mit diesen 16,6 % auch das alte VdU-Ergebnis von 11,7 % im Jahre 1949 deutlich übertroffen.

Alles ist eitel Wonne. Niemand aus Politik und Gesellschaft sieht als erster dunkle Wolken aufziehen – es ist ausgerechnet der Doyen der österreichischen Astrologie, Dr. Heinz Fidelsberger (1920–2007). Er wird im Dezember 1990 von einer Journalistin gefragt, wie es mit Jörg Haider, dem Mann der Stunde, 1991 weitergehen werde. Sie ist an der richtigen Adresse. Fidelsberger, Arzt und sich von den vielen Quacksalbern seiner Zunft abgrenzend, hat sich auch mit diesem Thema beschäftigt, denn, was wenige wissen: Er ist FPÖ-Mitglied und wird später sogar Bezirksrat in Wien-Alsergrund. Fidelsberger sagt, dass Haider im Juni politisch wie privat in die Krise seines Lebens geraten werde. Es sei ungewiss, ob er diese überstehen werde. Sollte dem allerdings so sein, werde sich sein kometenhafter Aufstieg noch im Herbst des Jahres fortsetzen. Am 13. Juni 1991 schleudert Jörg Haider während einer aufgeheizten Debatte im Kärntner Landtag in Richtung SPÖ-Fraktion, dass man im „Dritten Reich" im Gegensatz zur Regierung in Wien wenigstens eine „ordentliche Beschäftigungspolitik" gemacht habe. Das (rote) Imperium schlägt zurück: Bei der Landtagswahl 1989 fehlten der SPÖ zwei Mandate für den Machterhalt. Jetzt fehlen der FPÖ zwei Mandate, um eine Zweidrittelmehrheit der anderen Parteien im Falle eines Misstrauensantrages gegen Haider blockieren zu können. Die SPÖ bietet der ÖVP, der kleinsten Partei im Landtag und Juniorpartnerin in der Koalition, den Landeshauptmannsessel an, und diese willigt ein. Es kommt zum fliegenden Wechsel: Jörg Haider wird am 21. Juni 1991 als Landeshauptmann von Kärnten abgewählt. Er ist zutiefst verletzt und am Boden zerstört. In der Partei erzählt man sich später, dass es Gernot Rumpold gewesen sei, der wie ein Berserker für Haiders Verbleib in der Politik gekämpft habe. Er war ohne jede berufliche Ausbildung als Haiders „Mann fürs Grobe" an dessen Seite aufgestiegen. Wäre Haider gegangen, hätte es für ihn „von 100 auf 0 in einer Sekunde" geheißen. Haider lässt sich zum Verbleib überreden und erlebt, wie sich am 10. November 1991 die Wiener Landesgruppe beinahe verdreifacht.

Jörg Haiders Persönlichkeit steht tagtäglich in einem extremen Spannungsfeld zwischen Zuspruch und Ablehnung. Die Parteibasis und seine Wähler vergöttern und bejubeln ihn. Unter den Funktionären wird während der 1990er-Jahre die Kritik an ihm immer lauter, kommt aber gegen sein Charisma nicht an: An einem Herbstabend 1994 warten Vertreter von Vorfeldorganisationen in Wien auf Jörg Haider. Während sie warten, beklagen sie sich über Haiders Personalpolitik, über seine ideologischen Bocksprünge usw. Haider verspätet sich, die Stimmung wird immer schlechter. Nach einer Stunde öffnet sich die Tür mit Schwung, Haider tritt nicht ein, er erscheint, und es gibt Standing Ovations … Auf der anderen Seite stehen seine Gegner, manche darunter echte Feinde, die ihn grenzenlos hassen. Als Haider einmal in Kanada mit seiner Frau in einem Restaurant sitzt, an einem straßenseitigen Fenster, erkennt ihn ein örtlicher „Antifa". Er trommelt einen Mob zusammen, und die Polizei muss das Ehepaar Haider ins Hotel eskortieren.

Dieses alltägliche Himmel-und-Hölle-Spiel und vielleicht auch das Unterdrücken-Müssen sich verstärkender erotischer Neigungen zeigen Wirkung. In Kärnten ist Jörg Haider seit seiner Wiederwahl 1999 nicht mehr wegzubringen. Nirgendwo wird der Begriff „Landesvater" mit so viel Leben erfüllt. Aber es gilt auch zunehmend: Wer nicht für ihn ist, ist gegen ihn, und das sollte man sich gut überlegen. Während der Wahlkämpfe 2006 und 2008 müssen die Kärntner FPÖ-Aktivisten feststellen, dass Haider in nur wenigen Jahren ohne einen jahrzehntelang aufgebauten Machtapparat ein beinahe autoritäres System geschaffen hat, das sich mit dem roten Wien und sogar dem schwarzen Niederösterreich unter Erwin Pröll vergleichen lässt. Die Menschen auf den Straßen Klagenfurts und Villachs sehen das nicht nur viel gelassener, sie haben auch ein ganz eigenes Bild vom Duo Haider-Strache: Viele unpolitisch Denkende haben die Trennung im Streit offenbar noch gar nicht verinnerlicht. Sie sehen HC Strache als Haiders jungen Statthalter in Wien, der zum Nachfolger aufgebaut werden soll. Von politisch Informierten hört man oft: auf Bundesebene HC – in Kärnten natürlich der Jörg.

Dass aus der Nationalratswahl 2008 beide als strahlende Sieger herausgehen, sowohl HC Strache als auch Jörg Haider, hat zweifellos entspannend gewirkt. Wenige Tage vor Jörg Haiders Tod findet ein offizielles Treffen der beiden statt. Es sei zu keiner Versöhnung gekommen, das wäre in seriöser Weise so schnell auch gar nicht gegangen, so Strache heute. Aber man habe immerhin die wichtige Normalisierung erreicht. Damals nicht wissend, dass es Haider sehr bald nicht mehr geben würde, sei er heute heilfroh, dass man sich vorher noch einmal persönlich ausgesprochen habe.

Am Samstag, dem 11. Oktober 2008, kommt Jörg Haider um 1.15 Uhr morgens in Lambichl bei Klagenfurt alkoholisiert und mit überhöhter Geschwindigkeit in seinem Phaeton von der Straße ab und stirbt beim Zusammenstoß mit einer Betonmauer auf der Stelle. Der Vortag war der Kärntner Landesfeiertag gewesen, an dem ihn noch viele bei verschiedenen Veran-

Ein Titelbild mit HC Strache oder Jörg Haider garantiert 10 % mehr Abverkauf. Dieses Medium setzt auf potenzierende Kombination.

staltungen erlebt hatten. Umso bestürzter sind die Menschen, als sie die Todesnachricht erhalten. Es gibt Hiobsbotschaften, bei denen jeder noch den Moment im Gedächtnis hat, als er sie erfuhr. Frauen neigten dazu, diesem Moment eine skurrile Note zu geben, indem sie auf die entgeisterte Mitteilung ihres Lebenspartners „Der Haider ist tot …!" mit der Frage antworteten: „Alfons oder Jörg?" Nicht so bei HC Strache. Seine damalige Partnerin kam in den frühen Morgenstunden von einem Damenabend mit Freundinnen zurück und weckte ihn auf. Er sei wie vom Donner gerührt gewesen und habe einmal „ordentlich geschluckt", erinnert er sich ganz genau. Selten sei ihm die eigene Vergänglichkeit so bewusst gewesen wie damals, sagt er nachdenklich. Schon bald habe er auf seinem Anrufbeantworter Anfragen von ORF und anderen Medien gefunden, eine Stellungnahme abzugeben, was er aber als fragwürdig empfand und nobel negierte.

Von den kursierenden Verschwörungstheorien hält Strache nichts. Die üblichen Verdächtigen für einen Mordanschlag hätten allesamt gegen ihre eigenen Interessen gehandelt. Solche Theorien würden aber wohl irgendwie dazugehören. Für ihn, Strache, sei Jörg Haider ein „politischer James Dean".

Am Samstag, dem 18. Oktober, findet in Klagenfurt die Trauerfeier für Jörg Haider statt. Sein Sarg wird aufgebahrt. Ganz Kärnten sitzt vor den Fernsehbildschirmen, bis auf jene 25.000 Teilnehmer, die vor dem Landhaus lange Warteschlangen bilden, um sich ins Kondolenzbuch einzutragen. Viele davon heulen Rotz und Wasser. Sie empfinden es so, wie es Haiders Nachfolger Gerhard Dörfler in einer ersten Reaktion formuliert hatte: „Die Sonne ist vom Himmel gefallen!" Conrad Seidl und Elisabeth Steiner vom „Standard" sind vor Ort – im Landhaus und im nahegelegenen Gasthaus „Pumpe", wohin Haider gerne auf ein Bier ging – und beschreiben in vielen Details, warum dieses offizielle „Staatsbegräbnis auf Landesebene" eigentlich einer Heiligsprechung gleichkommt. Es schwingt viel Verständnislosigkeit mit bei der Schilderung, wie im „Pumpe" der Rede von Witwe Claudia Haider gelauscht wird: „Der spricht sie Mut zu [der Familie], ein bisschen wohl auch sich selbst: ‚Man muss nie verzweifeln, wenn etwas verlorengeht.' Da lässt das vorwiegend männliche Publikum beim Pumpe die Gläser sinken. Kaum einer, der jetzt nicht Tränen in den Augen hätte. Und alle, alle beten laut das ‚Vaterunser' und das ‚Gegrüßet seist Du, Maria' mit, das gesprochen wird, ehe Haiders Sarg aus dem Dom getragen wird. Man hat den Eindruck: Hier im Wirtshaus wird mit mehr Inbrunst gebetet, als das sonst in der Kirche passiert." Dabei sind die beiden aus Wien angereisten Journalisten des Rätsels Lösung ganz nahe: „Am Wirtshaustisch hat jeder sein eigenes Gedenken an den verstorbenen Landesvater. Jeder Einzelne dürfte ihn mehrfach getroffen haben, jeder gibt gerne seine Erinnerung zum Besten."

Und Haider polarisiert bis über den Tod hinaus. Im Internet steht unter diesem Bericht: „Aufgrund der großen Anzahl an pietätlosen Postings sieht sich derStandard.at gezwungen, zu diesem Thema ausnahmsweise nur ein beschränktes Forum einzurichten."

HC Strache ist bei seiner Sicht auf Jörg Haider das Gesamtbild wichtig. Und er verteidigt Haider gegen das postume „Bashing" gegen ihn. Für die Kärntner Landeshaftung der Bank Hypo Alpe Adria hätten alle Abgeordneten im Landtag gestimmt, auch die Grünen und die SPÖ. Haider habe die Bank dann rechtzeitig abgestoßen. Dass VP-Vizekanzler und -Finanzminister Josef Pröll diese im Dezember 2009 ohne Grund mit Milliardenschaden „notverstaatlicht" habe, sei der eigentliche Skandal.

Im Oktober 2018 wurde HC Strache mit der Jörg-Haider-Medaille ausgezeichnet. Witwe Claudia Haider sagt, ihr Mann habe immer eine für die FPÖ gelungene Regierungsbeteiligung angestrebt – es war ganz in seinem Sinne.

2009 – Kärnten-Problematik und EU-Wahl

Am 1. März 2009 steht die Kärntner Landtagswahl an. Die Ausgangslage für die FPÖ ist seltsam. 2005 waren bis auf Franz Schwager die anderen 15 Landtagsabgeordneten zu Jörg Haiders BZÖ gewechselt. Haider verunglückt nur wenige Monate vor dem Landtagswahltermin tödlich. Der neugewählte Landeshauptmann Gerhard Dörfler und seine Mannen setzen dann auch voll auf die Trauerkarte. Sie treten an als „Die Freiheitlichen in Kärnten – BZÖ Liste Jörg Haider" und plakatieren: „Wir passen auf dein Kärnten auf". Für die Führungsriege der Hauptkonkurrentin SPÖ stellt sich die unbeantwortbare Frage: „Wie führt man einen Wahlkampf gegen einen Toten?" Viele Kärntner verabschieden sich ein letztes Mal und sagen „Danke, Jörg!", indem sie ihr Kreuz bei der „Liste Jörg Haider" machen.

Mit diesem postumen Sieg Haiders legt das BZÖ unter Landeshauptmann Gerhard Dörfler noch einmal zu, auf 44,9 % und 17 von 36 Mandaten. Der FPÖ hingegen bleibt in diesem Wahlkampfklima viel zu wenig Luft zum Atmen; mit 3,8 % fliegt sie ganz aus dem Landtag.

Nach der Wahl breiten sich allerdings Animositäten unter den BZÖ-Hauptverantwortlichen aus. Den Weitsichtigeren unter ihnen ist bewusst: Jetzt kann es nur mehr bergab gehen. Es wird auch bergab gehen, und das rapide … À la longue könnte sich maximal eine Landtagsfraktion in Opposition mit maximal einem Bundesrat etablieren. Die Bundesebene und die anderen acht Bundesländer gehören der Strache-FPÖ.

Am 16. Dezember 2009 zerbricht das BZÖ Kärnten. Die herausgelöste FPK geht einen Kooperationsvertrag mit der FPÖ ein, ähnlich dem CDU/CSU-Modell in der Bundesrepublik.

An dieser Stelle ein zeitlicher Vorgriff: Aufgrund des unnatürlich hohen Mandatspegels und diverser Strafverfahren wegen Korruption, mit denen sich FPK-Funktionäre herumzuschlagen haben, fällt bei der Landtagswahl 2013 das Fiasko noch schlimmer aus als ohnehin erwartet: 28 Prozentpunkte und elf der 17 Mandate gehen verloren. Die FPK fällt deutlich hinter die SPÖ zurück und bleibt mit 16,9 % nur knapp vor ÖVP, Grünen und Team Stronach. Der neue Landeshauptmann Peter Kaiser kann sich aussuchen, ob seine SPÖ (16 Mandate) mit der ÖVP oder den Grünen (je fünf) zusammengeht. Er entscheidet sich für beide, es kommt zu einer rot-schwarz-grünen Regierung. Die Konflikte zwischen FPÖ und FPK, die beinahe zu einer Auflösung des Kooperationsvertrages geführt hätten, erledigen sich mehr oder weniger durch gerichtliche Verurteilungen. Bei einem Sonderparteitag am 28. Juni 2013 beschließt die FPK unter Christian Ragger die Selbstauflösung und Rückkehr zur FPÖ. Beim Bundesparteitag am 4. März 2017 in Klagenfurt wird der letzte Schritt vollzogen. Die FPÖ Kärnten ist nach vielen Jahren wieder eine gleichberechtigte Landesgruppe ohne Extrawürste unter dem gemeinsamen Dach der Bundes-FPÖ. HC Strache hat langen Atem bewiesen.

Zurück zum Jahr 2009 und dessen zweitem wichtigen Urnengang: Die EU-Wahl findet in Österreich am 7. Juni statt. Es gibt ein Mandat weniger zu vergeben, nämlich 17. Rot und Schwarz verlieren; Rot so massiv, dass es hinter Schwarz zurückfällt. Auch die Grünen, die im Vorfeld ihren am längsten dienenden EU-Mandatar Johannes Voggenhuber gleich zweimal ausgebootet haben, bauen ab. Das BZÖ geht mit 4,6 % vorerst leer aus. Als zwei Jahre später Österreich zwei Mandate dazubekommt, rückt Ewald Stadler für die Orangen nach.

Den größten prozentuellen Zugewinn kann die FPÖ verbuchen, die auch HC Strache auf ihren Plakaten präsentiert. Sie verbessert sich von 6,3 % auf 12,7 %. Die Grünen können überholt werden, die von der „Kronen Zeitung" wieder heftig gepushte „Liste MARTIN" allerdings nicht. Man reiht sich auf Platz 4 ein. Die prozentuelle Verdoppelung bedeutet auch einen zweiten Sitz. Spitzenkandidat Andreas Mölzer bekommt mit dem Linzer Vizebürgermeister Franz Obermayr einen arrivierten Mitstreiter und ist nun nicht mehr ganz allein auf sich gestellt.

Die Medien kommentieren das Ergebnis ungefähr so, wie es in der Partei empfunden wird: Ein bisschen mehr wäre drin gewesen, vor allem, den dritten Platz vor Hans-Peter Martin zu ergattern. Aber das Ergebnis ist auch so sehr in Ordnung.

Für die Partei und HC Strache war vor allem im Hinblick auf die Wien-Wahl im Folgejahr wichtig, dass auch auf dem für die Freiheitlichen schwierigen EU-Terrain der Aufwärtstrend gut sichtbar anhält.

2010 – Ein Erdrutschsieg zur Wien-Wahl

Das Datum der Wien-Wahl ist nicht nur ein markantes (10.10.10), der politische Beobachter kann aus ihm auch eine ganze Menge ablesen. Seit 1983 hat die SPÖ Wien die Wahlen zum Gemeinderat und Landtag bis auf zwei Ausnahmen immer um mindestens ein halbes Jahr vorverlegt. Sobald die Umfrageergebnisse für sie selbst ausgezeichnet oder/und für den Hauptkonkurrenten gar nicht gut waren, ortete sie bei diesem einen frühen Wahlkampfbeginn und verlegte den Termin mit dem Hinweis nach vorne, dass man die Wiener dem nicht so lange aussetzen wolle. Die erste Ausnahme stellte die Wahl 1996 dar, bei der die SPÖ ernsthaft fürchten musste, erstmals die Absolute zu verlieren. So kostete man die Alleinregierung bis auf den letzten Tag aus und stellte noch schnell im Beamtenapparat und bei stadtnahen Betrieben personelle Weichen, bevor ein künftiger Koalitionspartner vielleicht mitreden wollen könnte. Die absolute Mehrheit ging dann auch tatsächlich erstmals verloren. Die zweite Ausnahme einer

Ein Politiker zum Anfassen.

vollen Regierungsperiode gibt es jetzt, weil die SPÖ offenbar genau weiß, dass die Absolute wieder gehörig wackelt.

Verantwortlich dafür ist primär das Erstarken der Freiheitlichen. Für HC Strache ist der Spaßfaktor daher entsprechend höher als vor fünf Jahren.

Diesmal geht es nicht ums nackte Überleben. Er ist der Herausforderer und ruft das „Duell um Wien" aus. Bürgermeister Häupl ist gezwungen, widerwillig darauf einzugehen. Die Zeitungen schreiben über eine „Schlacht um die Gemeindebauten". Diese wurden im „Roten Wien" der Zwischenkriegszeit erbaut, für über 200.000 Menschen – seit jeher ein SPÖ-Bollwerk. Die SPÖ Wien wirtschaftet schlecht, wie es die Bilanzen unmissverständlich zum Ausdruck bringen. Sie kann daher den Wienern immer weniger geben und nimmt ihnen stattdessen immer mehr weg. Nicht so bei den Migranten. Die Alteingesessenen haben also doppelten Grund zur Verärgerung.

Diese Wahl ist insofern von vornherein historisch, weil die Stimme erstmals mittels Briefwahlkarten abgegeben werden kann. Dass man seinen Stimmzettel jetzt auch verschenken kann, wird bald zu einem hitzig diskutierten Thema. Der Grünen-Gemeinderat Martin Margulies (schon sein Vater, ein ehemaliger Kommunist, war Grünen-Gemeinderat) schlägt Alarm. Margulies ortet zwei Einfallstore zur unlauteren Mehrheitsbeschaffung für die SPÖ: Einerseits sollen Briefwahlkarten für Demenzkranke in Pflegeheimen beantragt worden sein. Margulies kann seine eigene Großmutter als Beispiel anführen. Andererseits sollen in türkischen Lokalen Antragsformulare für die Gäste ausgefüllt und die Wahlkarten von SPÖ-Aktivisten übernommen worden sein. Als der mutmaßliche Muslimbruder Omar al-Rawi, SPÖ-Gemeinderat und hoher Funktionär der Islamischen Glaubensgemeinschaft, bei der Wahl mehr Vorzugsstimmen erhält als alle amtsführenden Stadträte zusammen, fällt der Verdacht nachträglich auch auf die Moscheevereine.

Zwei Wochen vor der Wahl beweist HC Strache, dass er nicht eine Wahlsiegmaschine ist, sondern ein Mensch, dem auch Fehler unterlaufen können. Er lässt an die Wiener Haushalte ein Heft mit Wiener Sagen verschicken. Diese sind vereinzelt mit Comics illustriert. Als es um die Türkenbelagerung geht, sieht man HC Strache mit Schwert auf der Stadtmauer unter den Verteidigern stehen. Er sagt zu einem Buben mit Steinschleuder: „Wennst dem Mustafa ane aufbrennst, kriagst a Hasse spendiert!" Der Bursche landet einen Volltreffer und bestellt sich seine heiße Wurst im Wiener Umgangston. Das Comic führt zu einem Aufschrei, die Grünen erstatten Anzeige wegen Verhetzung. So weit, so normal. Dieses Werbemittel kommt aber auch bei den eigenen Leuten gar nicht gut an. Die freiheitlichen Bezirksfunktionäre müssen an ihren Bürgerständen feststellen, dass auch jene, die sonst nur freundliche Worte haben oder sogar zwischendurch Kaffee und Knabbereien vorbeibringen, aufgebracht sind. „Was ist euch denn da eingefallen?", ist noch das Netteste …

10 10 10

Am 10. Oktober 2010 heißt der klare Wahlsieger HC Strache.

Aber HC Strache hat das Glück des Tüchtigen: Eine Woche später präsentiert Petr „Peko" Baxant für seine SPÖ ein Machwerk, das alles Vorherige in den Schatten stellt. Ein Bösewicht namens „Kackl" hat sich Strache (als „Terror-Rapper" dargestellt und mit „mein hirntoter Freund" angesprochen) mit Drogen gefügig gemacht. Dieser führt Zombie-Nazis an, die nächtens auf Wiens Straßen Jagd auf muslimische Frauen mit Kopftuch machen. Ein Held namens Mr. X rettet die Stadt mit Unterstützung des Bürgermeisters Häupl …

Weder Primitiv-Comics noch Briefwahlkarten können der SPÖ die absolute Mehrheit retten. HC Strache war 2005 der Wahlsieger, obwohl die FPÖ als einzige Partei Einbußen hinnehmen musste. Jetzt ist er der Wahlsieger, weil die Freiheitlichen als einzige zulegen, und das deutlich. Während es für Rot und Schwarz jeweils − 4,8 % heißt und für die Grünen − 2,0 %, legt die FPÖ um 10,9 % zu. Mit ihren 25,8 % und 27 Mandaten verpassen die Wiener Freiheitlichen ihr Rekordergebnis von 1996 nur knapp. Für die SPÖ bedeuten ihre 44,3 % 49 Mandate (von 100), und sie muss sich einen Koalitionspartner suchen. Häupl entscheidet sich für die Grünen – was er noch bitter bereuen wird.

2013/14 – Drei Urnengänge auf Bundesebene

„Das gibt's ja nicht! Warum ist noch immer niemand von der SPÖ da?!?" Der Wahlleiter wirft die Nerven weg. Es ist Sonntag, der 20. Jänner 2013, 6.45 Uhr morgens. Wir befinden uns im Klassenzimmer einer Volksschule in der Nähe des Meiselmarkts im 15. Wiener Gemeindebezirk. In einer Viertelstunde soll dieser Wahlsprengel seine Tür öffnen, damit die Menschen in einer bundesweiten Volksbefragung über das Schicksal des Österreichischen Bundesheeres entscheiden können. Die Wahlkommission in einem solchen Sprengel besteht aus fünf Personen: einem Wahlleiter, seinem Stellvertreter (beide Beamte der Stadt Wien aus verschiedensten Bereichen), zwei Vertretern der stärksten Partei sowie einem Vertreter der zweitstärksten. Zur Bemessung herangezogen wird das Wahlergebnis der Gemeinde bei der letzten Nationalratswahl. Da 2008 in Wien die Freiheitlichen die ÖVP wieder überholt hatten, steht ihnen auch ein Wahlbeisitzer zu. Eine Wahlkommission kann ihre Aufgabe nur erfüllen, wenn zumindest der Wahlleiter oder sein Stellvertreter und zwei der drei Parteienvertreter anwesend sind. In diesem Wahlsprengel hat sich aber nur der Freiheitliche eingefunden – der sich selbst zwickt, weil er vermutet, in Wirklichkeit noch im Bett zu liegen und zu träumen. Kurz vor 7 Uhr kommt doch noch eine rote Wahlbeisitzerin und erlöst den Wahlleiter. Dieser Wahlsprengel ist aber heute nicht die Ausnahme, sondern die Regel. Als am Abend die FPÖ-Beisitzer zusammenkommen, beginnen die meisten mit: „Stellt euch vor …!" In ganz Wien gab es Sprengel, die sogar erst mit Verzögerung ihre Arbeit aufnehmen konnten.

Für den freiheitlichen Wahlbeisitzer ist das total unwirklich. Seit 1990 sitzt er bei allen Urnengängen, anfangs noch als „Vertrauensperson" mit eingeschränkten Rechten. Sieben Nationalratswahlen, fünf Wien-Wahlen, vier Bundespräsidentenwahlen, drei EU-Wahlen und die EU-Volksabstimmung hat er bislang in verschiedenen Wahlsprengeln miterlebt. Ihm saßen immer sechs, sieben Sozialdemokraten gegenüber: Beisitzer, Ersatzbeisitzer, Wahlzeugen. Die Ersatzbeisitzer sind zur Stelle, wenn die Beisitzer essen gehen. Unter den SP-Wahlzeugen, die im Gegensatz zu den Beisitzern

keiner Verschwiegenheitspflicht unterliegen, führt einer für die Partei die umstrittene „Stricherlliste", ein Wiener Spezifikum: In jedem Wahlsprengel liegt ein verschämt behandeltes Verzeichnis der hier wahlberechtigten Parteimitglieder auf. Am Nachmittag holt ein „fliegender" SP-Mitarbeiter diskret diese Liste ab, und die noch fehlenden Mitglieder werden anschließend angerufen und zur Stimmabgabe aufgefordert. Dass darüber hinaus noch weitere rote Wahlzeugen den Tag durchdienen, hat finanzielle Gründe. Die Tätigkeit der Beisitzer und Zeugen wird mit einer Aufwandsentschädigung abgegolten, zuletzt 45 Euro. Die SPÖ ist die einzige Partei, die ihren Genossen dieses Geld für die Partei abnimmt. In ganz Wien liegt die Zahl der Sprengel im vierstelligen Bereich. Da kommt schön etwas zusammen. Die SPÖ stellt das wütend in Abrede. Spricht man aber in den Sprengeln gemütlichere Exemplare der roten Riege an, am besten zwischen 14 und 16 Uhr, wenn es so richtig zäh hergeht und manchmal eine halbe Stunde lang kein Wähler kommt, dann geben sie die Ablieferung freimütig zu. Sie halten sie auch für ganz selbstverständlich. Außerdem bekomme man zu Mittag eine Gratis-Mahlzeit.

Für den freiheitlichen Wahlbeisitzer geht der „Traum" aber noch weiter. Die Kollegin, die jetzt neben ihm Platz genommen hat, kennt er von früher. Sie war Bezirksrätin und galt in der freiheitlichen Fraktion als „Flintenweib". Sie meldete sich nur zu Wort, wenn Rot und Blau gröber in Streit gerieten, und warf sich dann wie eine Furie in die Schlacht. Jetzt schimpft sie über „die Partei". Der Hauptgrund dafür ist die Umwandlung des benachbarten Kaiserin-Elisabeth-Spitals in das Ingrid-Leodolter-Haus. Das

KES war in ganz Europa führend bei der Behandlung von Erkrankungen der Schilddrüse. Nun wird das Gebäude geschleift und in ein Seniorenwohnheim umgewandelt. Das eingespielte Ärzteteam wird auseinandergerissen und auf die anderen Wiener Krankenhäuser verteilt. Die Ex-Bezirksrätin erzählt, dass unter den letzten Patienten, die im Krankenbett aus dem KES geschoben wurden, ein ehemaliger Bezirksvorsteher war. Der „gestandene Sozialist", der immer stolz auf diese Errungenschaft des „Roten Wien" gewesen sei, habe „geweint wie ein kleines Kind".

Der freiheitliche Wahlbeisitzer greift ein zweites Mal mit seiner rechten Hand auf den linken Ärmel und kneift sich. Nein, es ist real – die allmächtige rote Partei geht den (blauen) Bach hinunter …!

Wer hat der SPÖ diese Volksbefragung angetan? Michael Häupl war's. Im Wiener Wahlkampf 2010 gebiert er aus einer Weinlaune heraus eine Schnapsidee: Die allgemeine Wehrpflicht sei zu hinterfragen und eine Volksbefragung durchzuführen. Er rüttelt damit an einem SPÖ-Grundpfeiler: der Vorbeugung eines neuen Bürgerkriegs, wie er 1934 stattgefunden hat und den Sozialdemokraten noch heute in den Knochen steckt. Die SP-Sichtweise der damaligen Ereignisse kann man so zusammenfassen: Ein blutrünstiges schwarzes Wolfsrudel überfiel eine wehrlose rote Schafherde. Am Ende waren 150 Schafe tot. Dass auch 150 Wölfe tot waren, relativiert die Legende doch ein wenig. Wahr ist aber zweifellos, dass das Berufsheer eine starke schwarze Schlagseite hatte. Der rote Verteidigungsminister Norbert Darabos manifestiert noch wenige Tage vor Häupls originellem Vorpreschen, dass die allgemeine Wehrpflicht für die Sozialdemokratie „in Stein gemeißelt" sei. Die meisten Wiener werden schon von klein auf bei den „Kinderfreunden" und „Roten Falken" darauf getrimmt. Wie Umweltstadträtin Ulli Sima stieß auch Michael Häupl erst spät zur SPÖ. Aber Sima kam wenigstens von links, von den Grünen (nachdem sie bei einer Kampfabstimmung um ein Nationalratsmandat gegen Terezija Stoisits unterlegen war), und immerhin war ihr Großvater Hans Sima SPÖ-Landeshauptmann in Kärnten gewesen, bevor er 1974 vom „Ortstafelsturm" verweht wurde. Häupl aber stammt aus tiefschwarzem Elternhaus und machte in seiner Jugendzeit politisch buchstäblich blau. Erst als Mittzwanziger errötete er. Häupl ist also nicht Sozialist genug, um das Desaster zu erkennen, das er anrichtet. Erstaunlich ist allerdings, dass ihm weder Bundeskanzler Faymann noch Bundesminister Darabos Einhalt gebieten. Aber der Wiener Bürgermeister ist nun einmal ihr inoffizieller Chef …

Und so kommt es im August 2012 durch VP-Vizekanzler Michael Spindelegger zur spiegelbildlichen Verrücktheit: Er gibt seinen Widerstand gegen eine Volksbefragung auf und verkündet bei dieser Gelegenheit, dass auch seine Partei einen 180-Grad-Schwenk vornehme. Man sei nicht mehr – wie die letzten Jahrzehnte hindurch – für ein Berufsheer, sondern dagegen.

Wie verhalten sich die anderen Parlamentsparteien? Die Freiheitlichen bleiben klar auf ihrer Linie für die allgemeine Wehrpflicht. Die Grünen sind geschlossen für ein Berufsheer, aus unterschiedlichen Gründen. Der Bolschi-Flügel will starke Armeen nur kommunistischen Staaten zugestehen, der Bobo-Flügel hält nächtliches Robben durch den Schlamm für nicht mehr zeitgemäß. Das BZÖ und das Team Stronach sind ideologisch überfordert. Die Orangen rufen zum Wahlboykott auf, die Gelben geben keinerlei Empfehlung ab.

Bundeskanzler Werner Faymann spannt die „Kronen Zeitung" vor den Karren. Diese wirbt täglich von ganz vorne bis hinten zum Sportteil, mal ganz offen, mal versteckt, für die Abschaffung der allgemeinen Wehrpflicht. Aber es ist seine SPÖ, die „auslässt". Es ist nicht nur der Kampf für ein Berufsheer – „ein Angriff auf die Seele der Partei", wie es die „Süddeutsche" auf den Punkt bringt –, es gibt noch einen zweiten Grund: Mit der allge-

Nirgends kann die FPÖ ihre Themenführerschaft so stark umsetzen wie bei einer Volksbefragung.

meinen Wehrpflicht fiele auch der Zivildienst. Die Zivildiener sind mittlerweile ein unverzichtbarer Teil des öffentlichen Gesundheitswesens geworden. Wie es nach deren Wegfall weitergehen würde, dazu hat die SPÖ nur Kleiner-Maxi-Konzepte: Man führt ein freiwilliges Sozialjahr ein und bietet den jungen Männern dafür 1300 Euro brutto monatlich (von denen die Regierung gar nicht weiß, woher sie sie nehmen soll), und diese würden sich dann um eine solche Anstellung raufen (Aber sicher doch!). Die SPÖ hat ihre Stammwählerschaft bei den über 60-Jährigen. Die pflegebedürftigen Witwen fürchten nun um ihre Zivis …

Und so verweigern die Sozialdemokraten an diesem 20. Jänner 2013 der SPÖ die Gefolgschaft. In Wien trudelt im Laufe des Tages doch noch der eine oder andere Wahlbeisitzer widerwillig in seinem Wahlsprengel ein. Und aufgrund der Grünen gibt es in der Bundeshauptstadt sogar ein knappes Ja für ein Berufsheer. Aber insgesamt reicht das bei Weitem nicht aus. Bei einer Wahlbeteiligung von 52,4 % stimmen 59,7 % für die Beibehaltung der allgemeinen Wehrpflicht.

Angeblich hatte Häupls unsensibler Vorstoß zwei Motive: Bequemlichkeitspopulismus für die Wien-Wahl 2010 und, im Falle des Durchsetzens einer Volksbefragung, eine Mobilisierung für die Nationalratswahl 2013. Beides funktioniert nicht.

Der Wahlkampf 2013 ist einer der neuen Gesichter. Nur Bundeskanzler Werner Faymann und HC Strache waren schon 2008 Spitzenkandidaten. Für die ÖVP tritt der farblose Michael Spindelegger an, für die Grünen die eher unpolitische Eva Glawischnig. Beim BZÖ versucht Seppi Bucher, nach dem Tod Jörg Haiders eine neue lebensrettende Linie abseits der FPÖ zu finden. Der Kasnudelkoch im elterlichen Gastronomiebetrieb forciert einen wirtschaftsliberalen Kurs und wird scherzhaft als „Karl-Heinz Grasser für Arme" bezeichnet. So müssen die Obleute jener beiden weiteren Parteien, die Chancen auf einen Einzug in den Nationalrat haben, für humoristische Aspekte sorgen. Während Matthias Strolz an der Spitze der NEOS das durchaus als Teil seiner Marke etabliert, passiert es bei Frank Stronach unfreiwillig. In einem Kauderwelsch aus Englisch und Steirisch liefert sich der Konzernboss, der keinen Widerspruch erträgt, bei Fernsehauftritten Scharmützel mit Journalisten und Mitbewerbern. Besonders schaden ihm aber seine skurrilen Wahlkampfforderungen, wie eine eigene Euro-Währung für jedes EU-Mitgliedsland und die „Todesstrafe für Berufskiller". Stronach, der als Franz Strohsack in einem Dorf in der Nähe des oststeirischen Weiz geboren wurde und als gelernter Werkzeugmacher nach Amerika ausgewandert war, will dem steirischstämmigen US-Gouverneur Arnold Schwarzenegger nacheifern. Er hält sich für einen Polit-Messias. Im Nationalrat erreicht seine neue Partei durch ausreichend orange Überläufer Ende 2012 sogar Klubstatus. Bei den beiden Landtagswahlen am 3. März 2013 erzielt das Team Stronach zwei echte Achtungserfolge: in Kärnten unter Gerhard Köfer, dem ehemaligen SP-Bürgermeister von Spittal, 11,3 %; in Niederösterreich 9,8 % und Platz 3 vor den Freiheitlichen und den Grünen. Da der austro-kanadische Milliardär im strukturkonservativen Niederösterreich aber ernsthaft

„Lucky Punch" bei der ORF-Konfrontation mit Werner Faymann: HC Strache belegt die Anbiederung der SPÖ an türkische Einwanderer vor einer breiten Öffentlichkeit.

30–40 % und einen knappen Kampf um Platz 1 mit der ÖVP erwartet hat, ist er am Wahlabend gezeichnet. Die Landtagsmandate und je ein Sitz in der Landesregierung können ihn nicht trösten. Und es kommt noch schlimmer: Im April verpasst man den Einzug in den Tiroler Landtag. Die 8,3 % in Salzburg im Mai, die zu einer „Jamaika-Koalition" (Schwarz-Grün-Gelb) führen, entsprechen nicht den Erwartungen des Parteibesitzers.

Eine große Rolle für die Nationalratswahl am 29. September 2013 spielen die TV-Konfrontationen. Höhepunkt dabei ist jene zwischen Kanzler Faymann und HC Strache am 17. September. Strache gelingt dabei ein „Lucky Punch", indem er seinem Kontrahenten knapp vor Schluss zwei SPÖ-Plakate in türkischer Sprache vor die Nase hält. Eines wirbt für den „Başbakan" („Kanzler") selbst, eines für den Millî-Görüş-Mann Resul Ekrem Gönültaş. Faymanns Nervenkostüm reißt. Er leugnet die Echtheit der Plakate, die in

Wien-Favoriten affichiert sind, und versucht, Strache mit seiner hohen und seichten Stimme niederzuschreien.

Am Wahlabend gibt es unter den sechs männlichen Spitzenkandidaten drei Sieger, und alle drei Namen beginnen mit „Str" – Strache, Strolz, Stronach. SPÖ und ÖVP waren schon 2008 erstmals beide auf jeweils unter 30 % gefallen. Jetzt gibt es für beide noch einmal ein historisches Minus. Der SPÖ haben die über 12.000 Vorzugsstimmen für Gönültaş nicht geholfen. Sie verliert 2,4 % und hält bei nur mehr 26,8 %. Der ÖVP ergeht es ähnlich: zwei Prozentpunkte weniger und nur mehr 24 %. Das heißt, dass die beiden Großparteien, die seit knapp sieben Jahrzehnten Österreich unter sich aufteilen, zusammen gerade noch über 50,8 % verfügen. Die Grünen erleben mit 12,4 % einen Höchststand. Das Team Stronach zieht mit 5,7 % locker ein, stirbt aber de facto an diesem Tag. Denn für „Frankie" sind das uninteressante Peanuts. Er, der schon als Fußballpräsident nach großspurigsten Ankündigungen versagt hat, verliert völlig das Interesse an österreichischer Innenpolitik. Er zieht sich nach Kanada zurück, sein Team zerbricht im Laufe der Legislaturperiode. Das ist auch eine schlechte Nachricht für das Establishment, hoffte man doch, dass Stronach der FPÖ den Protestwählerzustrom abgraben würde. Die NEOS erreichen 5,0 %. Für das BZÖ geht es sich nach einem Verlust von 7,2 Prozentpunkten auf nur mehr 3,5 % nicht mehr aus. Es ist damit Geschichte.

Die Freiheitlichen können sehr zufrieden sein. Die Phase der Landtagswahlen 2013 im Vorfeld war ziemlich durchwachsen. Im März ereignete sich das FPK-Fiasko in Kärnten, aber auch in Niederösterreich setzte es am selben Tag unter Barbara Rosenkranz ein Minus von 2,3 % auf 8,2 %. Eines der fünf Landtagsmandate ging verloren, und damit auch der Sitz in der Landesregierung. Im April fiel man in Tirol um drei Prozentpunkte zurück und war nur mehr Fünfter. Wenigstens ging man keines Mandates verlustig. Erst im Mai gab es in Salzburg ein Plus von 4,0 % auf 17,0 % und einen sechsten Sitz. Allerdings nützten die Grünen den Absturz von Schwarz und vor allem von Rot (nach einem Spekulationsskandal, der Gabi Burgstaller die Position als Landeshauptfrau kostete) besser und zogen vorbei auf Platz 3. Diese Serie zeigte aber auch die Steherqualitäten des HC Strache. Anders als unter Jörg Haider gerät die FPÖ in einer Durchhängephase jetzt nicht mehr gleich in eine lebensbedrohliche Abwärtsspirale. Am Wahlabend sind es 20,2 % für die FPÖ. Die Funktionäre fürchten, dass mit den Wahlkarten der optisch wichtige Zweier vorne wieder weg sein könnte, aber diesmal stockt man beim Endresultat auf 20,5 % (+ 3,0) auf. Die Freiheitlichen liegen damit jetzt im Großen und Ganzen auf Augenhöhe mit

SPÖ und ÖVP: 26,8 % – 24,0 % – 20,5 %. In der Steiermark ist man sogar Nr. 1.

So kann doch noch Schwung mitgenommen werden für die EU-Wahl im darauffolgenden Frühling. Durch den Beitritt Kroatiens reduziert sich die Zahl der österreichischen Abgeordneten um einen auf 18. Die FPÖ verdoppelt sich am 25. Mai 2004 unter ihrem Spitzenkandidaten Harald Vilimsky zum zweiten Mal und hat nun vier Abgeordnete. Damit trägt sie viel dazu bei, dass man mit befreundeten Parteien über die Bildung einer eigenen Fraktion im EU-Parlament nachdenken kann. Dafür sind 35 Abgeordnete aus sieben Staaten notwendig. Letztendlich wird die Fraktion „Europa der Nationen und der Freiheit" gegründet, die trotz einiger Abgänge durch einige Zugänge auch heute noch besteht. Derzeit verfügt sie über 36 Mitglieder.

Häupl haut den Krauss

„Schlag den Krauss!" lautet die Überschrift. Kraussens Konterfei klebt auf einer Kugel, die an einem Ast hängt. Auf diese Kugel dreschen junge Männer mit einem Stock ein. Es ist der 18. September 2014, und diese Aktion, die eine Gruppe namens „Red Revolution" stolz als Video im Internet verbreitet, dient als Aufwärmübung vor einer Demonstration gegen Maximilian Krauss.

Dabei beginnt alles völlig harmlos. Bei der EU-Wahl am 25. Mai 2014 legt die FPÖ kräftig zu und verdoppelt ihre Sitze von zwei auf vier. Dadurch erhält Barbara Kappel, zu diesem Zeitpunkt Abgeordnete im Wiener Rathaus, ein Mandat. Sie scheidet folglich aus dem Gemeinderat/Landtag aus und ahnt nicht, was sie damit auslöst. Denn für sie rückt Helmut Günther nach. Der höhere Ministerialbeamte ist zu diesem Zeitpunkt Vizepräsident des Wiener Stadtschulrates.

In Österreich gibt es eine klare rechtliche Regelung: Alle neun Bundesländer haben je einen Landesschulrat. Dessen Vorsitzender ist der Landeshauptmann. In Vorarlberg und Tirol erledigt der jeweilige Bildungslandesrat dieses Amt mit. In Wien ist also Bürgermeister Häupl Stadtschulratspräsident. Es gibt weiters einen amtsführenden Stadtschulratspräsidenten und einen Vizepräsidenten. Das Vorschlagsrecht für den Präsidenten hat die stimmenstärkste Partei bei den Gemeinderatswahlen, für den Vizepräsidenten die zweitstärkste Partei. Nach den Wahlen 1991 stellte die FPÖ erstmals in der Geschichte einen Vizepräsidenten. Herbert Rudolph blieb zwei Perioden im Amt. Während dieser zwei Perioden war der amtsführende sozialdemokratische Präsident Kurt Scholz. Die beiden gerieten bei öffentlichen Veranstaltungen immer wieder aneinander und werteten dadurch beide ihr Ansehen auf, weil sie es auf höchstem intellektuellen Niveau taten – mit Zitaten aus Theaterklassikern, Opernwerken und so weiter. 2001 wurde Scholz Restitutionsbeauftragter der Stadt Wien, Rudolph wechselte in den Gemeinderat. Ihm folgte Monika Mühlwerth nach. Sie schaltete sich sehr stark in schulische Belange ein. Eine zweite Periode war ihr trotzdem nicht vergönnt. Denn die Freiheitlichen feierten zwar bei der Wien-Wahl 2005 ihr Überleben und dass sie sogar die 13 nach der BZÖ-Abspaltung verbliebenen Mandate halten konnten, aber sie wurden von der ÖVP überholt und verloren das Vorschlagsrecht für den Stadtschulrats-Vize. Monika Mühlwerth wurde in den Bundesrat, die Länderkammer des Parlaments, entsandt, wo sie bis heute die freiheitliche Fraktion führt. 2010 wurde dann Helmut Günther nominiert.

Wenn ein Präsident oder ein Vizepräsident während einer Periode zurücklegt, nominiert die Partei mit dem Vorschlagsrecht einen Nachfolger, und der Bürgermeister ernennt diesen. Da Günther in den Gemeinderat wechseln wird, befasst sich der Wiener FPÖ-Vorstand mit der Nachfolge. HC Strache setzt sich mit einer ungewöhnlichen Personalentscheidung durch: Maximilian Krauss. Der erst 21-Jährige gilt als eines der ganz großen Nachwuchstalente. Bereits mit 13 Jahren wurde er politisch aktiv, HC Strache hält große Stücke auf ihn. Als Vizepräsident soll er nicht der Ansprechpartner der Direktoren und Lehrer sein, sondern der der Schüler – zu denen Krauss vor drei Jahren noch selbst gehörte. In der Parteibasis der Wiener Freiheitlichen ist die Entscheidung umstritten, jemanden so jungen, der bislang noch nicht einmal Bezirksrat war, mit solch einem Amt zu betrauen. Sehr bald stehen aber alle Freiheitlichen wie ein Mann hinter Krauss – und das liegt am Bürgermeister.

Im Sommer 2014 kommt es nämlich zum Eklat: Häupl weigert sich, Krauss zu ernennen, weil dieser Burschenschafter ist. „Ich bin nicht der Kellner, der die Bestellungen von der FPÖ aufnimmt." Dass laut Gesetz für ihn ganz klar gilt: „hat zu ernennen", es sich also um eine Muss-Bestimmung und um keine Kann-Bestimmung handelt, interpretiert Häupl autokratisch: Er könne ablehnen, wen er wolle und so oft er wolle.

Michael Häupl ist über die Jahre eigen geworden. Aus seiner Bürgermeistertätigkeit hat er sich weitgehend zurückgezogen. An Sitzungen des Gemeinderats und Landtags nimmt er nur mehr selten teil. Wenn es bei der Fragestunde an die Regierungsmitglieder, mit der jede Sitzung beginnt, ihn „erwischt", kommt er grantelnd bei der Tür herein. Jener Abgeordnete, dem er Rede und Antwort stehen muss, kann nicht abschätzen, was ihn erwartet. Entweder wortkarge Überheblichkeit, zu der sich bei Zusatzfragen beißender Sarkasmus dazugesellt, oder aber ein (Wort-)Witz versprühender Geistesmensch, dem auch der eingefleischteste Oppositionelle nicht böse sein kann, wenn die Frage in der Sache unbeantwortet bleibt. Hat er diese Aufgabe absolviert, zieht Häupl augenblicklich wieder von dannen. Auch sonst sind seine Auftritte sporadisch. Er unterschreibt, was nur er unterschreiben kann. Er posiert kurz für Fotografen, wenn es ihm eine breitere Publicity garantiert. Alles andere hat er an seine amtsführenden Stadträte oder an seine Beamten delegiert. Als Häupl später, im April 2015, zur Diskussion um die Dienstzeit der Lehrer sagt: „Wenn ich 22 Stunden in der Woche arbeite, bin ich Dienstagmittag fertig. Dann kann ich heimgehen", begeht er eine Freud'sche Fehlleistung. Denn er geht tatsächlich Dienstagmittag heim. Dann ist nämlich sein einziger Fixpunkt im Wochenkalender, seine Pressekonferenz, vorbei. Jeden Dienstagvormittag lädt er zur Pressekonferenz ins Rathaus, auch wenn nichts Aktuelles ansteht. Da hält Häupl Hof, da ist er in seinem Element.

Der um die Causa Krauss entstandene Wirbel nervt Häupl. Er versucht, dem zu entgehen, indem er von autokratisch auf autoritär umschaltet. Krauss könne sein Amt gar nicht antreten, weil dieses ja noch Günther innehabe – solange er diesen nicht enthebe, was er nicht vorhabe. Günther macht mit dieser Infantilität kurzen Prozess, indem er sogleich zurücktritt. „Man kann nicht jemanden an seine Funktion fesseln", erklärt er der Presse kopfschüttelnd.

Häupl reagiert darauf, indem er das „zur Kenntnis nimmt" (eine andere Möglichkeit hat er auch nicht) und ansonsten ein fragwürdiges Zugeständnis macht: Er ernenne einen anderen Freiheitlichen, wenn dieser vorgeschlagen werde. Aus demokratiepolitischer Sicht ist das freilich nicht akzeptabel.

So bleibt die Position des Vizepräsidenten im Wiener Stadtschulrat vakant. Der Verfassungsrechtler Heinz Mayer, auf den sonst die SPÖ gerne bei juristischen Diskussionen zurückgreift, bestätigt im Oktober 2014 den Standpunkt der Freiheitlichen vollinhaltlich. Die FPÖ erstattet bei der Staatsanwaltschaft Anzeige gegen Häupl wegen Amtsmissbrauchs und reicht eine Beschwerde beim Verfassungsgerichtshof ein.

Am 16. März 2015 stellt die Wirtschafts- und Korruptionsstaatsanwaltschaft das Verfahren gegen Häupl ein. Ein Sprecher begründet das so: „Aufgrund der Ermittlungen sind wir zu dem Ergebnis gelangt, dass er als Präsident des Stadtschulrates gesetzlich berechtigt war, einen bestimmten Kandidaten nicht zu ernennen und stattdessen einen neuen Vorschlag zu verlangen."

Am 8. April 2015 weist der Verfassungsgerichtshof die Beschwerde zurück. Das Vorschlagsrecht bzw. Nominierungsrecht der zweitstärksten Fraktion sei kein „Recht", sondern eine „Befugnis", also eine Zuständigkeit, daher sei wiederum der VfGH nicht zuständig.

Häupl hat es somit sogar geschafft, den österreichischen Rechtsstaat zu kompromittieren. Er begeht einen augenscheinlichen Rechtsbruch, und von den beiden Institutionen, die dazu da sind, so etwas zu unterbinden, verkündet eine „Passt schon" und die andere „Geht mich nichts an" … Während die FPÖ auf Maximilian Krauss beharrt, sieht Häupl sich darin bestätigt, dass in Wien lediglich sein Wille geltendes Gesetz sei.

Die Wien-Wahl am 11. Oktober 2015 wird zur nächsten juristischen Kraftprobe. Das Endergebnis steht fest: Mit der FPÖ hätte die SPÖ eine starke Koalition mit 78 von 100 Mandaten, aber die Ausgrenzung durch Häupl ist in Stein gemeißelt. Mit den neu eingezogenen NEOS geht es sich nicht aus (44 + 5). Mit der ÖVP hat man die kleinstmögliche Mehrheit (44 + 7). Noch dazu gelangten zwei der VP-Abgeordneten durch Vorzugsstimmen gegen den Willen der Partei in den Rathausklub. Also bleiben faktisch nur die Grünen (44 + 10), mit denen man eigentlich nicht mehr möchte. Häupl

HC Strache und Maximilian Krauss kündigen ihre Anzeige gegen Häupl an.

ziert sich. Laut Verfassung darf die Funktionsperiode des Gemeinderates höchstens fünf Jahre dauern. Die Angelobung des alten fand am 24. November 2010 statt. Die letzten drei Male war die Wahl um ein halbes Jahr vorverlegt worden, mit dementsprechend viel Zeit für die Neukonstituierung danach. Häupl verkündet seelenruhig, er habe sich von seiner Rechtsabteilung bestätigen lassen, dass die Neukonstituierung auch bis Mitte Dezember Zeit habe. Das klingt nach dem Diktator eines Dritte-Welt-Staats. Und wer Häupl kennt, geht davon aus, dass er im Dezember manifestiert: „Naa, vur Weihnåchten nimma – zu stressig!" Nun aber wird dem Bananenrepublikanismus Häupls ein Riegel vorgeschoben. Am 24. November 2015, dem letztmöglichen Tag, wird die Neukonstituierung vorgenommen.

Maximilian Krauss wird Gemeinderat. Für den Vizepräsidenten des Wiener Stadtschulrats schlägt die FPÖ Bernd Saurer vor. Kein Burschenschafter und Bridge-Juniorenweltmeister – das lässt Häupl gerade noch durchgehen. Für Saurer soll es allerdings ein kurzes Vergnügen werden – sein Amt wird im März 2018 abgeschafft.

Maximilian Krauss übersiedelt nach der Nationalratswahl 2017 ins Parlament. Der Regierungseintritt der FPÖ löst ein Personalkarussell aus. Nach nur 39 Tagen im Nationalrat kehrt Krauss nach Wien zurück und wird am 25. Jänner Stadtrat. Manche Medien orten darin eine Racheaktion der Wiener Freiheitlichen. Das sieht aber nicht einmal Häupl so. Er gratuliert Krauss mit Handschlag und legt sogar ein Lächeln obendrauf.

Hauptwidersacher Häupl:
Die schärfsten Kritiker der Elche …

„Ist die wo ang'rennt?" Der Wiener Bürgermeister Michael Häupl hat sich über die ÖVP-Wissenschaftsministerin Beatrix Karl ärgern müssen, die sich herausnahm, ihre Sorge um die Universitäten in Wien zu äußern. Häupl und die SPÖ leben drei Grundsätze:

1. Wien ist die beste Stadt der Welt. Egal ob New York oder Moskau, egal ob Barcelona oder Honolulu: Die Menschen blicken neidvoll nach Wien.
2. Man muss die Probleme der Wienerinnen und Wiener ernst nehmen.
3. Es gibt keine Probleme, siehe 1.

Häupl entschuldigt sich trotzdem schnell. Der Bundesministerin einen unfallbedingten Verlust des Denkvermögens unterstellen wollte er auch wieder nicht. Es sind nicht einmal mehr vier Wochen bis zur Wien-Wahl 2010, und für den verbalen Ausrutscher könnte Häupl einen seiner legendären Sager für sich selbst in Anspruch nehmen: „Wahlkampf ist die Zeit der fokussierten Unintelligenz."

Der SP-Grande ist aber grundsätzlich nicht zimperlich, da werden die Mitbewerber schon einmal als „mieselsüchtige Koffer" eingestuft. Besonders aggressiv wird er, wenn es um die Freiheitlichen geht, und noch mehr bei den Burschenschaftern unter ihnen. Seinen Höhepunkt findet das in der Causa Krauss im Sommer 2014 (siehe vorangegangenes Kapitel). Häupl ist völlig egal, wer unter ihm SPÖ-Bundesvorsitzender ist. Sowohl die Bundes- als auch die Landespartei hat er eingeschworen: Kein Fußbreit den Freiheitlichen! Die Eisenstädter Erklärung Bruno Kreiskys aus dem Jahre 1967, nicht mit der KPÖ zusammenzuarbeiten, war dagegen ein laues Lüfterl. Häupl geht es nicht um Abgrenzung, sondern um Ausgrenzung. Kompromisslos und unversöhnlich.

Hatte Häupl ein negatives Schlüsselerlebnis? Hat in seinen Kindertagen ein Blauer sein Haustier gequält? Nichts dergleichen, im Gegenteil: Michael Häupl war selbst acht Jahre Burschenschafter und auch Mitglied des Ringes

Freiheitlicher Studenten. F. W. Bernstein darf sich bestätigt fühlen: „Die schärfsten Kritiker der Elche / waren früher selber welche."

Häupl als Burschenschafter – das war keine kurzzeitige Verwirrung, und er war auch alles andere als ein Mitläufer. Häupl stammt aus einem tiefschwarzen Elternhaus in St. Christophen. Er besucht das Gymnasium in Krems. 1965, mit 16 Jahren – heute dürfte er in diesem Alter schon wählen –, wird er dort Mitglied der Jungmannschaft Kremser Mittelschüler Rugia (benannt nach dem germanischen Volk, das in dieser Region im 5. Jahrhundert ein Königreich errichtet hatte). Die pennalen Burschenschaften unterscheiden sich von den akademischen Burschenschaften, also jenen an den Hochschulen, nur in einem Detail: Bei der Mensur wird nicht versucht, den Kontrahenten mit der geschliffenen Klinge am Kopf zu treffen (Augen, Hals und Oberkörper sind durch Schutzbrille und Wams abgedeckt), sondern mit dem stumpfen Säbel auf den nackten Oberkörper. Häupl ficht bei den Kremser Rugen seine Mensuren und bekleidet auch verschiedene Chargen (Funktionen). In seiner Verbindung trägt er den Kneipnamen „Roland". Es gefällt ihm dort so gut, dass er auch seinen Bruder Franz für die Rugia anwirbt, der zu „Wittich" wird.

Während sich 1968 der linke Mob auf den Straßen austobt, sitzt Häupl am Attersee in einem der FPÖ gehörenden Gebäude und erarbeitet mit einigen anderen führenden Funktionären die Satzungen des NFKR, des Nationalfreiheitlichen Korporationsringes, eines neuen Dachverbandes für schlagende Mittelschulverbindungen. Das Jahr 1968 gibt es für Häupl überdies gar nicht, es ist für ihn das Jahr 2081. Er verwendet nämlich die Zeitrechnung des Georg Ritter von Schönerer, die mit dem Sieg der germanischen Kimbern und Teutonen über die Römer beim Neumarkter Sattel 113 vor Christi beginnt. Wenn es um burschenschaftliche Abläufe geht, versteht „Roland" keinen Spaß. Datiert mit „8. Juli 2081" schreibt er in den Ferien in St. Christophen: „Über die Kneipe möchte ich sagen, daß die Vorbereitung dieser Kneipe, gelinde gesagt, eine Schweinerei war. Der Verantwortliche muß dafür zur Rechenschaft gezogen werden. Ich kann nur hoffen, daß es im nächsten Schuljahr mit der Freundschaft und der Zusammenarbeit zwischen den Bundesbrüdern besser klappen wird als bei dieser Ferienzusammenkunft."

Eben aufgrund dieser ideologischen Festigkeit wird Häupl dreimal zum Fuxmajor bestellt. Dieser ist für die bündische und weltanschauliche Ausbildung der Neuzugänge zuständig. Aber Häupl ist auch Fechtwart. Als solcher berichtet er seinen Bundesbrüdern, wie seine Schützlinge sich – im wahrsten Sinne des Wortes – schlagen: „O. war so ziemlich der einzige, der die Form seiner Übungsgänge erreicht, wenn nicht gar übertroffen hat. Ich bin mit seiner Leistung mehr als zufrieden. W. hat auch eine gute Leistung gesetzt. Leider hat er etwas zuviel Schule gefochten und zuwenig auf den gegnerischen Körper, aber das ist sicherlich eine Routinesache."

Bei Mittelschulverbindungen gilt wie bei Studentenverbindungen das Lebensbundprinzip. Nach der Matura wird man Alter Herr. Häupl geht an die Universität Wien, um Biologie zu studieren. Er tritt keiner akademischen Burschenschaft bei, aber im Herbst 1969 dem Ring Freiheitlicher Studenten (RFS) – gemeinsam mit Jörg Haider und Norbert Gugerbauer. Häupl wird Vorsitzender des Nationalfreiheitlichen Korporationsringes in Niederösterreich.

Der RFS ist zu dieser Zeit zweitstärkste Kraft und stellt an einigen Universitäten und Hochschulen die absolute Mehrheit. Die Zyklen von Hochschulparteien sind sehr schnelllebig. Studiengänge werden innerhalb weniger Jahre gewechselt, abgebrochen, erfolgreich abgeschlossen. Als der RFS 1973 wieder einmal eine Bestandsaufnahme macht und „Karteileichen" streicht, die keinen Mitgliedsbeitrag mehr bezahlen, sind auch Michael Häupl und Jörg Haider darunter. Häupl hat sich zu diesem Zeitpunkt ohnehin schon umorientiert.

An der Schwelle zu einer ganz neuen Lebensphase war intensives Nachdenken angesagt. Häupl braucht einen Job, und er will sich auch als Politiker versuchen. In der FPÖ stünde ihm ein langer, steiniger Weg bevor. Er müsste sich einige Jahre lang sehr ins Zeug legen, um der einzige blaue Bezirksrat in seinem Hieb zu werden. Viele Jahre würde es dann dauern, um vielleicht als einer der beiden Gemeinderäte ins Rathaus aufzusteigen. Nach wieder mehreren Jahren größter Anstrengungen erhält man eventuell die Chan-

Zwei Burschenschafter: Michael Häupl und SPÖ-Gründer Victor Adler.

ce, unter dem Dutzend Freiheitlicher aus ganz Österreich im Nationalrat Platz zu nehmen. Während dieser Jahrzehnte würde er immer nur die harte Oppositionsbank in einem rot-schwarz aufgeteilten Land drücken. Hinzu kommt der berufliche Aspekt. Die 1970er-Jahre sind ein goldenes Jahrzehnt in Österreich, Überfluss allerorten. Dass SP-Finanzminister Hannes Androsch ausgerechnet zu dieser Zeit einen Schuldenberg anhäuft, unter dem noch Generationen stöhnen werden, ist ein echtes Kunststück. Wer damals drei Bewerbungsschreiben abschickt, bekommt mindestens zwei Zusagen. Aber Häupl ist passionierter Biologe und will sich seinem Metier – Amphibien und Reptilien – auch beruflich widmen. Und das geht nicht in der freien Wirtschaft. Er hat nur ganz wenige Möglichkeiten: an der Uni bleiben oder vielleicht beim Naturhistorischen Museum anheuern. Aber im tiefroten Wien hat man schon als Schwarzer ganz schlechte Karten. Für einen Blauen sind von vornherein Hopfen und Malz verloren …

So wechselt der Froschforscher zu den Sozialdemokröten. Alles wird gut. 1973 tritt Michael Häupl im Schlepptau von Josef Cap als roter Mandatar im Studentenparlament der Uni Wien auf. 1975 wird er nicht nur Bundesvorsitzender der Sozialistischen Studenten, er erhält auch eine brotberufliche Anstellung in der herpetologischen Sammlung des Naturhistorischen Museums, noch bevor er 1977 sein Studium abschließt mit der Doktorarbeit „Funktionsanatomische Untersuchungen am Schädelskelett und der Kopfmuskulatur verschiedener Arten der Fam. Gekkonidae". Bereits 1983 wird Häupl Gemeinderat, und 1988 drängt ihm Bürgermeister Helmut Zilk die Position des Umweltstadtrates auf. „Deine depperten Frösch kannst auch später noch zählen", poltert Zilk, und Häupl erwidert gekränkt: „Meine Frösch san ned deppert!" 1994 wird er selbst Bürgermeister.

Als Konvertit ist Häupl ein „200-Prozentiger". Wann immer er es gegen die freiheitlich Verbliebenen zu bunt treibt, veröffentlichen diese Details aus seiner freiheitlichen Vergangenheit. Josef Pasteiner, freiheitlicher Lehrervertreter und ehemaliger Kollege Häupls als niederösterreichischer Pennäler-Funktionär und im Wiener Studentenparlament, hat ein gutes Gedächtnis und so manches Dokument. Aus diesem Fundus schöpft Walter Tributsch bei seiner Titelgeschichte „Acht Jahre für Ehre, Freiheit, Vaterland – Die deutschnationale Vergangenheit des roten Michael Häupl" für das Wochenblatt „Zur Zeit" vom 10. Mai 2002. Die Titelseite schmückt eine Karikatur von Häupl, der Couleur und am Revers SPÖ-Symbole trägt. Auf einem Anstecker steht: „Ich bin re–Sozi-alisiert". Der karikierte Häupl sagt: „Auch ich war Neonazi!" Aber solche investigativen Berichte werden in der Öffentlichkeit kaum wahrgenommen, und die etablierten Medien geben sich mit einem kurzen „Jugendsünde"-Statement zufrieden.

Häupl wäre selbst ein interessantes Objekt für eine Dissertation, aber für eine der Studienrichtung Psychologie. Hasst Häupl die Freiheitlichen, weil es sich einfach so gehört, wie sein linker Parteiflügel meint? Oder hasst er die Freiheitlichen, weil er ihnen nicht verzeihen kann, dass er sie verraten hat? Ist er gar tief in seinem Inneren immer noch ein Freiheitlicher? Arbeitet da etwas in ihm? Ist es bei seinem exzessiven Hang zum Spritzwein vielleicht so wie beim leidenschaftlichen Rock-'n'-Roll-Bandleader Gerhard Höllerich, der als Roy Black singen musste: „Schön ist es auf der Welt zu sein, sagt die Biene zu dem Stachelschwein"?

Ein interessantes Detail findet sich jedenfalls in Lobenstein (Úvalno) an der tschechisch-polnischen Grenze. Im Geburtsort des Bauernbefreiers Hans Kudlich befindet sich eine Aussichtswarte, die die Urne des verdienstvollen Mannes birgt. Nach den ČSSR-Jahrzehnten war die Warte gesperrt – ein meterlanger Riss zog sich bereits durch die Außenmauer. Walter Kudlich, ein 1945 als Kind vertriebener Urgroßneffe des Bauernbefreiers, sammelte Geld für die Rettung. Die beiden größten Beträge kamen vom Land Niederösterreich und vom Deutsch-Tschechischen Zukunftsfonds. 1998 waren alle Geldquellen ausgeschöpft, auch die innerhalb der Familie, und die Umsetzungsfrist für die Spenden drohte abzulaufen. Die Wiener Freiheitlichen steuerten die fehlenden 100.000 Schilling bei, und im Herbst 2000 konnte die restaurierte Kudlich-Warte feierlich wiedereröffnet werden. In jenem Raum, in dem man die Eintrittskarten und Souvenirs kaufen kann, ist neben geschichtlichen Informationen auch eine Tafel angebracht, die alle Spender anführt. Unter diesen findet sich überraschend auch „LH. Dr. Michael Häuptl [sic!], Wien". Das Bedauern über den Schreibfehler ist aufrichtig, zumal er beachtliche 5000 Schilling gespendet hat. Das Andenken an Hans Kudlich ist Häupl offenbar sehr wichtig, und das überrascht umso mehr, weil es sich bei diesem um einen Burschenschafter und freiheitlichen Abgeordneten im Österreichischen Reichstag ge-handelt hat. Bemerkenswert auch die diskrete Vorgehensweise – kein Medi-enbericht, keine Presseaussendung. Möglicherweise wollte er gar nicht auf der Spendentafel aufgeführt werden.

Was sich in Michael Häupls Gedanken- und Gefühlswelt abspielt, weiß nur er selbst – und in der hier erörterten speziellen Frage vielleicht nicht einmal er. Aber das hat ohnehin keine tagespolitische Bedeutung mehr, denn Michael Häupl ging am 24. Mai 2018 in Polit-Pension. Diese sei ihm gegönnt.

WSC vs. HC:
„Flüchtlinge rein, FPÖ raus"

„Achtung, Achtung!" Die krächzende Lautsprecherstimme überschlägt sich fast. Es ist Sonntagnachmittag, der 9. September 1984. 1600 Zuschauer haben sich zum Fußballmeisterschaftsspiel Wiener Sportclub gegen SV Spittal der Österreichischen Bundesliga, 1. Division, eingefunden. Das kleine Stadion in Dornbach (Teil des 17. Wiener Gemeindebezirkes Hernals), ältester noch bespielter Fußballplatz Österreichs, hat sich zu einem Schmuckkästchen mit vier sehr unterschiedlichen Sektoren gemausert. Die steil aufsteigende Nordtribüne befindet sich genau hinter jenem Tor, auf das die Heimmannschaft immer in der zweiten Halbzeit spielt. Da es zwischen Toroutlinie und Tribünenzaun nur einen schmalen Rasenstreifen gibt, schauen die Besucher genau hinter dem Tor aus wenigen Metern Entfernung auf dieses herab. Bei jedem Eckball ist es für sie fast so, als würden sie selbst auf dem Platz stehen. Nicht selten werden sie zu Wochenbeginn am Arbeitsplatz oder in der Schule darauf angesprochen, weil man sie beim Spielbericht in der ORF-Sportsendung gut erkennen konnte. Die Zuschauer auf der Nordtribüne haben sich, obwohl ein Stehplatzbereich, auf die Betonstufen niedergesetzt und genießen die spätsommerliche Nachmittagssonne. Schon vor dem Pausenpfiff war es 2:1 für die Gastgeber gestanden. Nun plätschert die Partie allmählich ihrem Ende entgegen. Es schaut gut aus für den feldüberlegenen Sportclub. Da unterbricht eben der Platzsprecher die Idylle: „Achtung, Achtung! Endstand des Formel 1 Grand Prix in Monza: 1. Niki Lauda, 5. Jo Gartner, 6. Gerhard Berger!!!" Alles springt auf und jubelt. Niki Lauda hat in den vergangenen zehn Jahren so manches Rennen gewonnen und ist auf dem Weg zu seinem dritten Weltmeistertitel, erfreulich genug, aber dass drei der sechs Punkteränge von den Fahrern aus dem kleinen Österreich belegt werden, das ist einzigartig! Auch auf dem Spielfeld wird so manche Faust freudig geballt. Österreich ist damals im Sommersport generell verwöhnt: Das Fußballnationalteam qualifizierte sich für die letzten beiden Weltmeisterschaften und überstand dort jeweils die Vorrunde, von Olympischen Spielen kehrt immer ein Goldmedaillengewinner zurück, und Thomas Muster wird bald sein erstes Turnier gewinnen und es bis zur Nr. 1 der Tennis-Weltrangliste bringen.

Die Begeisterung ist noch gar nicht richtig abgeflaut, da landet ein Hammer von der Strafraumgrenze zum 3:1-Endstand im Tor. Die Sportclub-Anhänger strömen wenig später zu den Ausgängen und finden es fast schade – heute wäre man gerne noch länger gemeinsam im siebten Himmel geschwebt.

In der Jugend- und Juniorenmannschaft des Wiener Sportclubs spielt damals Heinz-Christian Strache. Seine alleinerziehende Mutter mit Ganztagsberuf kann nachmittags nicht auf ihn schauen und stellt sicher, dass das in einem Internat getan wird. Dort hat der junge Heinz-Christian nachmittags viel Zeit und investiert diese in Schach und Fußball. Im Schach wird er Wiener Vizemeister. Im Fußball wird der Rapid-Anhänger von der Austria zu einem Probetraining eingeladen, aber abgelehnt, weshalb er in weiterer Folge beim Sportclub landet, der Nr. 3 in Wien. Als Red Star/Rapid Amateure Interesse an Strache zeigt und der Sportclub ihn für 50.000–70.000 Schilling verkaufen will, ist der junge Sportler an einem Scheideweg angelangt. Die Trainingsplätze des Sportclubs sind im Prater und vom 3. Bezirk aus, wo Strache wohnt, gut und schnell erreichbar. Die Trainingsplätze in Hütteldorf bekommt er mit der Schule nicht unter einen Hut. Entweder kann er weiter beim Sportclub spielen, oder er hört ganz auf. Die Karriere endet.

Politik spielt für den jungen Strache noch keine Rolle und ist auch am Sportclub-Platz kein Thema. Die Fronten im zweigeteilten Österreich sind ohnehin klar: Der Sportclub im roten Arbeiterbezirk Hernals, in der roten Hauptstadt Wien, ist rot. Auch die wenigen Nichtroten oder Unpolitischen auf den Rängen können damit gut leben. Wenn die Nähe zu einer politischen Partei dem Sportclub etwas bringt, ist das gut. Egal welche Couleur, die schwarz-weiße Vereinsfarbe steht im Vordergrund. 1989/90 sind mit Nationalratspräsident Rudolf Pöder und Bundeskanzler Franz Vranitzky sogar die Nr. 2 und 3 der Staatshierarchie bekennende Sportclub-Anhänger. In den 1980er-Jahren sorgt diese Positionierung dafür, dass die rot dominierte Postsparkasse als Hauptsponsor jährliche einige Millionen Schilling springen lässt, für österreichische Verhältnisse damals kein geringer Betrag. Der Verein heißt offiziell „Wiener Sportclub P. S. K.", und die Spieler tragen auf der Brust ihres weißen Trikots diese drei Großbuchstaben.

Die älteren Anhänger auf dem Sportclub-Platz erfüllt die Situation mit Wehmut. Sie erzählen den Jüngeren gerne von der glorreichen Vergangenheit. Der Wiener Sportclub wurde 1883 gegründet, die Fußballsektion 1898. Somit ist man nach der von Briten 1894 gegründeten Vienna der zweitälteste Fußballverein Österreichs, noch vor Rapid (1899) und der Austria (1909). In der ersten Meisterschaft 1912 wurde der Sportclub als Favorit Zweiter hinter Rapid, dem heutigen Rekordsieger. Auch wenn der Sportclub sich über die Jahrzehnte meistens im Spitzenfeld der Tabelle befand, wurde er nur dreimal Meister und einmal Cupsieger. Seinen Höhepunkt erreichte der Sportclub Ende der 1950er-Jahre. Aufgrund des besten österreichischen Trainers seiner Zeit, Hans Pesser, gab es damals den Spruch: „Gut, Pesser, Sportclub!" Der Sportclub wurde in der Saison 1957/58 Meister und stellte mit Walter Horak den Torschützenkönig. Im Europapokal der Meister, dem Vorgänger der heutigen Champions League, verlor der Sportclub wie erwartet in Turin gegen Juventus 1:3. Das Rückspiel fand am 1. Oktober 1958 – bis heute ein heiliges Datum für die Sportclub-Anhänger – im ausverkauften Wiener Praterstadion statt. Der Fünf-Mann-Sturm (!) des Sportclubs schoss Juventus Turin mit 7:0 vom Platz. Im Achtelfinale überwand er Dukla Prag, bevor erst im Viertelfinale gegen den späteren Pokalgewinner Real Madrid Endstation war. In der Meisterschaft schaffte man die Titelverteidigung, diesmal sogar ungeschlagen, und stellte mit Erich Hof den Torschützenkönig. Im Meistercup der Folgesaison kämpfte sich der Sportclub noch einmal bis ins Viertelfinale vor, wo man knapp an Eintracht Frankfurt scheiterte, die erst im Finale Real Madrid unterlag. Davon schwärmen am Sportclub-Platz die Zeitzeugen von anno dazumal nostalgisch. Sie wissen nicht, wie gut sie es in Wirklichkeit noch haben …

Freitagabend, 14. August 2015: 1600 Zuseher haben sich am Sportclub-Platz eingefunden, um dem Meisterschaftsspiel gegen den SV Schwechat zu folgen. Kurz vor Schluss jubelt man auf der Nordtribüne, die mittlerweile „Friedhofstribüne" genannt wird (wegen des Dornbacher Friedhofs auf der anderen Straßenseite), über einen gelungenen Gewaltschuss von der Strafraumgrenze, der im Tor landet. Für jemanden, der schon 1984 mit dabei war, ein Déjà-vu? Nein, nicht wirklich. Das Tor sorgt nämlich nicht für ein Resultat von 3:1, es ist der Ehrentreffer zum 1:3. Und es ist kein Meisterschaftsspiel der ersten Spielklasse, sondern der dritthöchsten, der Regionalliga Ost.

Unter den Besuchern fallen an diesem Tag sehr viele minderjährige Somalis aus Ostafrika und halbwüchsige Hazara aus Afghanistan auf. Sie trafen erst einige Wochen zuvor in Österreich ein, blieben auf dem Weg nach Merkel-Deutschland hier hängen. Von der politischen Linken wurden sie am Wiener Westbahnhof als syrische Ärzte, die um Haaresbreite dem Tod entronnen seien, mit frenetischem Applaus begrüßt. Man erwartet sich von ihnen nach eigener Aussage eine kulturelle Bereicherung und Sicherung des österreichischen Pensionssystems. Der Wiener Sportclub hat schnell reagiert, die halbherzige Suche nach einem Sponsor, der für ein Aufscheinen auf dem Trikot der Spieler zahlen würde, aufgegeben und stattdessen „Refugees Welcome" samt Logo ausgewählt. Nun wurden die Jugendlichen, deren Väter in der Hoffnung auf Transferzahlungen durch den Nachwuchs und ein baldiges Nachzugsrecht für sie selbst hohe Beträge in Schlepper investiert hatten, auf die Friedhofstribüne verschleppt. Dort sind die Burschen, die meist nicht einmal in ihrer Muttersprache lesen und schreiben können und auch kaum über Englischkenntnisse verfügen, gut gelaunt, aber trotzdem ganz offensichtlich deplatziert. Der Fußballsport spielt in ihren Kulturkreisen eine untergeordnete Rolle, und der „Hundskick", wie Wiener diese Partie nennen würden, interessiert sie verständlicherweise noch weniger. Unter den Zuschauern auf der Friedhofstribüne befindet sich an diesem Sommerabend auch David Ellensohn, Fraktionschef der Grünen im Wiener Landtag. Seine Bundesvorsitzende Eva Glawischnig ist ebenfalls bekennende WSC-Anhängerin, die früher oft den Weg hierher fand. Ellensohn wohnt den Matches in Dornbach regelmäßig bei. Christian Oxonitsch, Sportstadtrat der SPÖ, der sich für eine halbe Stunde blicken lässt, hat hingegen eher die in knapp zwei Monaten anstehende Wien-Wahl im Sinn. Seine Stippvisite ist typisch für die rote Politik: Alle paar Jahre wird im Gemeinderat von allen Parteien die Sanierung des verfallenden Sportclub-Platzes beschlossen, aber nie umgesetzt. Den potenziellen Wählern hier ist das aber ohnehin egal. Von Sportredakteuren linksgestrickter Medien wird der WSC wegen seiner in der Liga unerreicht hohen Besucherzahl bewundert, als Kultklub gehandelt und gerne mit dem FC St. Pauli oder dem MSV Duisburg verglichen.

Im Mai 2016 veröffentlichte die KPÖ-nahe Obdachlosenzeitung „Augustin" ein Porträt des ehemaligen Fußball-Nationalspielers Helmut Köglberger, in Linz eine LASK-Legende. Dieser beklagte sich bei dieser Gelegenheit über die Veränderung der Fankurven: „Zu unserer Zeit waren die Zuschauer Fachleute. Jetzt kennen die sich gar nicht mehr aus, die hängen sich ein, hupfen, trinken, das ist alles." Das klingt erschreckend nach den Sportclub-Fans im Nord-Sektor. Viele verfolgen das Spiel kaum mit. Das ändert sich nur, wenn es für den Sportclub einen Eckball oder Freistoß gibt. Dann werden die Schlüsselbünde aus den Hosentaschen geholt und mit ihnen bis zum Abschlag kräftig geklimpert – grenzenlose Glückseligkeit …!

Nach außen dringen vom Sportclub-Platz außer den selten positiven Spielresultaten nur tragikomische Nachrichten, etwa von der Meisterschaftspartie am 13. Oktober 2017, als sich der Anpfiff um eine Viertelstunde verzögerte, weil es partout nicht gelang, das Flutlicht anzuwerfen, und es dann noch zu einer Unterbrechung kam, weil ein Zuseher reanimiert werden musste, der sich an einer Wurstsemmel verschluckt hatte. Auf ihren Merchandising-Erzeugnissen, die über eine eigene Internetseite erhältlich sind und in Dornbach auf vielen Verkehrszeichen kleben, stellen sich die „FreundInnen der Friedhofstribüne" selbst als Zombies oder Stinktiere dar.

Der sportliche Abstieg könnte dramatischer kaum sein: 1958 besiegte der Sportclub – wie bereits erwähnt – im Europacup der Meister Juventus Turin mit 7:0. 1994, als die Salzburger Austria das Finale des UEFA-Cups erreichte, gab es für sie zwischen den beiden Endspielen gegen Inter in Wien und Mailand (jeweils 0:1) in der Meisterschaft ein 0:1 daheim in Salzburg – gegen den Wiener Sportclub. 2014 dagegen setzte es für den Sportclub im ÖFB-Cup zu Hause gegen Red Bull Salzburg ein 1:12. In der Regionalliga Ost wird der Klassenerhalt im Regelfall erst am letzten der 30 Spieltage sichergestellt. In der Saison 2017/18 reicht es sportlich als 15. und Vorletzter nicht, aber wegen der Aufstockung der beiden oberen Spielklassen und des Mangels an lizenztauglichen Vereinen weiter unten darf man in der Liga bleiben. Für die meisten Beobachter auf der Friedhofstribüne wäre ein Abstieg in die 4. Spielklasse, die Wiener Stadtliga, allerdings überhaupt kein Malheur: Zum einen könnte man mehr Auswärtsspiele besuchen, wenn diese nicht mehr mehrheitlich in Niederösterreich und im Burgenland stattfinden, sondern alle in Wien – und zum anderen würde man dadurch zu einem noch besseren „Supporter". Das sei wahres „Fantum", wie ein junger Platzbesucher vor laufender Fernsehkamera dozierte, damit aber lediglich „Losertum" idealisierte.

Einst war der Höhepunkt des Sportclub-Kalenders das 1959–2009 ausgetragene Stadthallen-Turnier, das immer zwischen den Weihnachtsfeiertagen und dem Dreikönigstag stattfand. Erst 1981 wurde man von der Austria als Rekordsieger abgelöst. Heute ist das Jahres-„Highlight" der Ute-Bock-Cup am eigenen Platz, bei dem es darum geht, ein paar Tausend Euro für „Refugees" zu sammeln.

Im Jahr 2010 schuf der derzeitige Sportclub-Archivar Michael Almási-Szabò das Standardwerk „Von Dornbach in die ganze Welt – Die Geschichte des Wiener Sport-Clubs". Er hat neben den zahllosen Erfolgen auch echte geschichtliche Schätze für die Nachwelt bewahrt, etwa das völlig in Vergessenheit geratene Jahrhunderttalent Franz Jelinek. Jelinek wurde in der Saison 1941/42 mit nur 19 Jahren Torschützenkönig und von der Trainerlegende Sepp Herberger (1954 Weltmeister) in die reichsdeutsche Nationalmannschaft berufen, mit der er ein Spiel bestritt. Die Nazis nahmen darauf keine Rücksicht. Unmittelbar nach der Saison musste er seinen Militärdienst antreten und wurde in der Schlacht um Monte Cassino verheizt. Diese dauerte vier Monate. Jelinek erlag zwei Tage nach ihrem Ende, am 20. Mai 1944, seinen Verwundungen. Aber auch Legenden, die wie Erich Hof (1936–1995) einen günstigeren Geburtstermin und mehr Glück hatten, wird ausgiebig gedacht. Schmökert man in der Chronik und wird dann in die gegenwärtige Realität zurückgerissen, braucht man als echter Sportclub-Anhänger eine starke Konstitution …

Für die „Antifa"-Aktivisten auf der Friedhofstribüne lässt sich sportlicher Erfolg nicht mit der eigenen Ideologie vereinbaren. Denn die Friedhofstribünenformel ist glasklar: erfolgreich = kapitalistisch = rechts = böse. Der größte Feind ist HC Strache, und die größte Feindin die FPÖ. Umso saurer stößt es den schwarz-weiß Gestrickten und dunkelrot Denkenden auf, dass derzeit jene beiden Wiener Landtagsabgeordneten, die selbst für den Wiener Sportclub in der Kampfmannschaft aufliefen – einer davon sogar noch in der höchsten Spielklasse –, ausgerechnet der freiheitlichen Fraktion angehören!

Toni Mahdalik, seit 2018 Klubobmann, bekennt sich als Sportclub-Anhänger. Von Juli 1989 bis Dezember 1990 bestritt er 36 Bundesligaspiele für den Verein. Als Mahdalik im ORF die Fußball-WM 2018 in Russland verfolgte, waren die vier österreichischen Experten alte Bekannte für ihn: Roman Mählich spielte direkt neben ihm im Sportclub-Mittelfeld, beide bedienten Stürmer Thomas Janeschitz mit Vorlagen. Herbert Prohaska war Trainer der Austria, Alfred Riedl Mahdaliks eigener beim Sportclub. Was die Trainer der damaligen Bundesliga anbelangt, hätte es Mahdalik als aktiver Spieler nicht prominenter treffen können: Außer Prohaska und Riedl noch Ernst Happel beim FC Tirol und Hans Krankl bei Rapid. Mahdalik unterhält noch heute vereinzelte freundschaftliche Kontakte nach Dornbach. Diese bäten ihn aber immer um Verständnis dafür, dass sie diese diskret halten. Sonst würde man ihnen vom Verein her die Hölle heißmachen, vor allem die Fans, wie Mahdalik schon einmal am Rednerpult des Gemeinderats berichtete.

Die während jener Debatte beschlossene Subventionierung für die Stadionrestaurierung lässt noch immer auf sich warten. Der Vertrag sei nämlich mit dem „Wiener Sportklub (WSK)" unterschrieben worden, erklärte der zuständige SPÖ-Sportstadtrat Andreas Mailath-Pokorny, der die Politik mittlerweile verlassen hat. Der WSK-Spielbetrieb war für mehrere Jahre aufgrund eines Konkursverfahrens rechtlich notwendig geworden, erst seit Kurzem läuft wieder offiziell die Mannschaft des „Wiener Sport-Club" am Spielfeld auf.

Als Nemanja Damnjanović, der zweite freiheitliche Landtagsabgeordnete, 1998 für den Sportclub die Stürmer-Schuhe anlegte, war dieser bereits abgestiegen. Der geborene Serbe empfand diese Zeit aber als „Heimkehr", wie er heute sagt – und auch gleich begründet: „Die Vereinsfarben Schwarz-Weiß und die aufsteigenden Tribünenränge erinnerten mich stark an Partizan Belgrad."

Als HC Strache am 17. August 2015 im ORF-Sommergespräch in einem Nebensatz erwähnt, in seiner Jugend beim Wiener Sportclub gespielt zu haben, lässt sich dessen Führung die Gelegenheit nicht entgehen, sich noch vor Ende der Sendung bis auf die Knochen zu blamieren: Anstatt sich still darüber zu freuen, dass man in der Spitzenpolitik jemanden mit Spielervergangenheit hat, loggt man sich hurtig bei Twitter ein. Dort lichtet man den dunkelhäutigen Spieler Yannick Soura im „Refugees Welcome"-Leiberl ab und schreibt dem Rapid-Anhänger: „Herr Strache, bevor Sie uns zu vereinnahmen versuchen: So sieht unser aktuelles Trikot aus!" Und unser Realitätsverlust, möchte man hinzufügen.

HC Strache nimmt all das nur mit einem kurzen Kopfschütteln zur Kenntnis. Als er im Juni 2018 vom Verfasser gefragt wird, ob es ein Foto von ihm im Sportclub-Dress gibt, verneint er: „Es gibt keine einzige Aufnahme aus meiner sportlichen Zeit. Die anderen hatten meistens Familie dabei. Ich war ein Einzelkind mit berufstätiger Mutter. Mich hat niemand fotografiert." Kürzlich habe der Sportclub selbst bei ihm wegen eines Fotos angefragt. „Ich weiß gar nicht, was die damit wollten – nix Gutes wahrscheinlich", fügt er nachdenklich hinzu.

Ist das überhaupt ein eigenes Kapitel wert, werden sich viele Leser fragen. Bei den unter 30-Jährigen außerhalb Wiens liegt der Bekanntheitsgrad des WSC bei null. Seine Fangemeinde gibt längst nichts mehr her, das vereinnahmt werden könnte. Aber es geht um die starke Symbolik, stellvertretend für das Ganze: Der WSC verkam zur rundledernen Versinnbildlichung der Wiener Stadtpolitik. Man ordnet alle Lebensbereiche der Politik unter, in der der eigene Machterhalt an oberster Stelle steht. Den fast schon zwangsläufigen Niedergang feiert man sogar noch und wird nur mehr von den Feindbildern FPÖ und Strache irgendwie am Leben gehalten.

2015 – Vier Landtagswahlen

Für das Jahr 2015 stehen gleich vier Landtagswahlen auf dem Programm. Den Anfang machen am 31. Mai das Burgenland und die Steiermark.

Bei der Landtagswahl 2010 ergab sich im Burgenland eine Pattsituation, die SPÖ erhielt 18 der 36 Mandate. Der Landeshauptmann war ihr damit sicher, aber ein Koalitionspartner wurde trotzdem benötigt. Man entschied sich für die ganz große Koalition (31 von 36 Landtagssitzen) mit der ÖVP. Das war überdies bequem, weil auch auf Bundesebene Rot-Schwarz regierte.

Am 31. Mai 2015 gerät auch das Burgenland in den Sog der Bundespolitik: Die ÖVP verliert zwei Mandate, die SPÖ sogar drei. Der Faymann-Malus ist stärker als der Landeshauptmann-Bonus. Die anderen drei Landtagsparteien verdoppeln sich mandatsmäßig: die Grünen und die „Liste Burgenland" (LBL), eine FPÖ-Abspaltung, von jeweils einem auf zwei, die Freiheitlichen unter Hans Tschürtz von drei auf sechs.

Landeshauptmann Hans Niessl hat genug. Rot-Schwarz würde zwar immer noch über eine satte Mehrheit verfügen (26 von 36), und Niessl wird 2020 – am Ende der Wahlperiode – 69 Jahre alt sein. Aber er denkt unösterreichisch langfristig, auch an seinen Nachfolger. Wenn der Bundestrend unvermindert anhält, ist die Perspektive für die Sozialdemokratie im Burgenland bei der übernächsten Landtagswahl 2025 bescheiden: SPÖ und ÖVP haben keine Mehrheit mehr, und die FPÖ ist stärkste Kraft. Es gibt dann drei Varianten, aus SP-Sicht eine schrecklicher als die andere. Erstens: Rot und Schwarz suchen sich einen Partner für eine Dreierkoalition. Aber wen? Wird es die LBL dann noch geben? Werden es die noch jungen NEOS überhaupt jemals in den burgenländischen Landtag schaffen? Oder wird man die noch verschrobeneren Grünen ansprechen müssen? Zweitens: Man geht eine Koalition mit der FPÖ ein, ist dann aber nur mehr Juniorpartner ohne Landeshauptmann. Drittens: Man muss hilflos zusehen, wie sich FPÖ und ÖVP einigen, und ist aus der Landesregierung ganz draußen.

Niessl ist entschlossen, dem kurzerhand entgegenzusteuern und dafür auch einen Tabubruch zu begehen, nämlich die Beendigung der Ausgrenzungspolitik gegenüber den Freiheitlichen. Dass die persönliche Chemie zwischen ihm und Tschürtz stimmt, bestärkt ihn in diesem Entschluss. Bereits am 5. Juni treten die beiden vor die Presse und überraschen die österreichische Öffentlichkeit mit ihrer Regierungsübereinkunft. 20 Gegendemonstranten verlieren sich vor dem Landhaus. Einer brüllt im Pressefoyer, dass Niessl „keine ruhige Minute mehr" haben werde wegen dieser „rechten Hetze, die jetzt im Burgenland stattfindet – und das von zwei Parteien". Dem solcherart Angesprochenen entlockt das lediglich ein landesväterliches Lächeln. Die neue Koalition begründet er plausibel positiv: Sie bestehe aus der stärksten Partei und jener Partei, die am stärksten zugelegt hat.

Wie danken die eigenen Genossen Niessl diesen Weitblick? Die Bundespartei weist ihn auf den Parteitagsbeschluss hin, mit der FPÖ keine Regierung zu bilden. Der Gerügte kontert: Das sei ein Bundesparteitagsbeschluss, der für die Bundesregierung gelte. Auf Länderebene schießt Wiens FPÖ-Hasser Häupl gegen seinen burgenländischen Kollegen. Einige Monate vor der eigenen Landtagswahl braucht er kein Aufflammen dieser Diskussion in seiner hinter den Kulissen über diese Frage gespaltenen Landespartei. Aber auch das tangiert Niessl nicht, und die rot-blaue Regierungsarbeit beginnt.

In der Steiermark zittern Rot und Schwarz vor diesem 31. Mai. Hier sind die Ursachen aber ebenfalls hausgemacht. SP-Landeshauptmann Franz Voves und sein VP-Vize Hermann Schützenhöfer nennen ihre Koalition „Reformpartnerschaft". Ihre Bereitschaft, heiße Eisen anzufassen, muss ihnen grundsätzlich hoch angerechnet werden. Die von ihnen vorgenommene Zusammenlegung von Gemeinden und Bezirken spart auch zweifellos Geld. Das große Aber: Diese Verwaltungsreform beseitigt keinen bürokratischen Wildwuchs, sie dünnt lediglich die ländliche Struktur weiter aus und wird von allen, die verzweifelt gegen die Abwanderung kämpfen, als ein Schlag ins Gesicht empfunden.

Das kleine ehemalige Gemeindeamt steht jetzt leer und verfällt. Der Wirt auf der anderen Straßenseite, der sich noch irgendwie über Wasser gehalten hatte, weil die Mitarbeiter des Gemeindeamts die Mittagspause bei ihm verbrachten, muss nun auch zusperren. Die Arbeitslosigkeit steigt, während die Umsätze sinken. Damit entgehen auch der öffentlichen Hand Steuereinnahmen. Für die Menschen in dem Ort, der keine eigene Gemeinde mehr ist, wirken sich die Veränderungen negativ aus. Brauchen sie etwas vom Gemeindeamt oder wollen auswärts essen, gehen sie nicht mehr zu Fuß, sondern müssen einige Kilometer in die Nachbarortschaft fahren. Wenn dann noch zu dieser ein Rivalitätsverhältnis besteht und man jetzt von ihr „geschluckt" wurde, ist der Jammer perfekt.

Der Wahltag wird zum Zahltag. Die beiden dominierenden Parteien, die ohnehin schon unter 40 % lagen, müssen noch einmal ordentlich Federn lassen. Sie verlieren jeweils knapp neun Prozent. Die FPÖ mit ihrem Spitzenkandidaten Mario Kunasek legt um 16,1 % auf mehr als das Doppelte zu. So liegen die drei fast gleichauf: SPÖ 29,3 %, ÖVP 28,5 %, FPÖ 26,8 %.

Voves hat vor der Wahl hoch gepokert. Auch wenn die SPÖ auf Platz 2 zurückfällt, bleibt er im Amt, aber nicht bei einem Absinken auf unter 30 %. Er ist geschockt und verwirrt. Nach einigen Tagen macht er doch seine Ankündigung wahr und zieht sich aus der Politik zurück. Neuer Landeshauptmann wird überraschend sein bisheriger schwarzer Stellvertreter Schützenhöfer. Es gibt wilde Spekulationen: Die VP habe die SP mit einer schwarz-blauen Koalition erpresst, Voves könne mit Schützenhöfer viel besser als mit seinen potenziellen Nachfolgern im eigenen Lager … Wie auch immer: Die rote Bundespartei muss schon wieder einen ihrer Landesfürsten maßregeln, den das aber gar nichts mehr angeht.

In Oberösterreich baut ÖVP-Landeshauptmann Josef Pühringer für den 27. September vor: Er bleibe auf jeden Fall im Amt, auch bei deutlichen Verlusten. 2003 hat Pühringer für Aufsehen gesorgt, weil er erstmals die Grünen in eine Landesregierung holte, noch dazu als Bürgerlicher. Pühringer mag die Sozialdemokraten und Freiheitlichen nicht sonderlich. Als 2009 beide Regierungsparteien leicht gewannen, setzte er mit Freude Schwarz-Grün fort.

Nach der Wahl hat Pühringer ein Problem: Sein grüner Koalitionspartner legt zwar erneut leicht zu und überschreitet die optisch prestigeträchtige Zehnprozentmarke – aber um so viel, wie die Grünen jetzt insgesamt haben, rutscht die ÖVP ihrerseits ab. Das Minus von 10,4 auf 36,4 % bedeutet, dass Schwarz-Grün zwar die Mehrheit in der Landesregierung hält; im Landtag aber sind die 21 + 6 Mandate bei insgesamt 56 zu wenig. Die Grünen drängen auf eine Dreier-Koalition mit der SPÖ, die ihren historischen Tiefstand mit 18,4 % noch einmal deutlich unterboten hat. Aber Pühringer kann – wohl ein bisschen nach dem Vorbild Niessls – die oberösterreichischen Freiheitlichen unter Manfred Haimbuchner, die sich sensationell auf 30,4 % verdoppeln und nur mehr sechs Prozentpunkte von der ÖVP entfernt sind, nicht mehr außer Acht lassen. Schweren Herzens bildet er eine schwarz-blaue Koalition. Vizekanzler Reinhold Mitterlehner, selbst ein Oberösterreicher, gibt sein Placet, und die SPÖ kann nach Rot-Blau im Burgenland schwer einen Einwand erheben.

Am selben Tag finden in Oberösterreich auch Gemeinderats- und Bürgermeisterwahlen statt. Herausragend für die Freiheitlichen ist die zweitgrößte Stadt, Wels. Im Gemeinderat werden sie mit 43,1 % klar Stärkste. Ihr Bürgermeisterkandidat Andreas Rabl erreicht im ersten Wahlgang 47,6 %, im zweiten Wahlgang zwei Wochen später 63,0 %.

Nachdem der Rückenwind der Strache-FPÖ auf Bundesebene zu drei Triumphen auf Länderebene geführt hat, ist der Bundesobmann am 11. Oktober selbst an der Reihe. Haimbuchers Überspringen der Dreißigprozentmarke und Heranrücken an die bislang dominierende Kraft in Oberösterreich wird in Wien zu einem Hemmschuh. Bürgermeister Häupl hat nämlich die Duell-Situation nicht lächelnd negiert oder widerwillig angenommen – diesmal setzt er selbst auf sie. Das ist gewissermaßen eine Auszeichnung für Strache, gestaltet den weiteren Aufstieg in der Bundeshauptstadt aber noch schwieriger.

Häupl schürt unablässig Ängste. Er stellt Platz 1 für die FPÖ in den Raum. Das wäre ja noch nichts Umwälzendes, denn man braucht für eine Regierungsmehrheit ja einen Partner. Während die kleineren Parteien alle von einer Koalition mit der SPÖ träumen, haben die Grünen eine solche mit den Freiheitlichen bereits ausgeschlossen, die NEOS im Falle des Einzugs ebenso. Der Platz 1 brächte lediglich mit sich, dass man statt des Zweiten Landtagspräsidenten den Ersten und Dritten haben würde. Und in jenem Halbjahr, in dem Wien den Vorsitz im Bundesrat führt, wäre der Präsident ein Freiheitlicher. Die Amtszeit der Kärntner FPÖ (Gerd Klamt im ersten Halbjahr 2001) war von der Öffentlichkeit weitgehend unbemerkt über die Bühne gegangen. Häupl tut aber so, als würde ein erfolgreiches Überholmanöver der FPÖ bei der Wahl den Stephansturm in Schieflage bringen. Bei den Pensionist(inn)en, die den Bürgerkrieg 1934, den Anschluss 1938 und den Zweiten Weltkrieg miterleben mussten, verfehlt das seine Wirkung nicht.

Am Wahlabend beträgt der Vorsprung der SPÖ doch noch 8,8 %. Rein optisch ist die Veränderung beachtlich. Vor fünf Jahren hatte die SPÖ bei den Prozenten einen Vierer vorn und die FPÖ einen Zweier. Jetzt ist es bei beiden ein Dreier. Die Freiheitlichen können jubeln: Trotz allen Gegenwinds haben sie die alte Höchstmarke aus dem Jahr 1996 übertroffen. Sie haben darüber hinaus die magische Dreißigprozentmarke überschritten und sogar noch auf den sensationellen oberösterreichischen Wert eins draufgelegt. Aufgrund eines großparteienfreundlichen Wahlrechts, das die SPÖ mit Zähnen und Klauen erfolgreich verteidigte, bedeuten diese 30,8 % 34 Mandate (+ 7). Das ist genau jene Anzahl, ab der man Anspruch auf einen Vizebürgermeister hat. Und es wird endlich ein Bezirksvorstehersessel erobert! Auf diese beiden historischen Erfolge wird nachfolgend gesondert eingegangen.

Coup I: Ursula Stenzel wird gewonnen

168.078 – so lautet der Vorzugsstimmenrekord in Österreichs politischer Geschichte. Inhaberin ist Ursula Stenzel, aufgestellt hat sie ihn bei der EU-Wahl 1996. Diese Bestmarke ruft noch mehr Respekt hervor, wenn man sie mit dem seit dem Jahr 2017 neuen Zweitplatzierten in der Ewigenliste vergleicht: Bei der Nationalratswahl 2017 gab es 600.000 mehr Wahlberechtigte und eine um 13 Prozent höhere Wahlbeteiligung. Das heißt, dass statt weniger als vier Millionen Menschen 1996 voriges Jahr erstmals mehr als 5 Millionen Wahlberechtigte ihre Stimme abgaben. Trotzdem blieb Sebastian Kurz nach dem Hype um ihn um 50.000 (!) Stimmen hinter Ursula Stenzel zurück.

Dass Ursula Stenzel, oder eigentlich korrekt Ursula Schweiger-Stenzel (sie ist Witwe des Burgschauspielers Heinrich Schweiger), 1996 für die ÖVP zur ersten EU-Wahl mit österreichischer Beteiligung kandidierte, war seinerzeit ein Paukenschlag. Stenzel war dem österreichischen Fernsehpublikum in der Ära noch vor den Privatsendern und dem Zappen auf ausländischen Kanälen mehrere Jahre als ORF-Nachrichtensprecherin bekannt. Eine Dame von Welt, kompetent, freundlich, aber nicht „siebensüß". Die hohen Sympathiewerte bei Umfragen, der selbstverständliche Umgang mit Medien, die politische Expertise und der persönlich-familiäre Hintergrund (gutbürgerlich-katholisch) bewogen die ÖVP, die bis dahin Parteilose davon zu überzeugen, selbst mitzugestalten, und das gleich in Brüssel, für Österreich noch Neuland. Die ÖVP tat damit einen Goldgriff, den sie aber nicht wirklich zu schätzen wusste. Durch mangelnde Unterstützung begann der Wahlkampf mit einigen Pannen, und Stenzel lernte erstmals den Unterschied zwischen Politik und praktischer Politik kennen. Sie erinnert sich noch heute gut daran, wie sie eigens zu einem Wahlkampfauftritt nach Bad Gastein reiste und dort gerade einmal ein halbes Dutzend Zuhörer warteten. Aber ehemalige Kollegen gingen ihr in Sachen PR tatkräftig zur Hand, und auch Bundespräsident Thomas Klestil schaltete sich zwischendurch ein, allerdings rein zufällig. Die beiden begegneten einander als Passanten auf dem Michaelerplatz; Klestil hielt Stenzel auf und fragte sie, ob sie als

Bezirksvertretungswahl 2015: Ursula Stenzel, HC Strache, Johann Gudenus.

Neuling in der Politik schon wisse, was sie von Vizekanzler Schüssel als Unterstützung zu verlangen habe. Als sie verneinte, ließ er ihr ein kurzes, aber sehr wertvolles Privatissimum angedeihen.

Nach einer ereignis- und arbeitsreichen Zeit in Brüssel und Straßburg, auch als Delegationsleiterin der ÖVP, setzte es 2005 wieder einen politischen Paukenschlag: Stenzel kehrte nach Wien zurück und übernahm die Spitzenkandidatur für die Bezirksvertretungswahl in der Inneren Stadt. Das war eine kalte Dusche für die SPÖ, die sich erstmals ernste Chancen ausgerechnet hatte, den 1. Bezirk, das prestigeträchtige Herzstück der Bundeshauptstadt und bürgerliche Bollwerk, zu erobern. Bei der Wahl 2001 war man auf 11:14 Mandate herangerückt, und die relative Stimmenmehrheit genügte für den Bezirksvorsteher-Sessel. Die SPÖ legte aufgrund der im

Überlebenskampf geschwächten FPÖ ebenfalls auf 13 Mandate zu, aber mit Stenzel an der Spitze schoss die ÖVP von 33,11 auf 43,32 % hinauf und holte 18 der 40 Mandate. Bei der Wahl in der Bezirksvertretung erhielt sie sogar 20 Stimmen, weil die beiden verbliebenen Freiheitlichen sie unterstützten. 2010 konnte Stenzel die SPÖ auf Distanz halten.

Während dieser Funktionsperiode verstärkte sich aber ein bereits zuvor eingesetzter Entfremdungsprozess. Stenzel vertrat couragiert die Interessen jener Menschen, die im 1. Bezirk auch wohnen und nicht nur dort arbeiten, einkaufen oder Straßenfeste feiern wollen. Mit dieser Linie eckte sie in der Spaßgesellschaft und bei den politischen Gegnern an. Aber auch in der ÖVP wurde sie immer weniger goutiert. Gleichzeitig kam es zu einer Annäherung an die Freiheitlichen. Stenzels besondere Leidenschaft ist der Schutz des Kulturerbes. Da traf sie sich zu 100 % mit der FPÖ-Bezirksparteiobfrau Heidemarie Unterreiner, die Kultursprecherin im Gemeinderat und später im Nationalrat war. Auch mit deren Lebensgefährten Georg Fürnkranz, 1996–2001 der bislang einzige freiheitliche Bezirksvorsteher-Stellvertreter im 1. Bezirk und seit 2016 Gemeinderat, war auf Anhieb dieselbe Wellenlänge spürbar. Bald nahm Stenzel am traditionellen Punschabend in der Wohnung von Jutta Brunner-Blasek, Langzeit-Bezirksrätin und immer wieder einmal freiheitliche Klubvorsitzende, teil. Dieses Trio und sein Umfeld entsprach so überhaupt nicht dem, was man in den Printmedien über die Freiheitlichen las. Für Stenzel war das wichtig, denn sie stammte nicht nur aus katholischem Elternhaus – unter ihren Vorfahren mütterlicherseits befinden sich jüdische Geistliche. Ihre familiengeschichtlichen Schilderungen aus dem Dritten Reich sind bewegend. „Antisemitismus gibt es in jeder Partei", sagt sie nüchtern, „aber in der FPÖ ist er mir entgegen aller Klischees nie widerfahren."

Stenzel konnte immer weniger mit der ÖVP anfangen; nicht wegen dem, was diese tat, sondern wegen dem, was sie *nicht* tat. Das Duckmäusertum gegenüber der Kulturfeindlichkeit der in Wien omni- und oft präpotenten SPÖ und die Passivität gegenüber der Islamisierung und dem damit einhergehenden wachsenden Antisemitismus frustrierten Stenzel zutiefst.

Die Entfremdung war eine gegenseitige: Am 11. November 2014 setzte die ÖVP wieder einen Paukenschlag – diesmal nicht mit Stenzel, sondern gegen sie. Die Wiener Landesgruppe ließ wissen, Stenzel werde für die Bezirksvertretungswahl 2015 nicht mehr als Spitzenkandidatin nominiert. Sehr zum Unmut der Partei verkündete Stenzel am nächsten Tag, dass sie ihr Amt bis zur Wahl ausüben werde und sich für diese eine eigene Liste vorbehalte. Die ÖVP bestimmte ihren jungen Bezirksvorsteher-Stellvertreter Markus Figl zum Nachfolger. Dieser trägt als Großneffe des legendären Leopold Figl, nach dem Krieg Bundeskanzler und als Außenminister Unterzeichner des Staatsvertrages, einen gut verwertbaren Namen. Markus Figl war Kabinettsmitarbeiter des ÖVP-Bundesparteiobmannes Michael Spindelegger. 2012 sorgte er für Aufregung, weil er sich als einer der vier Direktoren für das König-Abdullah-Zentrum bewarb. Diese Institution soll unter dem Deckmantel des Dialogs das Ansehen des wahhabitschen Regimes in Saudi-Arabien verbessern. Figl musste sich aber nicht lange rechtfertigen, denn seine Bewerbung wurde abgelehnt.

Medienprofi Stenzel machte es spannend. Im März 2015 gab sie bekannt, dass sie im Herbst antreten werde. Im Spätsommer schließlich machte sie gemeinsam mit HC Strache publik, dass sie als unabhängige Kandidatin für die FPÖ im 1. Bezirk auf Platz 1 und für den Gemeinderat auf dem sicheren Platz 3 antreten werde. Oberstes Ziel sei es, Bezirksvorsteherin zu bleiben. Strache ergänzte: Sollte sich die Herausforderung als zu groß erweisen, werde man Stenzels Kompetenz und Erfahrung in Gemeinderat und Landtag nützen.

Wenn Ursula Stenzel über HC Strache spricht, dann wird sie für ihre Verhältnisse laut und überschwänglich. Im Stakkato zählt sie positive Eigenschaften auf, vor allem HCs Humor. Strache trat im November 2014 an sie heran. Das erste Treffen fand kurz darauf statt. Es war ein Mittagessen im „Vestibül", dem Restaurant des Burgtheaters. Beide Seiten legten Wert auf Diskretion. Stenzel hat dieses persönliche Kennenlernen in ausgesprochen angenehmer Erinnerung: „Die Chemie stimmte von Beginn an." Man saß im Nichtraucherbereich. Die Nichtraucherin Stenzel, die zu ORF-Zeiten in Phasen großer Anspannung gerne einen Glimmstängel ansteckte, bot Strache an, für den Kaffee in den Raucherbereich zu wechseln, was dieser dankbar annahm. „Dort saßen sie dann alle", lacht Stenzel, „von Bundeskanzler Faymann abwärts die ganze Prominenz!"

Bei der Bezirksvertretungswahl schlug sich Ursula Stenzel einmal mehr blendend, aber für die große Sensation fehlten ein paar Prozentpunkte. Die Freiheitlichen konnten mit ihr auf acht Mandate verdoppeln und seit Langem wieder einmal vor den Grünen landen. Markus Figl und seine ÖVP verloren massiv. Mit 25,7 % ging sich der erste Platz und Bezirksvorsteher aber knapp aus. Als solcher ist er jedoch nicht zu beneiden: In einer völlig zersplitterten Bezirksvertretung muss er sich mit zehn von 40 Mandaten mühsam seine Mehrheiten suchen.

Im freiheitlichen Rathausklub hat man Ursula Stenzel bald liebgewonnen. Sie fühlt sich hier auch sichtlich wohl, was sich gelegentlich in unerwartet legerem Benehmen äußert. Trotzdem bleibt sie immer die Grande Dame, wie man sie aus dem Fernsehen kennt. Und ihre neuen Kolleginnen und Kollegen stellten auch schnell fest, wie jung im Geiste und offen für Neues Uschi ist. Wenige Monate nach der Wahl ließ sie sich von einem der Jung-Stars der Wiener Freiheitlichen, Michael Stumpf, seit Frühjahr 2018 Landesparteisekretär, in Facebook einführen. Gemeinsam am Computer sitzend gaben die beiden für einige Stunden ein entzückendes Bild ab, das auch die familiäre Atmosphäre in der Fraktion gut wiedergab. Bald hatte die Gelehrige einige Tausend Fans.

Ursula Stenzel anzurufen, war eine der besten Entscheidungen von HC Strache. Im Rathaus-Plenum glänzt sie rhetorisch. Wie eine Löwin kämpft sie gegen den von der SPÖ angestrebten Verlust des UNESCO-Weltkulturerbes für den 1. Bezirk. Die FPÖ, der sie mittlerweile beigetreten ist, verteidigt sie resolut gegen alle Antisemitismus-Anwürfe. Als David Lasar in den Nationalrat wechselte, folgte ihm Ursula Stenzel in den Stadtsenat nach. In ihrem Fall muss man besonders bedauern, dass sie *nicht*amtsführende Stadträtin ist.

Coup II: Johann Gudenus wird erster FPÖ-Vizebürgermeister

„Ich werde nicht krank!" Die resolute Antwort von Wiens Bürgermeister Michael Häupl erstickt jede Diskussion im Keim. Hintergrund der für ihn unangenehmen Frage, was passiere, sollte er erkranken, war jener der Vizebürgermeister. In Wien gibt es zwei, die als Stellvertreter des Bürgermeisters fungieren, falls dieser verhindert ist. Die SPÖ stellte ab 1945 über weite Strecken beide Vizebürgermeister, manchmal auch nur einen. Seit dem 24. November 2015 verfügt sie erstmals in der Geschichte über keinen Wiener Vizebürgermeister mehr.

Die Frage der Vizebürgermeister hängt in Wien auch ganz eng mit einem sehr umstrittenen Spezifikum zusammen, nämlich den amtsführenden und nichtamtsführenden Stadträten. Im Artikel 117 (5) der österreichischen Bundesverfassung heißt es: „Im Gemeinderat vertretene Wahlparteien haben nach Maßgabe ihrer Stärke Anspruch auf Vertretung im Gemeindevorstand." Die österreichischen Gemeindevorstände sind also von der Verfassung her als „Konzentrationsregierungen" angedacht. Selbst wenn die Partei eines Bürgermeisters die klar stärkste Kraft im Gemeinderat ist, muss sie, wenn andere Parteien eine gewisse Stärke erreichen, diesen Ressorts überlassen.

Der in der Bundesverfassung niedergeschriebene Gemeindevorstand trägt in den „Städten mit eigenem Statut" den Namen „Stadtsenat". Von diesen Statutarstädten gibt es in Österreich 15. Das sind neben Wien in alphabetischer Reihenfolge: Eisenstadt, Innsbruck, Graz, Klagenfurt, Krems, Linz, Rust, Salzburg, St. Pölten, Steyr, Villach, Waidhofen an der Ybbs, Wels, Wiener Neustadt.

Bis zum Jahr 1986, das als Wendepunkt in Österreichs Innenpolitik gilt (erstmals ein schwarzer Bundespräsident, erstmals eine rot-schwarze Bundesregierung, Beginn eines kometenhaften Aufstiegs in Blau, Einzug der Grünen ins Parlament), erlangte die SPÖ bei Wahlen in Wien immer um die 55 % und die ÖVP ungefähr 30 %. Bis 1969 stellte die ÖVP einen der beiden Vizebürgermeister, bis 1973 erhielten ihre Stadträte auch Ressorts. In der Politikwissenschaft gilt daher für Wien 1945–1973 als eine Zeit der rot-schwarzen Koalition. Während der Amtszeit des Bürgermeisters Leopold Gratz entwickelte sich im roten Lager eine Eigendynamik. Auf Bundesebene hatte man unter Bruno Kreisky eine absolute Mandatsmehrheit und damit eine Alleinregierung erkämpft. Nur die Mehrheits- und Kanzlerpartei führte die Ministerien. Man sah plötzlich nicht mehr ein, warum das in Wien, wo man bei Gemeinderatswahlen nie weniger als 52 Mandate holte und bei der Wahl 1973 mit 60,1 % der Stimmen und 66 Mandaten im 100-köpfigen Gemeinderat/Landtag einen Höhepunkt erlebt hatte, anders sein sollte. Der

Am Abend der Wien-Wahl 2010: Bürgermeister Häupl zwischen Maria Vassilakou und HC Strache. 2015 wurde sein Gesicht noch länger.

Plan, die Schwarzen aus dem Stadtsenat zu werfen, scheiterte aber an der Bundesverfassung, und so kam es im roten Wien zu einem seltsamen Kompromiss: Die ÖVP erhielt die ihr zustehenden Stadträte, diese aber keine Ressorts mehr. Der Stadtsenat wurde in amtsführende und nicht amtsführende Stadträte unterteilt. Ein bemerkenswertes Detail am Rande: Die ersten paar Wochen nach Einführung der neuen Spielregeln im August 1976 gab es nicht nur acht amtsführende Stadträte der SPÖ und vier nichtamtsführende der ÖVP, sondern auch drei nichtamtsführende der SPÖ.

Der Unterschied zwischen den amtsführenden und nichtamtsführenden Stadträten ist ziemlich krass. Ein amtsführender Stadtrat erhält in seinem Ressort Verantwortung für mehrere Aufgabengebiete und ein Weisungsrecht für die zuständigen Magistratsabteilungen mit mehreren Tausend Bediensteten (insgesamt verfügt die Stadt Wien über ungefähr 60.000). Die nichtamtsführenden Stadträte bekommen einen kleinen Raum und eine Sekretärin. 2017 erhielt ein amtsführender Stadtrat als Gehalt 15.760 Euro brutto monatlich, 14-mal im Jahr, ein nichtamtsführender 8.756 Euro brutto monatlich, 14-mal im Jahr. Im Stadtsenat werden die oppositionellen nichtamtsführenden Stadträte von der Mehrheit überstimmt, bekommen aber Beschlüsse über Angelegenheiten mit, die nicht in den Gemeinderat gelangen. Von Gesetzes wegen muss der Wiener Stadtsenat mindestens neun und maximal 15 Stadträte umfassen. Nach den Wahlen 2005 und 2010 hat Bürgermeister Häupl das Gremium um je einen Sitz verkleinert, weil es beide Male einen Freiheitlichen traf.

Durch die weniger werdenden Stadträte für die SPÖ ergeben sich in den Ressorts überbordende Konglomerate, die thematisch manchmal nicht mehr zueinander passen. Kommt es zu personellen Veränderungen in der Stadtregierung, so kann das eine enorme Mobilität zwischen den Geschäftsgruppen, wie die Ressorts in Wien heißen, zur Folge haben. Das beste aktuelle Beispiel heißt „Frauen". Lange Zeit gehörten die Frauen-Agenden zum Integrationsressort. Als Integrationsstadträtin Sandra Frauenberger im Jänner 2017 ins Gesundheits- und Sozialressort wechselte, nahm sie die „Frauenfragen" mit. Mit der Installierung des neuen Bürgermeisters Michael Ludwig am 24. Mai 2018 war es mit Frauenbergers Karriere vorbei. Da die Nachfolgeperson männlich ist, wurde Kathrin Gaal zur Amtsführenden Stadträtin der Geschäftsgruppe „Wohnen, Wohnbau, Stadterneuerung und Frauen". Vizebürgermeisterin Vassilakou bestand als Grüne erstaunlicherweise nicht auf dem Umweltressort, sondern auf Verkehr und Stadtentwicklung. Interessanterweise gehören aber die „Wiener Linien", also die öffentlichen Verkehrsmittel, nicht zu ihr, sondern zur roten Umweltstadträtin Ulli Sima. Nicht nur für Außenstehende verwirrend …

Die nichtamtsführenden Stadträte stehen heute oft in der Kritik. Besonders die NEOS-Chefin Beate Meinl-Reisinger, bis zum Herbst 2018 auch Klubchefin im Wiener Gemeinderat/Landtag, nutzte dieses Thema, um sich einen Namen zu machen. Die nichtamtsführenden Stadträte gehörten unverzüglich abgeschafft und ihre Gehälter eingespart. Es sei entlarvend, dass ausgerechnet die Sauberkeitspartei FPÖ nicht auf ihre Posten verzichten wolle. Dass die Freiheitlichen für ihre Stadträte Ressortverantwortung verlangen, so wie in der Bundesverfassung vorgesehen, müsse als reine Augenauswischerei gesehen werden. Auf den ersten Blick ist dieser Argumentationslinie kaum etwas entgegenzusetzen. Auf den zweiten Blick wird

Selbstmörderisches sichtbar. Denn ihrer eigenen Logik zufolge war Meinl-Reisinger selbst eine „nichtamtsführende Gemeinderätin". Nach den Wahlen 2015 und der erneuten rot-grünen Regierungsbildung hätte man nicht nur die fünf nichtamtsführenden Stadträte (4 FPÖ, 1 ÖVP) ihrer Mandate entheben und ihre Gehälter einsparen können, sondern auch die 46 oppositionellen blauen, schwarzen und pinken Gemeinderäte. Denn genau wie die oppositionellen („nichtamtsführenden") Stadträte machen die oppositionellen Gemeinderäte nichts anderes, als „nur" zu kontrollieren und sich überstimmen zu lassen. Auch die besten Ideen und Initiativen werden als Anträge von der Mehrheit niedergeschmettert, womit die Mitgestaltungsmöglichkeit eigentlich nicht gegeben ist. Zu Ende gedacht würde das Ansetzen des punschkrapfenfarbenen Sparstifts eine sich selbst ad absurdum führende Demokratie ohne Opposition bedeuten!

Nimmt man Meinl-Reisinger mit ihren eigenen strengen Augen unter die Lupe, erscheint ihr lautstarkes Leib- und Magenthema vollends als Chuzpe. Obwohl sie über nicht mehr Möglichkeiten als die nichtamtsführenden Stadträte verfügt, verdiente sie 2017 als Klubobfrau 12.258,10 Euro brutto monatlich, 14-mal pro Jahr, also deutlich mehr als die nichtamtsführenden Stadträte. Hinzu kommt, dass das ein Einheitstarif unabhängig von der Klubgröße ist. Während der freiheitliche Klubobmann sich um 33 Kollegen kümmern musste, stand Meinl-Reisinger einer Fraktion vor, die Platz in einem PKW hatte (mit ihr selbst fünf Personen) …

Aber zurück ins Jahr 1976: Die SPÖ führte von nun an alle Ressorts, beim Bürgermeistersessel und den beiden Vizebürgermeistern war sie ohnehin auf der sicheren Seite. Das änderte allerdings Erhard Busek bereits bei der nächsten Wahl 1979. Offenbar aufgrund der Negativwirkung der SPÖ-Allmachtsansprüche konnte er mit seiner Werbelinie der „bunten Vögel" alles auf die ÖVP vereinigen, was nicht rot oder blau war. Damit erreichten die Schwarzen mehr als ein Drittel der 100 Mandate im Gemeinderat, was automatisch einen Vizebürgermeister bringt. Erhard Busek bekleidete dieses Amt selbst und konnte seinen Erfolg 1983 wiederholen. Mit dem danach einsetzenden radikalen Niedergang der ÖVP in Wien und dem Aufstieg der Freiheitlichen waren die beiden Vizebürgermeister für die SPÖ wieder gesichert.

Das galt bis 1996. Dann waren die Freiheitlichen so stark geworden, dass die SPÖ erstmals in Wien die Mandatsmehrheit verlor. Sie suchte sich als Koalitionspartnerin die ÖVP aus und gab ihr einen Vizebürgermeisterposten ab. Bernhard Görg wurde zugleich auch Planungsstadtrat. Der zweite ÖVP-Stadtrat Peter Marboe erhielt das Kulturressort. Das schwarze

Duo war – um es möglichst positiv zu formulieren – sehr gutmütig. Zeitgleich mit Abschluss des rot-schwarzen Koalitionsvertrages ließ die SPÖ verkünden, dass sie sich mit der kleinsten Rathaus-Partei auf einige rot-grüne Projekte geeinigt habe. Eine ungewöhnliche Szenerie: Der Bräutigam präsentiert während der Hochzeitsfeier seine Geliebte offiziell als solche und die glückstrahlende Braut lässt sich davon ihre gute Laune nicht im Geringsten verderben. Wann immer Görg ein ambitioniertes Planungsprojekt umsetzen wollte, zeigten sich die Roten dafür offen und ließen dann ihre hohen Magistratsbeamten erklären, dass und warum das nicht möglich sei, was der Initiator achselzuckend zur Kenntnis nahm. Marboe wiederum war vornehmlich damit beschäftigt, zu zeigen, dass die ÖVP „eh total leiwand" sei. Er tanzte sogar in einem linksextremen Lokal, in dem es immer wieder Drogentote gegeben hatte, mit Jugendlichen zu modernen Rhythmen. Mit der ÖVP ging es weiter bergab. Den Vizebürgermeister kostete sie aber nicht das, sondern die selbst verschuldete Schwächung der Freiheitlichen Anfang der 2000er-Jahre, denn dadurch erlangte die SPÖ die Absolute wieder zurück. Nachdem sich die Freiheitlichen unter Strache gefangen hatten, musste sich die SPÖ 2010 wieder eine Partnerin suchen – und entschied sich für die Grüne Alternative. Das war zwar ehrlicher als 1996, überraschte politische Beobachter aber trotzdem völlig. Denn die handzahmen Schwarzen wären wesentlich risikofreier gewesen als die Grünen mit ihrer Klientelpolitik für schrullige Besserverdiener. Grünen-Chefin Maria Vassilakou wurde Vizebürgermeisterin. Damit gab es in dieser Position erstmals eine andere Farbe als Rot oder Schwarz.

Die Befürchtungen bewahrheiteten sich: Die neue Verkehrs- und Planungsstadträtin schuf im Straßenverkehr viele Nadelöhre und freute sich über das entstandene Stau-Chaos. Damit setzte sie in Wien aber eigentlich nur eine Tradition fort. Der emeritierte Universitätsprofessor Hermann Knoflacher, früher maßgeblich an Wiens Stadtplanung beteiligt, verblüffte im März 2018 in einem „Spiegel"-Interview: „Der Autofahrer ist kein Mensch." Erst wenn er aus dem Auto aussteige, werde er wieder einer. „Wir haben die Autofahrer genervt. Wir haben Straßen verengt und systematisch Stau erzeugt", bekannte Knoflacher stolz – sehr zum Unmut der Rathausführung, die das jahrzehntelang höhnisch lachend geleugnet hatte. Unter Vassilakous gleichermaßen sinnlosen wie teuren Prestigeprojekten als Planerin stach die „Mahü" heraus. Beim Versuch, aus der Flaniermeile Mariahilfer Straße eine Flaniermeile zu machen, führte sie sogar eine Volksbefragung durch. Diese ging aber nur knapp in ihrem Sinne aus, weil sie bei der Neugestaltung dieser längsten Geschäftsstraße Österreichs ausgerechnet die mehrheitlich negativ eingestellten Geschäftsleute nicht mitstimmen ließ. So wurden rote Stammwähler scharenweise ins Lager der Weiß- und Blauwähler getrieben. Dass auf Vassilakous Anweisung nicht nur für kaum benützte Radwege, sondern auch für Luxuswohnungen Bäume umgeschnitten wurden, kam darüber hinaus bei wirklichen Grünen gar nicht gut an.

Am Wahlabend 2015 musste Michael Häupl erkennen, dass etwas anderes als die unliebsam gewordene Koalitionsvariante de facto nicht mehr möglich war. Rot-Blau (44 + 34 = 78) hatte Häupl stets kategorisch ausgeschlossen. Rot-Pink (44 + 5 = 49) bliebe in der Minderheit. Rot-Schwarz (44 + 7 = 51) wäre die kleinstmögliche Mehrheit, mit einer desolaten Partnerin, bei der zwei Abgeordnete durch Vorzugsstimmen gegen den Willen der Partei ins Rathaus gewählt worden waren.

So blieb letztendlich wieder nur Rot-Grün (44 + 10 = 54) übrig. Vassilakou war bereits politisch ruiniert, nachdem sie im Wahlkampf hoch gepokert und auf ganzer Linie verloren hatte. Sie wollte mit der Ankündigung, bei einem Mandatsminus der Grünen zurückzutreten, die drohende Niederlage ihrer Partei abwenden. Ausgerechnet die von ihr tatkräftig mitbetriebene Anti-Strache-Hysterie, die einen freiheitlichen Bürgermeister in Wien verhindern sollte, bewegte jedoch viele Grün-Sympathisanten dazu, rot zu wählen. Als die Grünen noch einmal von elf auf zehn Mandate abgebaut hatten, blieb Vassilakou doch und wurde von den Grünen sogar als Vizebürgermeisterin bestätigt. Am 24. November 2015 schrammte sie um Haaresbreite am Super-GAU vorbei. Eigentlich hätte sie im Gemeinderat als Vizebürgermeisterin mit mindestens 54 von 100 Stimmen gewählt werden müssen, aber es waren nur 50 von 98. Das heißt, dass es im rot-grünen Lager zwei Gegenstimmen und zwei Enthaltungen gegeben hatte. Eine Gegenstimme oder nur zwei Enthaltungen mehr, und die Mehrheit wäre weg gewesen …

Für die Häupl-SPÖ war das aber nur die eine Hälfte ihres vizebürgermeisterlichen Fiaskos. Denn nicht nur musste sie einen Vizebürgermeister koalitionsbedingt an die Grünen abgeben: Die Freiheitlichen kamen auf 34 Mandate, genau jene Anzahl, ab der ihnen automatisch der zweite Vizebürgermeister zustand.

Dass es dazu kommen konnte, daran war die SPÖ selbst nicht ganz unschuldig. Das stellt keine allgemeinpolitisch gehaltene Aussage dar, sondern bezieht sich auf die in Wien leidige Wahlrechtsthematik. In dieser Stadt wird nämlich ein Wahlrecht praktiziert, das Parteien umso mehr begünstigt, je größer sie sind – und somit vor allem die SPÖ. Bereits im Jahr 2010 hatte die FPÖ jene Grenze überschritten, ab der man nicht mehr benach-

Das Wiener Führungsduo HC Strache und Johann Gudenus mit Kristina Pawkowicz, der Witwe ihres legendären Vorgängers Rainer Pawkowicz.

teiligt, sondern begünstigt wird. Sie erhielt für 25,8 % der Stimmen 27 von 100 Mandaten. Trotzdem drangen die weiterhin im Aufwind befindlichen Freiheitlichen auf ein faireres Wahlrecht. Gemeinsam mit der ÖVP und den Grünen unterzeichneten sie einen Notariatsakt. Dieser besagte, dass man nach der Wahl 2010 gemeinsam eine Wahlrechtsreform beschließen würde, selbst wenn die SPÖ sich querlegen und sich eine der drei unterfertigenden Parteien mit dieser in einer Koalition befinden sollte. Mit Unterzeichnung des rot-grünen Koalitionspakts war für die Grünen der Notariatsakt scheinbar vergessen. Mehrere Anträge der Freiheitlichen, manchmal wortident mit dem gemeinsam verfassten und unterschriebenen Schriftstück, wurden von SPÖ und Grünen abgelehnt. Im Wahljahr 2015 kam schließlich doch noch Bewegung in die Sache. Die Stimmung zwischen Rot und Grün war ziemlich schlecht, und fast noch schlechter schauten die Umfragewerte von Vassilakou und Co. aus. Daher entsann man sich doch des Notariatsakts, zumal die Genossen in Aussicht gestellte Verhandlungen immer wieder verschleppten.

In der Landtagssitzung vom 27. März 2015 sollte die neue, gerechtere Wiener Wahlordnung zugunsten der kleinen Parteien (ÖVP und GA) und zuungunsten von SPÖ und Freiheitlichen mit den Stimmen von Blau, Schwarz und Grün (51) gegen Rot (49) beschlossen werden. Es wurde jedoch zu einem schwarzen Freitag für die Demokratie. Eine Stunde vor Beginn der Sitzung bat SP-Landesparteisekretär Georg Niedermühlbichler zu einer Pressekonferenz und gab gemeinsam mit Şenol Akkılıç bekannt, dass dieser Grünen-Abgeordnete mit sofortiger Wirkung seine Partei und Fraktion verlassen würde, um in die Reihen der SPÖ zu wechseln. Damit war eine Pattstellung von 50:50 Stimmen geschaffen und die Wahlrechtsreform gestorben.

Akkılıç war ursprünglich türkischer Kommunist im Autonomenzentrum Ernst-Kirchweger-Haus gewesen, bevor er von den Grünen angeheuert worden war. Bei diesen übernahm er die Aufgabe des Gelegenheitskurden. Es ist im Rathaus ein offenes Geheimnis, dass ihm seine neuen Genossen einen sicheren Listenplatz angeboten hatten. Da man allerdings nur den Verrat schätzt, nicht aber den Verräter, ging Akkılıç im Herbst 2015 bei der Verteilung der Abgeordnetensitze leer aus …

Der große Gewinner der Causa Akkılıç sollte die FPÖ werden. Am 11. Oktober 2015 verbesserte sie ihren 19 Jahre alten Bestwert und überschritt sogar die historische Dreißigprozentmarke. Die 30,8 % bedeuteten am Wahlabend dank des unveränderten Wahlrechts 34 Mandate und damit erstmals einen Vizebürgermeister – unverhinderbar, wie zuletzt 1983 Erhard Busek. Es war jedoch noch die Auszählung der Wahlkarten zu überstehen. 2010 hatten die Freiheitlichen bei dieser noch ihr Grundmandat in Rudolfsheim-Fünfhaus verloren und waren von 28 auf 27 Sitze reduziert worden. Diesmal aber sollte die Zahl halten, und der Triumph war perfekt. Die SPÖ war aufgrund ihrer sturen Machtverliebtheit erstmals auch des zweiten Vizebürgermeisters verlustig gegangen.

Zum ersten freiheitlichen Vizebürgermeister wurde Johann Gudenus bestimmt. Er war 2005 in den Gemeinderat/Landtag eingezogen und hatte die freiheitliche Fraktion ab 2010 als Klubobmann angeführt. Gudenus entstammt einem gräflichen Geschlecht. Mit der Spitzenpolitik war er von klein auf durch seinen Vater John Gudenus vertraut. Allerdings machte dieser es dem Nachwuchs mit zunehmendem Alter alles andere als leicht, sodass dieser wiederholt in Erinnerung rufen musste: „Ich bin sein Sohn, nicht sein Klon!" Der Senior durfte noch miterleben, wie Johann Gudenus mit erst 39 Jahren als Vizebürgermeister angelobt wurde. FPÖ-Hasser tun sich mit Gudenus schwer, ist dieser doch die Gegenthese zum von ihnen gezeichneten Bild der blauen Biertisch-Proleten: Matura am Theresianum, abgeschlossenes Jus-Studium an der Universität Wien samt Gerichtspraxis, Russisch-Zertifikat an der Moskauer Lomonossow-Universität, abgeschlossenes Studium an der Diplomatischen Akademie Wien. Medien bezeichneten Johann Gudenus fortan gern als „Straches Statthalter in Wien", mit der versteckten Andeutung eines Marionettenspiels, was beide Betroffenen mit einem amüsierten Lächeln zur Kenntnis nahmen.

Gudenus erinnert sich noch sehr lebhaft an seinen Antrittsbesuch bei Bürgermeister Häupl. Er bekundete seinen sehnlichen Wunsch, auch Verantwortung für ein Ressort zu übernehmen. Er schlug eines vor, das es derzeit nicht gibt, womit er niemandem etwas wegnehmen würde, zu einem wichtigen Thema, das in Wien immer weiter in den Mittelpunkt rückt: die Sicherheit. Dass Häupl dieses hehre Ansinnen zurückwies, war zwar unlogisch, aber nicht überraschend.

Gudenus ist es ganz wichtig, darauf hinzuweisen, dass das 34. Mandat nicht nur die Position des Vizebürgermeisters bedeute, sondern auch eine Fülle zusätzlicher Minderheitenrechte mit sich bringe. So könne etwa endlich der Verfassungsgerichtshof vollumfänglich angerufen werden, was bereits vier Monate nach der Wahl auch erstmals genutzt wurde.

Seine Ankündigung, als Vizebürgermeister alle Magistratsabteilungen und Dienststellen persönlich besuchen zu wollen, begann Gudenus schnell umzusetzen. Den Anfang machte der Blaulicht-Bereich, also die Feuerwehr- und Polizei-Inspektionen an sogenannten „Hotspots" wie dem Praterstern und dem Westbahnhof. Auch die Bäder und die „Achtundvierziger" (Müllabfuhr) besuchte er. Bei diesen Terminen sei er immer korrekt behandelt worden, meistens im Beisein des fachlich zuständigen roten Gemeinderats. Es sei dennoch unübersehbar gewesen, wie darauf geachtet wurde, dass er mit keinem Beamten unter vier Augen sprechen konnte oder es jemandem auch nur möglich gewesen wäre, ihm eine Visitenkarte zuzustecken.

Darüber hinaus war Gudenus außenpolitisch sehr aktiv. Neben seinem regelmäßigen Kontakt zum Bürgermeister von Moskau baute er zusätzlich eine enge Beziehung mit dem Bürgermeister von Minsk auf. Im Juni 2017 durften sich beide freuen, dass im Wiener Gemeinderat auf Initiative von Gudenus ein Allparteienantrag eine Unterstützung für die Gedenkstätte Maly Trostinez sicherstellte, wo die Nationalsozialisten tausende Wiener Juden massakriert hatten. Dass ausgerechnet Johann Gudenus diesen schwer verhinderbaren Impuls gab, sorgte im Gemeinderat für unüberhörbares Zähneknirschen bei Rot und Grün.

Mit dem Eintritt der FPÖ in die Bundesregierung übersiedelte Johann Gudenus als geschäftsführender Klubobmann in den Nationalrat. Als Vizebürgermeister folgte ihm der bisherige Klubobmann im Gemeinderat nach, der 35-jährige Dominik Nepp. Dieser wurde damit zum jüngsten Vizebürgermeister in der Geschichte Wiens.

Coup III: Paul Johann Stadler wird erster blauer Bezirksvorsteher

„Uns Bladen wird offenbår zuag'schrieb'n, dass ma gmiadlich san. Dees is wåhrscheinlich aa a Vurtåu." Für Leser nördlich des „Weißwurstäquators": „Uns stark Übergewichtigen wird offenbar zugeschrieben, dass wir gemütlich sind. Das ist wahrscheinlich auch ein Vorteil." Der Mann ist direkt und seine Sprache bodenständig. Seit Herbst 2015 steht Paul Johann Stadler dem 11. Wiener Gemeindebezirk Simmering vor.

Wenn Wiener untereinander die Schönheiten und Vorzüge ihres jeweiligen Bezirkes lobpreisen, geraten Simmeringer schnell auf die Schaufel der anderen. „Ihr habt ja nur drei Friedhöfe, eine Müllverbrennungsanlage und die Reste eines von Maria Theresia abgetragenen Schlosses", wird dann gerne gefeixt. Der echte Simmeringer lässt sich davon nicht aus der Ruhe bringen: Der größte der drei Gottesäcker, der Zentralfriedhof, der mit Abstand größte Wiens und ganz Österreichs, sei alleine schon eine Sehenswürdigkeit. Und in der Tat: Seit dem 31. Oktober 1874 kommen österreichische A-Promis am kunstvoll gestalteten Ehrengräber-Bereich des Zentralfriedhofs nicht vorbei. Das gilt sogar für Falco und Udo Jürgens. Dass man an Simmering nicht vorbeikommt, gilt auch für jene noch quicklebendigen Touristen, die am bereits im benachbarten Bundesland Niederösterreich gelegenen Flughafen Wien-Schwechat landen. Wollen sie ins Wiener Stadtzentrum gelangen, müssten sie enorme Umwege in Kauf nehmen, um Simmering zu umgehen – was aber ohnehin keiner möchte.

Unter freiheitlichen Wienern müssen die Simmeringer erst gar nicht argumentieren: Sie sind die „Chefs". Denn sie gehören zum ersten blauen Bezirksvorsteher in der Geschichte.

Wenn die Wiener alle fünf Jahre zu den Urnen gerufen werden, bekommen sie zwei Stimmzettel – einen für Gemeinderat/Landtag, einen für ihren Bezirk. In Wien wohnhafte EU-Ausländer erhalten nur den Bezirkszettel. Während auf Stadtebene der Spitzenkandidat der stärksten Partei bei nicht erreichter absoluter Mehrheit sich einen Juniorpartner für eine Regierungskoalition suchen muss, bekommt auf Bezirksebene die stimmenstärkste

Partei automatisch den Bezirksvorsteher und den 1. Stellvertreter, die zweitstärkste den 2. Stellvertreter.

1991 wurden die Freiheitlichen im Wiener Gemeinderat/Landtag die zweite Kraft; 1996 erstarkten sie noch einmal so sehr, dass die Sozialdemokraten unter ihrem neuen Bürgermeister Häupl erstmals die absolute Mehrheit verloren. Trotzdem konnten sie von den 46 Chancen auf einen Vorstehersessel – Wien hat 23 Bezirke – keine einzige nutzen. Die Bezirke 15 (Rudolfsheim-Fünfhaus) und 17 (Hernals) waren 1996 knapp dran. Das dazwischen liegende Ottakring (16. Bezirk) brachte bei Wahlen immer wieder das beste FPÖ-Ergebnis und galt als dritte potenzielle Trumpfkarte. Diese drei Bezirke befinden sich am Gürtel. Diese das cisdanubische Kern-Wien umschließende Straße und Hauptverkehrsader war bis in die Mitte des 19. Jahrhunderts der „Linienwall", eine Mautgrenze. Bis heute sind die Bewohner innerhalb des Gürtels im Schnitt deutlich wohlhabender. Die erwähnten drei Bezirke befinden sich an der Außenseite des Gürtels und bildeten in den 1990er-Jahren ein eigenes Soziotop: dicht bebaute, sozial schwach aufgestellte Arbeiterbezirke mit hohem Migrantenanteil. Als in Rudolfsheim-Fünfhaus 1996 die freiheitliche Bezirksgruppe den Spitzenwert von 32,3 % erreichte, sprach sie von sich selbst in Anlehnung der Namensgleichheit ihres Spitzenkandidaten (Gernot) Haider mit dem Bundesobmann als dem „Kärnten Wiens". Sie ahnte damals nicht, wie lange dieser Prozentsatz als Rekordwert halten würde. Es folgten Jahre der Regierungsbeteiligung und die Parteispaltung. Erst 2010 hatte sich die FPÖ Wien so weit konsolidiert, dass Simmering (34,2 %) und Favoriten (33,3 %) den alten Rekord brachen. Nahe dran an der SPÖ war man damit aber noch lange nicht.

Im Gegensatz dazu schnitten die Grünen auf Bezirksebene wesentlich erfolgreicher ab. Obwohl sie auf Gemeindeebene die Freiheitlichen selbst in deren schwächsten Phasen stimmenmäßig nie überholen konnten, eroberten sie 2010 den 7. Bezirk (Neubau) bereits zum dritten Mal hintereinander. Zwar führten einige Abspaltungen dazu, dass man den 2005 hinzugewonnenen 8. Bezirk (Josefstadt) wieder verlor und den 6. Bezirk (Mariahilf) doch nicht gewann, aber tendenziell waren die Grünen im innerstädtischen Gebiet weiter auf dem Vormarsch. (Seit der Wahl 2015 stellen sie mit Neubau, Leopoldstadt und Währing erstmals drei Bezirksvorsteher.) Das Glück der Grünen: Durch ihre räumlich sehr ungleichmäßige Verteilung sind für sie nicht nur Grundmandate leichter zu erobern, sondern eben auch Bezirksvorsteher-Positionen. Das Pech der Grünen: Dort, wo sie ihre höchsten Prozentsätze erreichen, leben nur vergleichsweise wenige Menschen,

Versammelt zur Angelobung des blauen Bezirksvorstehers: BezPO NAbg. Mag. Harald Stefan, KO BezR. Sonja Bauernhofer, BV Paul Johann Stadler, BV-Stv. Katharina Krammer, Vizebgm. Johann Gudenus.

wodurch ihr Einfluss auf Stadtebene maximal zum Zünglein an der Waage reicht.

Die Bezirks-Ergebnisse von 2010 gossen auch die regionalen gesellschaftlichen Veränderungen der vorangegangenen eineinhalb Jahrzehnte in Wien in Zahlen. In die Bezirke 15 bis 17 waren von innerhalb des Gürtels, aber auch durch einen starken Zuzug aus der BRD, die sogenannten „Bobos" hineingeschwappt. Zur Erklärung: Der Begriff „Bobo" wurde im Jahr 2000 vom US-Journalisten David Brooks für die neue dortige Elite und deren Lebensstil geprägt. Es handelt sich dabei um die abkürzende Zusammenführung von „bourgeois" und „bohémien". Der Bobo ist im Regelfall gut gebildet und verfügt über ein ansehnliches Einkommen, geriert sich aber als Revolutionär. Kurz gesagt: Der Bobo denkt links und lebt rechts. In Wien hat sich dieser Typus einige Stadtteile erobert, die er selbst scherzhaft als „Boboville" bezeichnet. Dessen kulturelles Zentrum ist das Museumsquartier, eine Betonwüste mit einem seltsamen architektonischen Mix aus Barock und Neofaschismus. Der österreichische Bobo wählt bevorzugt grün oder pink, manchmal schwarz, selten rot und niemals blau. Diese Zeitgenossen siedelten sich nun in den desolaten, aber billigen Wohngegenden an, restaurierten Immobilien und bauten so manches Dachgeschoß aus. Die Wissenschaft nennt das Gentrifizierung – die heruntergekommene Gegend wird „hip" und teuer. Die alteingesessenen Österreicher und integrierten Migranten mit geringeren Einkommen flüchteten an die Ränder der Stadt. In der noch relativ naturbelassenen Peripherie Wiens, die sich vom Südwesten (23. Bezirk, Liesing) und Süden (10. Bezirk, Favoriten, und 11. Bezirk, Simmering) über den transdanubischen Osten (22. Bezirk, Donaustadt) zum Norden (21. Bezirk, Floridsdorf) zieht, stampft Rot-Grün seither ganze neue Stadtteile wie den Leberberg und die Seestadt Aspern aus dem Boden. Das großzügige Zubetonieren von Grünland hat zwei Haupttriebfedern: einerseits einen Zahlenfetischismus, in dessen Fokus das Überschreiten der Zwei-Millionen-Einwohner-Marke steht, und andererseits „Wählerwirtschaft" zur Absicherung der eigenen politischen Zukunft. Durch Zuzug und Einbürgerung von geringqualifizierten Ausländern, die am städtischen Sozialtropf hängen, wird ein „Deal" möglich: Ich-dir-geben-Mindestsicherung-du-mir-geben-Stimme. In der ersten Phase der Urbanisierung der Randregionen strömen allerdings Menschen zu, die von den Zuständen in der Ballungszone die Nase voll haben. Für die Freiheitlichen heißt das: In ihren ehemaligen Hochburgen der äußeren Gürtelbezirke geht es nur mehr darum, möglichst deutlich über 20 Prozent zu liegen zu kommen und noch vor den Grünen auf dem zweiten Platz zu bleiben. An den Rändern, in den sogenannten Flächenbezirken (große Territorien mit großer Einwohnerzahl), verspüren sie einen bemerkenswerten Zulauf. Das farblich dargestellte Ergebnis von 2010 nach der stärksten Partei pro Wahlsprengel zeigt einen bläulichen Bogen um weite Teile Wiens.

Wie ausgeprägt die Nervosität der SP Simmering schon im Wahlkampf 2010 war, trat bei einer Posse zutage, die von dritter Seite losgetreten worden war. Politisch Denkende können sich schon denken, von wem: von den Grünen. Diese stellten in der Simmeringer Bezirksvertretung den Antrag, die Strachegasse umzubenennen. Diese, von deren Existenz bis dahin nicht einmal viele Simmeringer wussten, wurde damit schlagartig österreichweit bekannt. Denn einige Printmedien sprangen auf den Zug auf und lösten, wie sie selbst dokumentierten, im Anti-Strache-Lager eine kleine Hysterie aus. Bei der Befragung von Passanten zeigten sich ältere Anrainer unabhängig von der Parteipräferenz unaufgeregt, während ein Halbwüchsiger namens Mustafa meinte, man müsse die Gasse unbedingt umbenennen, weil sie Strache im Wahlkampf helfe; eine anonym bleibende Studentin der Theaterwissenschaft bekundete betroffen, dort niemals wohnen zu können. Eigentlich hätte von vornherein klar sein müssen, dass es sich nicht um

Heinz-Christian Strache als Namensspender handeln konnte, denn damit in Wien eine Straße, eine Gasse, ein Platz oder was auch immer nach jemandem benannt werden kann, muss dieser als gesetzliche Grundvoraussetzung mindestens ein Jahr tot sein.

Auch dieses Thema gehört in die politische Kategorie „Wiener Zuckerl". Benennungen oder Umbenennungen fallen in den Zuständigkeitsbereich des Gemeinderates, genauer gesagt in jenen des Kulturausschusses, und dort wiederum in den des „Unterausschusses Verkehrsflächenbenennungen". Die Initiative muss aber von jener Bezirksvertretung kommen, in der die Benennung bzw. Umbenennung geplant ist.

Die 23 Bezirke haben in Wien so gut wie nichts zu reden. Die Bezirksvorsteher sind nicht wie in der BRD Bezirksbürgermeister, sondern primär Repräsentanten. Auch der Vorsteher eines Bezirks, der mehr Einwohner hat als so manche Landeshauptstadt, verfügt über weniger „Macht" als der Bürgermeister eines 500-Seelen-Dorfes in einem entlegenen Tal, allein schon, weil jener dort in Personalunion auch oberste Baubehörde seiner Gemeinde ist. Die Tatsache, dass das Budget der Stadt Wien 13 Milliarden Euro (also 13.000 Millionen) beträgt, den Bezirken aber nur jeweils ein- oder maximal zweistellige Millionenbeträge zugestanden werden, sagt alles. Die drei Kompetenzen des Bezirks sind der Straßenverkehr (von Ampeln bis zu Zebrastreifen), die Parkanlagen (Bepflanzung, Sitzgelegenheiten u. ä.) sowie die Instandhaltung der Schulen (z. B. die Fenstererneuerung; für die Instandsetzung, also den Bau von neuen Schulgebäuden, ist der Bund zuständig – für Nichtpolitiker ein kaum durchschaubarer Dschungel an Zuständigkeiten). Aber selbst in diesen drei Fachbereichen, in denen die Bezirke Eigenverantwortung übernehmen dürfen, kann der zuständige Stadtrat im Rathaus mit einem schlichten „Njet" alles zunichtemachen. Das passiert gelegentlich sogar dann, wenn die Bezirksvertretung einen Beschluss einstimmig – auch mit den Genossen der Bezirksvorsteher- und Bürgermeisterpartei – gefasst hat.

Der noch viel größere Feind des Bezirksvorstehers ist aber nicht selten der Magistratsbeamte. Es gibt in Wien mehrere gefährliche Stellen, an denen Autofahrer abbiegen müssen, ohne dabei den Querverkehr einer Vorrangstraße sehen zu können. In den meisten Fällen ließe sich die Situation durch einen simplen Verkehrsspiegel völlig entschärfen. In acht der neun Bundesländer wird das so gehandhabt. Nicht aber in Wien. Die „Magistratsabteilung 46 – Verkehrsorganisation und technische Verkehrsangelegenheiten" hat sich nämlich schon vor vielen Jahren festgelegt: keine neuen Spiegel. Die Standard-Rechtfertigung lautet: Die Spiegel könnten im Winter eventuell beschlagen und müssten aufgrund von Witterungseinflüssen vermutlich gelegentlich auch geputzt werden. Unterton: Wo kämen wir da hin …? Und überhaupt! Wenn der Beamte sich in seiner MA (Magistratsabteilung) jahrzehntelang hochgearbeitet hat, kann er vor der Pension noch schnell viennensische Gottähnlichkeit erlangen, unkündbar und auch vom Wählervotum unberührt. Bürgermeister und Stadträte gehen, der Beamte bleibt.

Kommunalpolitiker der untersten Ebene haben meist idealistische Motive. Geldgier ist in jedem Fall auszuschließen, denn ein einfacher Bezirksrat erhält monatlich nur 446,80 Euro – brutto, also vor Steuer, wohlgemerkt. Seine Mitgestaltungsmöglichkeiten kommen der Politik-Definition des Soziologen Max Weber als „langsames Bohren harter Bretter" am nächsten.

Im Gemeinderat gibt es eigens für Bezirksvorsteher reservierte Sitzplätze. Wenn Paul Stadler an einer Sitzung teilnimmt, so wie hier am 1. Juni 2017, dann ist er automatisch Sitznachbar von Buchautor Martin Hobek. Michael „Mike" Niegl wurde im NR-Wahlkampf durch Wahlvideo und -plakat österreichweit bekannt.

Lediglich bei Straßenbenennungen – und damit sind wir zurück beim Ausgangsthema – hat ihr Bezirksparlament echtes Gewicht, da seine Initiative unverzichtbar fürs Prozedere ist. Würde die in Wien seit jeher omnipotente SPÖ einen ihrer Altvorderen mittels Straßenbenennung ehren wollen, und das unbedingt in jenem Bezirk, in dem sich beispielsweise das Geburtshaus oder der Wirkungsbereich desjenigen befand, so würde sie an ihre Bezirksratsfraktion herantreten, damit diese einen Antrag einbringt. Sollte die SPÖ bei der folgenden Abstimmung aber in der Minderheit bleiben, hieße es sogar für die Rathausführung: „Pech gehabt!"

Die Grünen bedienten sich nun dieser Schiene und beantragten in der Simmeringer Bezirksvertretung eine Umbenennung der Strachegasse. Es kam auf die rote Mehrheitsfraktion an. Diese hätte die Posse mit ihren Gegenstimmen im Keim ersticken können. Aber der Anti-Strache- und Anti-FPÖ-Reflex war größer und sie stimmte zu, womit der Beschluss ins Rathaus weiterging. Die grüne Falle war zugeschnappt, denn der (rote) Kulturstadtrat, der für solche sinnfreien Kinkerlitzchen keinen Kopf hatte, stellte sogleich klar: Eine derartige Aktion wäre nur aufwändig und teuer. Es müssten nicht nur Straßenschilder ausgetauscht und Stadtpläne umgeschrieben werden; alle dort lebenden und arbeitenden Bürger müssten ihre privaten Wohnadressen und Firmenanschriften ändern. Die Strachegasse sei nicht nach dem lebenden Politiker Heinz-Christian Strache benannt, sondern nach dem 1927 verstorbenen Chemiker Hugo Strache. Und der Stadtrat fügte vorsorglich hinzu: Die Benennung im Jahr 1940 stehe in keinem ideologischen Zusammenhang mit dem damaligen Regime. Die Simmeringer Genossen mussten somit nicht nur weiterhin Angst vor den Freiheitlichen haben, sondern hatten überdies mit dieser doppelten Peinlichkeit für Kopfschütteln bei den Wechselwählern und sogar bei eigenen Parteigängern gesorgt.

Aber bleiben wir noch kurz bei Hugo Strache und schauen, ob es nicht irgendeinen Zusammenhang mit seinem heute bekannten Namensvetter gibt. Auf den ersten Blick nicht: Hugo Strache wurde 1865 geboren. Das Chemie-Genie beschäftigte sich eingehend mit dem früher noch viel wichtigeren Rohstoff Gas. Strache war 1899–1905 Generaldirektor einer internationalen Gasgesellschaft in Brüssel und 1919–1921 Dekan an der Technischen Hochschule in Wien. Er erfand das „Doppelgas", das Stein- und Braunkohle restlos verkohlen konnte. Auf Hugo Strache, der 250 wissenschaftliche Abhandlungen verfasste, lauteten 60 Patente. Ein nettes Detail liefert der niederösterreichische Geburtsort Dornbach. Dieser ist mittlerweile als Teil des 17. Bezirks (Hernals) nach Wien eingemeindet worden. In Dornbach befindet sich das schmucke Stadion des Wiener Sportclubs, für den HC Strache in seiner Jugend kickte. Interessant ist, dass auch die Familie Hugo Straches aus dem deutschen Teil Nordböhmens stammte. Und es wird noch interessanter: Hugo Straches Vater Franz Eduard Strache (1815–1894) war nicht nur Journalist, Wirtschaftsfachmann und Pionier der Fotografie, sondern auch freiheitlicher Politiker, der im Revolutionsjahr 1848 der Deutschen

Nationalversammlung in der Frankfurter Paulskirche angehörte. 1850–1856 war Franz Eduard Strache Bürgermeister seiner Geburtsstadt Rumburg, wo er vor allem sozialpolitisch wirkte. Als ihn konservative Kräfte mittels Inhaftierung in Prag aus dem Verkehr ziehen wollten, ging er nach Wien. In Heinz-Christian Straches Familie ist nichts über ein verwandtschaftliches Verhältnis bekannt, aber angesichts der Namensgleichheit und der räumlichen Nähe der heute tschechischen Herkunftsorte (das nunmehr Rumburk heißende Rumburg und das in Liberec umbenannte Reichenberg liegen gerade einmal 45 Straßenkilometer auseinander) lassen sich gemeinsame Vorfahren nicht ausschließen. Soviel dazu.

Die Möglichkeiten eines Bezirksvorstehers sind, wie bereits erörtert wurde, sehr beschränkt. Trotzdem wollen die Freiheitlichen – abgesehen vom Prestigeerfolg – sich wenigstens in diesem engen Rahmen einmal beweisen, ohne dass das verhindert werden kann. Im Oktober 2015 blasen sie zum Angriff auf die Flächenbezirke. Es muss doch endlich einmal gelingen, einen Bezirksvorstehersessel zu erobern! In Simmering scheinen die Chancen nicht allzu hoch, auch wenn es immerhin zwei Hoffnungsschimmer gibt: Spitzenkandidat Paul Johann Stadler hat sich schon mehrmals als klassisches „Schlachtross" bewährt. Seit 1991 ist er in Simmering Bezirksrat, seit 1996 Bezirksvorsteher-Stellvertreter. Und das Wählerreservoir ist das Gleiche wie jenes der SPÖ. Das heißt: Mit jedem Prozentpunkt, den man dazugewinnt, schrumpft die Differenz um zwei Prozentpunkte. Aber: Der rote Vorsprung ist mit 49,2 % zu 34,2 % – also genau 15 Prozentpunkte – schon noch sehr beachtlich, und beim Aufmarsch zum 1. Mai 2015 zeigen sich die Simmeringer beeindruckend stark. Während die Roten aus dem grünen Bezirk Neubau gerade einmal 52 „GenossInnen" auf die Beine bringen, erscheint der Zug der Simmeringer auf der Ringstraße schier endlos und umfasst einige Tausend Personen.

Paul Stadler rechnet sich allerdings doch Chancen aus. Das entscheidende Datum dafür ist der 10. April 2011. An diesem Tag starb Johann Hatzl im 69. Lebensjahr. Hatzl war die rote Polit-Ikone Simmerings. Nachdem er 1976–1979 im Nationalrat gesessen hatte, gehörte er bis 1996 als Amtsführender Stadtrat in verschiedenen Ressorts der Wiener Landesregierung an. Bis 2001 führte er den Vorsitz der SPÖ-Fraktion im Gemeinderat/Landtag. 2001–2008 amtierte er als Erster Landtagspräsident, danach zog er sich aus der Politik zurück. Den Vorsitz über die Simmeringer Bezirks-SPÖ hatte er schon 2007 an Harald Troch übergeben. Die vier Jahre bis zu seinem Tod über hielt er allerdings noch ein Auge auf seinen Nachfolger. Kaum war Hatzl beigesetzt (natürlich in Simmering auf dem Zentralfriedhof), krempelte Troch die SP Simmering so um, dass sie erheblich geschwächt wurde. Nicht einmal ein Jahr vor dem entscheidenden Wahltermin hebelte Troch 2014 in einer Nacht-und–Nebel-Aktion die seit elf Jahren amtierende Bezirksvorsteherin Renate Angerer aus. Unter der Prämisse einer Verjüngung und eines Generationenwechsels wurde die 66-jährige Angerer durch die 61-jährige Eva-Maria Hatzl ersetzt. Die Witwe von Johann Hatzl brachte nicht nur einen politisch wertvollen Namen mit, sondern auch eine unerschütterliche Ergebenheit gegenüber dem neuen Bezirksvorsitzenden Harald Troch. Als „beinahe schon hörig" beschreibt Stadler ihr Verhältnis zum Nationalratsabgeordneten, der 2013 ein Buch über seinen Vorgänger Johann Hatzl herausgegeben hatte. Neben der generellen Unzufriedenheit der Simmeringer mit den abgehobenen Sozialisten und deren Taubheit gegenüber den Anliegen und Sorgen der Bürger lässt diese Personalrochade Paul Stadler nun Morgenluft wittern. Die neue Bezirksvorsteherin war zuvor fünf Jahre lang im Gemeinderat/Landtag eine brave Hinterbänklerin, ist aber sicher keine Frontfrau für eine knappe Konfrontation um Platz 1. Stadler erfährt diesbezüglich im Wahlkampf noch einen weiteren Motivationsschub: Hatzl, die Spielfigur auf Trochs Schachbrett, wird in der Nachrichtensendung „Wien heute" des Staatsfernsehens interviewt. Wie ein mutloses Häufchen Elend sitzt die Bemitleidenswerte da. Als sie schließlich gefragt wird, was denn passiere, wenn die FPÖ die SPÖ überhole, zuckt sie nur mit den hängenden Schultern und meint sinngemäß, dass es dann eben so wäre … Stadler erinnert sich noch heute genau, wie ihm tags darauf auf der Straße einige Male zum kommenden Wahlsieg gratuliert wurde.

Schließlich ist der Wahltag da, der 11. Oktober 2015. Stadler erinnert sich noch gut an diese nervenaufreibende Zeit. Am Abend steht fest, dass zwei freiheitliche Spitzenkandidaten das Duell für sich entscheiden konnten: in Floridsdorf der Landtagsabgeordnete Wolfgang Irschik, ein langjähriger Mitstreiter und enger Vertrauter HC Straches – und eben Paul Stadler in Simmering. Der Jubel ist groß, währt aber nur kurze Zeit. Denn es ist klar, dass der Vorsprung auch den nächsten Tag, wenn die zahlreichen Briefwahlkarten-Stimmen ausgezählt werden, überdauern muss. Erfahrungsgemäß verliert die FPÖ dabei immer stark an Terrain. Wer schon einmal Wahlkarten ausgezählt hat, weiß, dass der Weg zum Endergebnis nicht linear verläuft, sondern in Wellen, die gehörige Kapriolen schlagen können. In Floridsdorf geht es schief. Auf Gemeindeebene halten die Freiheitlichen zwar knapp Platz 1, auf Bezirksebene aber, wo es um den Vorsteher geht, knapp nicht. Es kommt der Moment, wo es für Stadler danach aussieht, als würde er Irschiks Schicksal teilen müssen. Der anfängliche Vorsprung von ungefähr

1600 Stimmen schmilzt auf knappe 400 zusammen, bevor er auf minimale 80 zusammensackt. Und es sind noch 2000 Stimmen auszuzählen …! Ernüchterung macht sich breit. Doch es war glücklicherweise nur wieder eine der unkontrollierbaren Kapriolen. Am Ende beträgt der Vorsprung 402 Stimmen. Das ersehnte Wunder ist vollbracht!

Und es stellt sich heraus, dass Stadler etwas Sensationelles gelungen ist: Er hat den höchsten Wert aller Spitzenkandidaten in sämtlichen 23 Bezirken erzielen können. Wäre es ein wienweiter sportlicher Wettkampf, würde das Siegertreppchen so aussehen:

1. Paul Johann Stadler, FPÖ Simmering, 41,8 %
2. Hannes Derfler, SPÖ Brigittenau, 41,7 %
3. Thomas Blimlinger, GA Neubau, 41,0 %

Nach dem Jubel hält Stadler inne, holt tief Luft und bläst kräftig aus. Was nun? Bezirksvorsteher! Blauer Bezirksvorsteher! Es gibt keine Erfahrungswerte und keine eigenen Ressourcen, auch keine Kollegen, mit denen er sich austauschen könnte. Er ist der erste und einzige seiner Art …! Vorrangiges Thema ist zwangsläufig das Büro des Bezirksvorstehers. Die Dienstbeschreibung der allesamt beamteten Mitarbeiter ist klar: politisch neutral für den Bezirksvorsteher zu arbeiten. In der Realität ist natürlich auch klar, dass in roten Hochburgen absoluter Kadergehorsam verlangt wird, sonst käme man nicht auf solche politisch brisanten Posten. Auch wenn diese Einstellung im Laufe der letzten Jahrzehnte lockerer geworden ist, gehört eine „rote Sozialisation" in solchen Amtsstuben einfach immer noch dazu. Meist handelt es sich um Damen, die sich in ihrer Freizeit nicht politisch engagieren. Allerdings hat ein Großteil von ihnen zumindest das SP-Parteibuch. Noch am Montagabend läutet bei Stadler mehrmals das Telefon – Parteikollegen, die ebenfalls über diese Schlüsselthematik nachdenken. Es gibt zwei konkrete Vorschläge: Entweder fordert Stadler die gesamte Belegschaft der Bezirksvorstehung Innere Stadt an, wo die ehemals schwarze und danach parteilose Bezirksvorsteherin Ursula Stenzel als blaue Landtagsabgeordnete ins Rathaus wechselt und Markus Figl von der ÖVP ihr Nachfolger im Bezirk wird. Oder Stadler fordert von den wenigen städtischen Beamten im freiheitlichen Rathausklub zwei, drei an und horcht sich zusätzlich bei den Bezirksfunktionären nach jenen vereinzelten Mitarbeiterinnen in Bezirksvorstehungen um, bei denen man von einer stillen Nähe zu den Freiheitlichen weiß oder eine solche vermutet. Stadler sind beide Vorschläge unsympathisch. Im Falle von Ursula Stenzels Belegschaft im 1. Bezirk hieße das nach der Logik eines banalen Farbenspiels, dass ein blauer Bezirksvorsteher ein rotes Büro gegen ein schwarzes austauschen würde. Bei der anderen Variante würden die Mitarbeiter des Rathausklubs, der ganz anders funktioniert als eine Bezirksvorstehung, durch einen Haufen bunt zusammengewürfelter Neulinge aus ganz Wien ergänzt. Sie alle haben einen riesigen Nachteil: Sie kennen Simmering allenfalls von Kulturveranstaltungen im Gasometer oder von Friedhofsbesuchen. Stadler ist schnell klar: „Ich brauche Simmeringer!" Den Ratgebern von außen teilt er mit, dass er seinen eigenen Weg finden müsse und auch finden werde. Gegenüber jenen, die sich als hartnäckig erweisen, wird er resolut: „Als Bezirksvorsteher von Simmering muss ich zuerst für alle Simmeringer da sein und erst dann für die Partei. Wenn es anders gewünscht wird, muss man jemand anderen für diese Aufgabe nehmen!" HC Strache stärkt Stadler den Rücken, und dieser hat nun völlig freie Hand. Er bittet in der Simmeringer Bezirksvorstehung die Damen und Herren zu sich, für die die Situation auch sehr neu und alles andere als einfach ist. Stadler kennt das Team seit Langem, schließlich fungierte er schon fast zwei Jahrzehnte lang als Bezirksvorsteher-Stellvertreter. Am 11. Oktober sei über den Bezirksvorsteher abgestimmt worden, nicht über dessen Büro, sagt er. Es handele sich um ein eingearbeitetes, gut funktionierendes Team. Es wäre für beide Seiten sehr schade, wenn dieser Kontinuitätsstrang einfach so durchtrennt würde. Auf dem Papier und von Rechts wegen seien die Beamten bereits vorher zur politischen Neutralität verpflichtet gewesen. Die Einhaltung dieses Grundsatzes fordere er jetzt. Er werde niemals freiheitliche Parteiarbeit oder auch nur Parteinahme verlangen. Aber er erwarte Loyalität gegenüber seiner Person und seiner Funktion, und dass die Arbeit für den Bezirk Simmering und dessen Bevölkerung im Vordergrund stehe. Alle willigen ein. Stadler gesteht heute, dass er die ersten Monate noch ein wenig unsicher war und jede Zeile von dem las, was ihm zur Unterschrift vorgelegt wurde. Es habe jedoch keinen Anlass zu Zweifeln gegeben. Nach einem halben Jahr sei er schließlich in jeder Hinsicht endgültig im Amt angekommen gewesen.

Ist man bei „Pauli", wie er gemeinhin genannt wird, in seinem Büro in der Bezirksvorstehung zu Gast, entdeckt man sofort einige Facetten, die auch Freiheitlichen außerhalb seiner Bezirksgruppe kaum bekannt sind. Man sieht viele maritime Motive und wird damit überrascht, dass Stadler Europameister im Segeln war. Die noch offene Weltumsegelung schlummert noch immer als Vorhaben für die Pension im Hinterkopf. An der Wand erblickt man den Bezirksvorsteher in der Uniform der Hoch- und Deutschmeister und erfährt, dass er sogar als Präsident dieser jahrhundertealten Institution fungiert und früher Klavier spielte. Bei den Hoch- und Deutschmeistern spielt er allerdings kein Instrument, sondern ist Fahnenoffizier. Es gehe darum, österreichische Geschichte und wehrhistorische Tradition weiterzutragen und zu repräsentieren. Der Antrag auf Aufnahme in die Liste des UNESCO-Weltkulturerbes wurde bereits gestellt und befindet sich in Bearbeitung. An der Wand findet man auch ein gerahmtes segensreiches Schreiben von Papst Franziskus, in dem dieser Paul Stadler zum 60. Geburtstag am 31. Dezember 2016 gratuliert. Das habe er Pater Jan zu verdanken, berichtet Stadler, und er fügt an dieser Stelle standardmäßig hinzu: „Den Pater Jan und mich trennt nur die Kirche!" Stadler lacht: „Die Leute sind immer etwas irritiert, wenn ich das sage. Aber ich habe meinen Schreibtisch hier im Bezirksamt. Und wenn du da beim Fenster rausschaust, siehst du die Kirche, und hinter der hat Pater Jan sein Pfarramt. Wir sind also durch die Kirche getrennt – aber nur durch die."

Die gemeinsame Adresse ist der Enkplatz. Die Neusimmeringer Pfarrkirche „zur Unbefleckten Empfängnis" ist ein noch sehr junges Sakralgebäude, errichtet Anfang des 20. Jahrhunderts. Die imposante, 56 Meter hohe, neuromanische Doppelturmfassade kommt durch den unbebauten Platz davor erst richtig zur Geltung. Das Innere bietet 2.800 Gläubigen Platz. In der Pfarre sind nicht nur deutschsprachige Gruppen beheimatet. Pater Jan liest ebenso Messen in Polnisch, seiner Muttersprache, und es gibt unter anderem auch eine Gruppe vietnamesischer Katholiken. Wenn es darum geht, Brauchtum wiederzubeleben, bilden Pater Jan und Bezirksvorsteher Stadler ein kongeniales Duo. Das hängt mit Stadlers Auffassung vom Kampf gegen die Islamisierung zusammen. Man brauche nicht im stillen Kämmerlein über den Islamismus zu theoretisieren oder sich gar vor ihm zu fürchten, man müsse hinausgehen und Präsenz zeigen: „Wir sind hier – nicht ihr!" Als Stadler seinen Plan in die Tat umzusetzen begann, bemerkte er bald das enorme Bedürfnis der Menschen nach Brauchtum. 2017 organisierte er erstmals eine Maibaum-Aufstellung am Enkplatz. Er setzte sich mit den teilnehmenden Standbetreibern zusammen, deren gemeinsame Schätzung der Teilnehmerzahl lautete: 200 bis 300 Gäste. Letztlich kamen 1600 – und 90 % davon in Tracht! Die Gastronomen mussten Notkäufe in anderen Bezirken tätigen, damit ihnen nicht das Bier ausging, von dem insgesamt 24 Fässer benötigt wurden. Nun gebe es auch eine Fronleichnamsprozession, die durch den ganzen Bezirk führe, erläutert Stadler voller Motivation.

Unternehmungslustig zeigt sich Stadler auch dann, wenn es darum geht, wie er sein Werbeetat aufwendet. Jeder Bezirksvorsteher verfügt über ein Jahresbudget, das er im Großen und Ganzen nach Gutdünken ausgeben kann, um sich selbst vorteilhaft in Szene zu setzen. Stadler verzichtet da-

Paul Johann Stadler erstattet als Fahnenoffizier der Hoch- und Deutschmeister Karl von Habsburg Meldung am Waltherplatz in Bozen.

bei auf Inserate und Plakate, sondern gibt das Geld stattdessen für einen Tagesausflug der Simmeringer Senioren aus. Mit mehreren 50er-Bussen ging es 2016 in die Wachau, 2017 nach Rust, 2018 zur Oberösterreichischen Landesausstellung in Enns. In der ältesten Stadt Österreichs beschäftigte man sich mit dem römischen Leben vor 2000 Jahren. Wenn der Konvoi auf Kosten des Bezirksvorstehers rollt, dann ist der Einladende der Mobilste. Er wechselt bei jedem Stopp zum nächsten Bus, während der Mittagspause zwischen den Lokalen und dort wiederum von Tisch zu Tisch. Dabei lässt er den Schmäh noch mehr rennen als sich selbst.

Für Paul Stadler ist das auch kein Neuland. Beruflich war er bis zu seiner Wahl zum Bezirksvorsteher Flüssiggashändler – was ihm schon vor vielen Jahren erstmals eine gewisse Bekanntheit in Simmering verschafft hatte. Später betrieb er für einige Jahre nebenbei das beliebte „Kulturcafé Stadler". Als der kulturbeflissene Wirt aus Leidenschaft kommunalpolitisch aktiv wurde und seine Sprechstunden sowohl im Magistratischen Bezirksamt als auch im Kulturcafé abhielt, wurde sein bis dahin unschuldig-naives Wien-Bild abrupt zerstört. Binnen weniger Wochen brach der Umsatz des Kulturcafés um 50 Prozent ein, und Stadler hatte keine Erklärung dafür. Die Lösung brachte dann eine zufällige Begegnung mit der „Mizzi-Tant'". Diese ältere Dame hatte „Pauli" Stadler schon als Baby in ihren Armen geschaukelt. Als sie ihm eines Tages auf der Straße entgegenkam, „flüchtete" sie – beschämt wirkend – auf die andere Straßenseite. Stadler stellte sie und fragte, warum sie, ein begeisterter Stammgast, plötzlich ausbleibe. „Mizzi" brach in Tränen aus und berichtete, dass in ihrem Pensionistenklub (eine auf dem Papier unparteiische Wiener Institution mit in Wirklichkeit deutlich roter Schlagseite) unmissverständlich kundgetan worden sei: „Wer zum Stadler rübergeht, bekommt hier keinen Kaffee und Kuchen mehr!" Stadler dampfte mit Hochdruck ins Bezirksamt, wo er den gerade anwesenden Johann Hatzl ansatzlos und lautstark zur Rede stellte: „Bist du deppert?!" Hatzl gab sich ahnungslos und betroffen. Stadler sagt heute, er wisse nicht, wie ehrlich das damals gewesen sei, aber jedenfalls habe Hatzl augenblicklich dafür gesorgt, dass „Mizzi" und Co. wieder in Stadlers Kulturcafé Kartenspielen kommen konnten, ohne Sanktionen fürchten zu müssen.

Diese Begebenheit sei der erste Akt eines Sich-Zusammenraufens der beiden gewesen, erinnert sich Stadler. Kaum war er Bezirksvorsteher-Stellvertreter geworden, musste er sich eine an Untergriffigkeit grenzende mediale Aussage Hatzls gefallen lassen. Als er sich beim nächsten persönlichen Aufeinandertreffen beschwerte, entgegnete Hatzl nur ungerührt: „Wer das nicht aushält, hat in der Politik nichts verloren." Als Bezirksvorsteher-Stellvertreter wurde Stadler öfter als zuvor um Stellungnahmen in den Bezirkszeitungen gebeten. Dabei kritisierte er Hatzl einmal aufs Schärfste. Dieser beklagte sich bei der nächsten persönlichen Begegnung bitter. Stadler erwiderte emotionslos: „Wer das nicht aushält, hat in der Politik nichts verloren." Hatzl hielt kurz inne, erkannte die originalgetreue Wiedergabe seiner eigenen Aussage, quittierte das mit einem kurzen „Touché!" und zog wortlos von dannen. Auf dieser Basis des gegenseitigen Respekts habe sich die Beziehung der beiden im Laufe der Jahre zunehmend amikal gestaltet.

Nun ist Stadler der blaue Bezirksvorsteher im vormals roten Simmering. Die Bezirksgruppe ist stark. Ihr Obmann Harald Stefan sitzt im Nationalrat. Der pragmatische und sanftmütige Notar wird auch in anderen Fraktionen geschätzt, was ihm freilich in den Medien nichts hilft, da er der Burschenschaft Olympia angehört. Seit 2006 ist er Stellvertreter Straches als Wiener Landesparteiobmann, seit 2008 zusätzlich stellvertretender Bundesparteiobmann. Da die Freiheitlichen drei der sechs Simmeringer Grundmandate für den Gemeinderat holen konnten (zwei gingen an die SPÖ, eines in den Reststimmentopf), sind sie auch dort mit Manfred Hofbauer, Klaus Handler und Nemanja Damnjanović kompakt vertreten. Im Hintergrund aktiv ist auch noch Ex-Gemeinderat Herbert Eisenstein, ein emeritierter Universitätsprofessor für Arabistik.

In der Bezirksvertretung muss sich Stadler seine Mehrheiten freilich suchen. Bei den 60 Mandaten lautet die Verteilung so: 26 FPÖ, 25 SPÖ, 3 Grüne, 3 ÖVP, 2 NEOS, 1 GfW („Gemeinsam für Wien", eine von Erdoğan-nahen Türken dominierte Migrantenplattform, deren Mandatar Volkan Kahraman der erste österreichische Fußballnationalspieler mit türkischen Wurzeln war). Dieses Unterfangen ist nicht einfacher geworden, seit Stadler einen ständigen Störenfried vor die Türe setzen musste. Wichtig ist für ihn, dass in der 14-köpfigen Kulturkommission der Bezirksvertretung die sieben Freiheitlichen (darunter auch seine Ehefrau Eleonore Stadler als 1. stellvertretende Vorsitzende) nicht überstimmt werden können, weil bei einem Gleichstand die Stimme der (nun freiheitlichen) Vorsitzenden doppelt zählt. So werden Projekte wie das erste Simmeringer Neujahrskonzert der Wiener Symphoniker mit bürgerfreundlichen 19 Euro Einheitspreis bei freier Platzwahl möglich.

Das Amt des 2. Bezirksvorsteher-Stellvertreters zu bekleiden, gelang den Freiheitlichen schon öfter. Mit dem Wahlsieg am 11. Oktober 2015 ergatterte Stadler aber nicht nur den ersten freiheitlichen Bezirksvorsteher, sondern auch den ersten freiheitlichen 1. Bezirksvorsteher-Stellvertreter. Auf diesen Posten holte er Katharina Krammer. Sie ist ihm der wichtigste Rückhalt, wie er betont. Für Freiheitliche in den anderen 22 Bezirksgruppen ist Katharina Krammer eine blutjunge, zurückhaltende Frau. Umso überraschter ist man, wenn man erfährt, dass Krammers Tochter bereits die Volljährigkeit erlangt hat und sie selbst der energiegeladenere Teil des Duos in der Bezirksvorstehung ist. Meist müsse Stadler sie sogar bremsen, weil ihre Pläne und Ziele bei Projekten noch ehrgeiziger als seine eigenen seien.

Für ihn stehe Bürgernähe an erster Stelle, erklärt Paul Stadler, die Herkunft spiele dabei keine Rolle. So würden sich viele Simmeringer immer wieder überrascht zeigen, etwa wenn der neue Bezirksvorsteher auch ein allgemein gehaltenes negatives Mail ernsthaft beantwortet („Manchmal brauche ich drei, vier Tage, aber ich mache es!") oder wenn ein übereifriger roter Bezirksrat türkischen Gastronomen ihre Dreieckständer wegnehmen lassen will und Stadler das revidiert. Beim Simmeringer Straßenfest verfügt BV Stadler über ein eigenes Zelt, in dem er den Bürgern für Anliegen zur Verfügung steht, weil diese – wie er weiß – oft ein Unbehagen verspüren, Amtsräumlichkeiten aufzusuchen.

Fragt man Paul Stadler, was sich für ihn am meisten verändert hat, kommt die Antwort wie aus der Pistole geschossen: „Das Privatleben!" Dieses gebe es so gut wie nicht mehr. Mit seinen 105.000 Einwohnern wäre Simmering als eigene Gemeinde die sechstgrößte in Österreich. Die meisten Bezirksbewohner erkennen ihn mittlerweile, wenn er im Bezirk unterwegs ist. So kann es passieren, dass mitten aus der Menschenmenge auf der Simmeringer Hauptstraße eine Stimme ertönt: „Vursteher, Vursteher! San se unser Vursteher?" Dem folgt nicht selten ein sogleich geäußertes Anliegen. Stadler gibt eine repräsentative Anekdote zum Besten: Seine Frau bittet ihn, sie für einen Vorratskauf in den Supermarkt zu begleiten. Schon beim Schlendern durch die Gänge wird er mehrmals angesprochen und auch mit persönlichen Problemen befasst. Seine Frau sucht inzwischen die gewünschten Waren aus den Regalen zusammen und dirigiert ihren Mann mit dem vollen Wagerl zur Kassa und danach zum Auto. Die Gruppe von Bürgern, die sich als kleine Traube um ihn gebildet hat, kommt mit. Während der Bezirksvorsteher das Gekaufte in den Kofferraum lädt, stoßen neue Gesprächspartner und Bittsteller, die ihn am großen Parkplatz erkannt haben, dazu. Nach einer Zeit meint seine Frau, sie fahre schon einmal nach Hause vor, er könne mit den Öffis nachkommen …

Zu Beginn seiner Amtszeit seien die Leute auch am Wochenende zu seinem Haus in Kaiserebersdorf, einem Bezirksteil Simmerings, gekommen. Habe er sich im Garten aufgehalten, seien sie einige Male schüchtern vor dem Zaun hin und her geschlichen, bevor die obligate Frage gestellt wurde: „Herr Bezirksvorsteher …?" Dieses Problem habe sich mittlerweile erübrigt, erklärt Stadler – denn er habe keine Zeit mehr für den Garten, auch am Wochenende nicht. Auch samstags und sonntags sei er von einer Veranstaltung zur nächsten unterwegs. Am intensivsten schlage der Advent zu Buche, allein die Seniorenheime bedeuteten achtmal Krampusfeier, achtmal Weihnachtsfeier. Am Heiligabend lese er persönlich bei der Einsamenfeier vor. Und bei einer Veranstaltung mit 700 Kindern im Konzerthaus sei er der einzige Bezirksvorsteher gewesen.

Sein anfänglich einziges Problem mit der Bevölkerung sei kein hausgemachtes gewesen: Die Stadtregierung habe ihn ignoriert und sabotiert. Von stadtgestalterischen Initiativen habe er aus den Medien erfahren, Pläne zwei Tage nach einer stadträtlichen Presseaussendung dazubekommen. An Details interessierte Bürger bezweifelten das ungläubig, und er musste immer für griffbereite Dokumentationen sorgen. Bei jenen Bürgern, die er direkt erreichte, verfehlte das die Wirkung nicht, aber die meisten konnte er eben nicht persönlich erreichen. Das Problem des demonstrativen Übergangenwerdens hat sich mittlerweile verschärft; jenes, dass Stadler sich dafür auch noch vor den Bürgern rechtfertigen muss, weitgehend entschärft. Dieses absurde Verhalten der Stadtregierung wurde immer offensichtlicher und hatte sogar einen Bericht in der „Kronen Zeitung" zur Folge. Als der zuständige Stadtrat am Enkplatz, also unter dem Fenster von Stadlers Büro in der Bezirksvorstehung, eine Neue Mittelschule unter dem Motto „Smarter Together" („Gemeinsam schlauer") eröffnete, handelte man gegen die selbst ausgegebene Parole und lud den Hausherrn nicht ein. Aber das war nur der Beginn. Zur Eröffnung einer neuen Filiale der Kurkonditorei Oberlaa beim Tor 2 des Zentralfriedhofs und sogar zur publikumswirksamen Einweihung der Straßenbahnlinie 11 wurde Stadler von der Stadt nicht eingeladen. Dass die Umweltstadträtin mediengerecht eine neue Abteilung am Zentralfriedhof eröffnet hatte, in der Menschen neben ihrem geliebten Haustier die ewige Ruhe finden können, erfuhr Stadler im Rathaus – aber im eigenen Klub. Er nahm dort einen Termin wahr, und ein Mitarbeiter, der soeben die Tageszeitungen durchgeblättert hatte, sprach ihn darauf an. Finden Veranstaltungen statt, bei denen sich die Allgemeinheit anmelden kann, und der nicht eingeladene Bezirksvorsteher tut das, zeigt man die Antipathie gegenüber den Freiheitlichen völlig unverblümt. Stadler erzählt vom letzten „Nachklang". Das sei ein Konzert auf dem Zentralfriedhof, mittels dessen man alle zwei Jahre der dort ruhenden Musikgrößen gedenken wolle. Die Vertreter der rotgrünen Stadtregierung und der rote 2. Bezirksvorsteher-Stellvertreter wurden mittig in der ersten Reihe positioniert. Stadlers Platz wurde zwar auch in der ersten Reihe reserviert, aber ganz auf der Seite: „Ich bin schon fast auf Ziehrers Grab gesessen", berichtet Stadler mit leichtem Kopfschütteln. Dabei hatte er es im Vergleich zum FPÖ-Gemeinderat Udo Guggenbichler in der dritten Reihe und seiner 1. Bezirksvorsteher-Stellvertreterin Katharina Krammer ganz hinten noch gut getroffen …

Die leidige Parkpickerl-Geschichte ließ Stadler die Bevölkerung per direkte Demokratie entscheiden, was die Stadtregierung nicht goutierte, aber nicht verhindern konnte. Das hinderte sie aber nicht daran, Asylbewerber und Gefängnisinsassen mitstimmen zu lassen. Stadlers Popularität tun diese zwischen die Beine geworfenen Knüppel aber keinen Abbruch.

Mittlerweile berichte man weltweit über ihn, sodass es vorkommen könne, dass ein Freund ihn zu nachtschlafender Zeit anrufe und aufgeregt vermelde: „Ich bin in Peking im Hotel, und du bist gerade auf BBC World zu sehen!" Aber auch wenn der selbst weit Gereiste im Ausland auf Achse ist, holt ihn seine neue Prominenz ein: Als er bei einem Kurzurlaub in der Toskana einer Oldtimer-Rallye beiwohnt, wird er von einem Welser angesprochen: „Sind Sie nicht der blaue Bezirksvorsteher aus Wien …?"

Auf seine konkreten politischen Vorhaben für den 11. Bezirk angesprochen, gibt Stadler zu Protokoll, dass die Möglichkeiten sehr beschränkt seien. Das Bezirksbudget umfasse neun Millionen Euro. Würde man alle Schulen gleichzeitig sanieren, lägen die Kosten aber bei 21 Millionen. Immerhin habe er in den ersten zwei Jahren die Bezirksschulden von zehn auf fünf Millionen Euro halbieren können. Unter diesen Umständen sei es ausgesprochen fraglich, ob ihm ein sogenanntes Leuchtturmprojekt gelinge, also etwas, das die Nachwelt langfristig mit ihm in Zusammenhang bringt. Indirekt und unabsichtlich sei ihm das schon einmal gelungen, und zwar mit einer Wortschöpfung. Als auf Betreiben Johann Hatzls und des damaligen Bezirksvorstehers Franz Haas das wenig ansehnliche „Hochhaus Simmering" auf den Simmeringer Platz geklotzt wurde, gab ihm Stadler den zweideutigen Namen „HaHa-Tower", der sich im Volksmund verankert habe.

Seine Arbeit werde am Ergebnis der spätestens 2020 stattfindenden nächsten Bezirksvertretungswahl zu messen sein. Er habe 2015 natürlich vom Zug des FPÖ-Bürgermeisterkandidaten HC Strache profitiert. Für den Gemeinderat/Landtag erreichten die Freiheitlichen in Simmering 42,9 %, also 1,1 Prozentpunkte mehr als auf Bezirksebene. Aber jetzt sei er der Bezirksvorsteher, und die Resultate zeigten wienweit, dass die Menschen sehr wohl zwischen den Ebenen unterscheiden würden. Er wolle unbedingt Platz 1 halten, was eine Bestätigung seiner Arbeit bedeuten würde – unabhängig davon, wie es mit der FPÖ auf Bundes- und Rathausebene weitergehe. Sollte dieses Ziel erreicht werden können, werde er noch eine Zeit lang mit voller Kraft weiterarbeiten und dann während der laufenden Periode eine geordnete Übergabe an Katharina Krammer bewerkstelligen.

Bis dahin muss die Weltumsegelung noch warten.

2016 – Norbert Hofer, blauer Beinahe-Bundespräsident

„Naaa, naaa!!!" Der Abgeordnete mit dem nestroyanischen Namen plärrt seine Ablehnung aus der Mitte des Auditoriums gegen das Präsidium hinauf. Es ist Freitagabend, der 15. Jänner 2016, in einer der Räumlichkeiten der Welser Messe. Die Bundesparteileitung der FPÖ tagt.

Die Bundesparteileitung, intern verkürzt Bundesleitung genannt, umfasst damals ungefähr 200 Personen. Die freiheitlichen Abgeordneten aus Nationalrat, Bundesrat und den neun Landtagen gehören ihr automatisch kraft Funktion an. Die verbleibenden Plätze werden am Bundesparteitag mittels Wahl besetzt. Mit der Bundesleitung bespricht das Bundesparteipräsidium die wichtigsten laufenden Angelegenheiten. Die Bundesleitung findet fünf-, sechsmal pro Jahr statt, falls ohne konkreten Anlass, dann in Wien. Es ist aber Brauch, dass sie an Abenden vor großen Veranstaltungen in den Bundesländern angesetzt wird. Dazu gehört auch das alljährliche Neujahrstreffen an einem Samstag Mitte Jänner. Als Ort für das traditionelle Neujahrstreffen wählt man meist ein Bundesland, in dem wichtige Landtagswahlen anstehen. 2016 gibt es aber keine Regionalwahlen, sodass man freie Hand hat. Die Entscheidung fällt auf Wels. Es liegt ungefähr in der Mitte Österreichs, im Bundesland Oberösterreich, in dem es mit Manfred Haimbuchner neuerdings einen Landeshauptmann-Stellvertreter in einer schwarz-blauen Koalition gibt. Wels ist die zweitgrößte Stadt Oberösterreichs und die neuntgrößte Österreichs. Seit November 2015 hat sie mit dem Rechtsanwalt Andreas Rabl außerdem einen vom Volk direkt gewählten freiheitlichen Bürgermeister.

Nun sitzen die Bundesleitungsmitglieder also in jenem nüchternen Raum der Welser Messe und erleben den heftigen Widerspruch des Abgeordneten. Was aber ist der Grund für diesen lautstarken Ausbruch? HC Strache hat die Diskussion darüber eröffnet, ob die FPÖ zu der im April anstehenden Wahl des österreichischen Bundespräsidenten einen eigenen Kandidaten aufstellen solle. Anders als in der BRD wird in Österreich der Bundespräsident nicht von den Mitgliedern der beiden Parlamentskammern gewählt, sondern direkt vom Volk. Die Stellung des Staatspräsidenten ist europaweit sehr unterschiedlich. In konstitutionellen Monarchien wie Großbritannien gibt es gar keinen. Der vom Volk gewählte französische Staatspräsident kann die Regierung jederzeit nach Gutdünken umgestalten und kommt somit der innerstaatlichen Machtposition des US-Präsidenten am nächsten. In der kleinen Schweiz, in der seit Jahrhunderten die direkte Demokratie praktiziert wird, wird demgegenüber das Amt des Bundespräsidenten von einem wechselnden Mitglied der Bundesregierung nebenher ausgeübt. Der österreichische Bundespräsident ist ein „Mittelding" in Form eines sehr österreichischen Kompromisses: Er darf theoretisch alles und praktisch fast nichts. Er ist der Oberbefehlshaber des Österreichischen Bundesheeres und erklärt gegebenenfalls den Krieg. Er schreibt als Staatsoberhaupt die Nationalratswahlen aus, und haben sich nach diesen zwei Parlamentsparteien zu einer Koalition zusammengefunden, so bedarf diese neue Bundesregierung der Angelobung durch ihn. In der Realität ist der österreichische Bundespräsident aber ein Staatsnotar, der zweimal im Jahr eine kurze Fernsehansprache hält (am 1. Jänner zum Neuen Jahr sowie am 26. Oktober zum Nationalfeiertag) und am Nationalfeiertag zusätzlich die Allgemeinheit zum Händeschütteln in seine Amtsräumlichkeiten in der Hofburg einlädt. Die große Kluft zwischen Theorie und Praxis spiegelt sich in einem skurrilen Ritual wider: Jeder neu angetretene Bundespräsident begrüßt als ersten Besucher den Bundeskanzler, der ihm den Rücktritt der Bundesregierung anbietet, welchen der Präsident ablehnt.

Der Verfassungsjurist Manfried Welan, langjähriger Rektor der Universität für Bodenkultur Wien (irgendwie auch ein österreichisches Kuriosum), der es als ÖVP-Politiker bis zum Dritten Präsidenten des Wiener Landtages brachte, machte aus dem Thema Bundespräsident fast eine eigene Wissenschaftssparte. Er kam zum Schluss, dass es sich bei diesem Amt um einen „Ersatzkaiser" handle. Die österreichische Bevölkerung am Vorabend des Ersten Weltkrieges kannte nichts anderes als den seit 1848 von Gottes Gnaden regierenden Kaiser Franz Joseph. Dann wurde binnen weniger Jahre alles in Stücke geschlagen und aus der habsburgischen Großmacht eine bedeutungslose Rumpfrepublik. Der Bundespräsident mit seiner auf dem Verfassungspapier starken Stellung sei quasi ein Placebo gegen Phantomschmerzen gewesen.

Nach den Jahren des Zweiten Weltkrieges und der Tyrannei unter dem sogenannten „Führer" war den Österreichern die Sympathie für einen starken Mann an der Spitze gründlich abhandengekommen. Am Amt des Bundespräsidenten wurde dennoch festgehalten, weil es als Symbol der Wiederauferstehung wichtig war, noch wichtiger als die gesprengten Ketten,

Das ganze Jahr 2016 hindurch heißt es in der FPÖ: „Einer für alle, alle für einen!" (v. l. n. r.: Manfred Haimbuchner, HC Strache, Verena Hofer, Norbert Hofer, Ursula Stenzel, Herbert Kickl, Hans Tschürtz).

die sich nun im Bundeswappen fanden. Das Anforderungsprofil für einen aussichtsreichen Kandidaten war denkbar simpel: Er musste für seine Partei – rot oder schwarz – seit vielen Jahren als Spitzenfunktionär tätig gewesen sein (ohne dabei zu viel verbockt zu haben), damit ihn die Wählerschaft kannte und ihm das Amt zutraute. Dieser ältere Herr am Ende seiner Karriere stellte im Erfolgsfall seine Parteimitgliedschaft ruhend, tauchte in Form eines Porträtfotos in allen österreichischen Amtsstuben und Klassenzimmern auf und verschwand gleichzeitig von der tagespolitischen Bildfläche.

Der einzige Bundespräsident, der von diesem Muster abwich (und das gleich zweimal), war Thomas Klestil. 1992 als zuvor unbekannter Diplomat von der ÖVP ins Rennen geschickt, siegte er überraschend im zweiten Wahlgang. Seine Sympathiewerte sollten nicht lange halten, aber da er sich sehr schnell im Establishment der Republik mit dessen rot-schwarzem Selbstverständnis verankert hatte, verzichtete die SPÖ 1998 auf einen Gegenkandidaten. Klestil schaffte beim ersten Urnengang mit 63,4 % die Wiederwahl.

Dieses auf dem Papier eindrucksvolle Ergebnis relativiert sich allerdings sehr stark, wenn man bedenkt, dass nicht nur die SPÖ, sondern auch die FPÖ und die Grünen keinen Kandidaten ins Rennen geschickt hatten. Nach der Nationalratswahl am 3. Oktober 1999 erteilte Klestil wie üblich – und wie es durchaus schlüssig ist – dem Obmann der stimmenstärksten Partei den Auftrag zur Regierungsbildung. Das war der damals noch amtierende SP-Kanzler Viktor Klima. Dieser musste einen persönlichen Albtraum durchleben: Nach vier Monaten des nervenaufreibenden Verhandelns mit seinem VP-Vizekanzler Wolfgang Schüssel hatte dieser einen Coup gelandet. Er einigte sich mit der FPÖ, die ihn bei der Wahl um 415 Stimmen auf Platz 3 verwiesen hatte, auf eine neue Regierungskoalition und sogar darauf, dass er deren Kanzler sein würde (obwohl er knapp vor der Wahl angekündigt hatte, als Nr. 3 in Opposition zu gehen). Gegen massivste Widerstände im In- und Ausland zog Schüssel dieses Vorhaben durch. Bundespräsident Klestil, eigentlich sein Parteifreund, war fuchsteufelswild. Er lehnte zwei freiheitliche Minister ab (Prinzhorn/Wirtschaft, Kabas/Verteidigung), die ausgetauscht werden mussten, und gelobte schließlich am 4. Februar 2000 in der von tausenden Gegendemonstranten belagerten Hofburg mit demonstrativer Eisesmiene die neue Bundesregierung an. Zu dieser Zeit hatte das Ansehen des Bundespräsidentenamtes seinen Tiefpunkt erreicht, auch bei jenen, die es bislang als zweite Säule betrachtet hatten, die im akuten innenpolitischen Krisenfall ein Gleichgewicht der Kräfte schaffen solle. Eine Mehrheit der Bevölkerung empörte sich über das Auftreten des Bundespräsidenten Klestil, das ihm nicht zustehe und sich gegen eine demokratische Entscheidung richte. Für die politische Linke wiederum war Klestils ablehnende Mimik zu wenig, sie hatte eine Unterschriftsverweigerung erwartet.

In privaten Gesprächsrunden waren damals zwei Worte ungewöhnlich oft zu hören: „unnötig" und „abschaffen". Das galt besonders für FPÖ-Sympathisanten. Die jeweiligen freiheitlichen Parteistrategen sind mit Bundespräsidentenwahlen generell nicht glücklich, und das aus zwei Gründen: Da ist einmal das Finanzielle. In Österreich wird, wie in allen modernen westlichen Demokratien, politischen Parteien eine Wahlkampfkostenrückerstattung zugestanden. Es ist lediglich ein Ergebnis von 1 % der Wählerstimmen zu erreichen; das soll sektiererische Splittergruppen und findige Geschäftemacher hintanhalten. Bundespräsidentenwahlen sind aber keine Wahlen von Parteilisten, sondern Persönlichkeitswahlen. Das Geld, das Parteien hier zur Unterstützung ihrer Kandidaten investieren, ist futsch. Bei den Freiheitlichen kommt hinzu, dass es ohne jede Chance, überhaupt in eine Stichwahl zu gelangen, rein ums Prestige geht. Nur dreimal warf sich die FPÖ bisher für einen eigenen Kandidaten in die Schlacht: 1980 erreichte Willfried Gredler mit 17,0 % einen echten Achtungserfolg für die Fünf-Prozent-Partei. Dieses Ergebnis sollte Rekordmarke bleiben. 1992 trat Heide Schmidt als Generalsekretärin einer aufstrebenden FPÖ an, die zwei Jahre zuvor bei der Nationalratswahl 16,6 % erreicht hatte. Die smarte Intellektuelle, die mit ihrer Eloquenz auch außerhalb der FPÖ begeistern konnte, erzielte trotzdem nur 16,4 %. Kurze Zeit später sollte sie sich mit Jörg Haider überwerfen und mit vier anderen FPÖ-Abgeordneten unter Mithilfe des SP-Nationalratspräsidenten Heinz Fischer eine neue Partei samt Parlamentsfraktion gründen, das Liberale Forum (LiF). Für dieses trat Schmidt auch bei der Präsidentenwahl 1998 an. Obwohl sie die prominenteste Herausfordererin des rot-schwarzen Kandidaten Klestil darstellte, blieb sie mit 11,1 % sogar noch hinter der unabhängigen Kandidatin Gertraud Knoll (13,6 %) zurück, einer linken Pastorin, die später bei der SPÖ anheuerte, und landete nur knapp vor dem Society-Löwen Richard Lugner (9,9 %). 2010 schließlich ließ es sich Barbara Rosenkranz nicht nehmen, für die FPÖ ins Rennen zu gehen. Die national-wertkonservative zehnfache Mutter war bei der Abspaltung des BZÖ neben Reinhard Bösch als einzige Freiheitliche von vorher 18 Abgeordneten im Nationalrat verblieben. Sie wurde zum Fels in der Brandung, der sich Respekt auch bei politischen Gegnern verschaffte. Für Rosenkranz hatte die Erfüllung ihres Wunsches fatale Folgen: Die von der „Kronen Zeitung" angedeutete Unterstützung blieb völlig aus, und sie landete mit 15,2 % hinter Gredler und Schmidt. Im Zuge dieser Wahlkampfmonate wurde Barbara Rosenkranz politisch so sehr abgenützt, dass man aus heutiger Sicht sagen muss: Es war der Anfang vom Ende.

Nun gilt es also wieder, das Thema Kandidatur zu diskutieren. Und in Wels zeigt sich das Gleiche wie im Jänner 2016 bei den monatlichen Stammtischtreffen der Wiener Bezirksgruppen: Darauf angesprochen, sind mittels Handzeichen zwei Drittel der Anwesenden dagegen, und es findet sich immer einer, der auch lautstark dagegen Stimmung macht.

In Wels tritt nun wieder ein markantes Merkmal HC Straches zutage: Er ist der unumschränkte, unangefochtene Parteichef. Er hätte einfach verkünden können, dass die FPÖ teilnehmen werde. Selbst wenn seine Mitstreiter davon aus den Medien erführen, nähmen sie es ihm – wenn überhaupt – nur kurzzeitig übel. Strache weiß das. Aber er will nicht, dass ihm das Parteivolk nur deshalb folgt, weil es von ihm überzeugt ist. Er will, dass es auch von der Sache selbst überzeugt ist. Er konstatiert eine klare Ablehnung im Auditorium, und ohne jede Aufgeregtheit beginnt er zu argumen-

Die FPÖ ist im EU-Parlament Mitglied der Fraktion „Bewegung für ein Europa der Nationen und der Freiheit" (ENF). FPÖ-Delegationsleiter und -Generalsekretär Harald Vilimsky, die französische Oppositionsführerin Marine Le Pen, HC Strache (o.); HC Strache und der Chef des belgisch-flämischen Vlaams Belang Filip Dewinter in Barcelona (u.).

Dass die FPÖ freundschaftliche Kontakte nicht nur über Staats-, sondern auch über Parteigrenzen hinweg unterhält, zeigt das Nachbarland Tschechien. Der konservative Ex-Premier Václav Klaus in Wien (o.); beim sozialdemokratischen Staatspräsidenten Miloš Zeman 2016 in Prag (Mitte); mit Tomio Okamura, Obmann der tschechischen Schwesterpartei SPD (r.).

tieren: „Nach allen derzeitigen Umfragen liegen wir bei 32–35 %. Ihr wisst, dass ich von Umfragen nicht viel halte. 27 oder 28 % werden es aber schon sein, und damit sind wir derzeit wahrscheinlich tatsächlich die Ersten. Als solche können wir uns aus dieser Wahl nicht raushalten. Jede Partei wird einen Kandidaten aufstellen, und ausgerechnet die erstplatzierte nicht? Wir erheben den Anspruch, mitzuregieren und die Dinge im Lande wieder zum Guten zu wenden. Aber wie sollen wir die Rettung Österreichs anpacken, wenn wir nicht einmal einen Präsidentschaftswahlkampf anpacken? Das würde draußen niemand verstehen. Wir würden ein ganz schlechtes Bild abgeben: Haben die nicht einmal eine einzige Persönlichkeit, die kandidieren kann …? Außerdem: Das ganze Frühjahr wird die innenpolitische Diskussion über die Schiene der Präsidentschaftskandidaten laufen – was sagt der eine, was meint der andere? Wir würden über Monate nicht mehr vorkommen! Das können wir uns nicht leisten!" Nach einer kurzen Pause der allgemeinen Nachdenklichkeit in den Sitzreihen kommt Strache vom Pflichtaspekt der Kandidatur zum erfreulichen Teil: „Und wir haben heuer die ernsthafte Chance, unseren alten Rekord zu brechen, vielleicht sogar mit einem Zweier vorn. Und wer weiß, was passiert – vielleicht gelingt es sogar, in den zweiten Wahlgang zu kommen. Auch wenn unser Kandidat dann gegen den roten oder schwarzen Kontrahenten keine Chance hat, so wäre ein erstmaliger freiheitlicher Kandidat in einer Stichwahl schon ein sehr, sehr starkes Signal!"

In der anschließenden Diskussion verstummen die Contra-Redner bald. Sie tun es aber nicht aus Verschüchterung oder aus Trotz, es ist vielmehr ein „Naja, stimmt eigentlich". Eine harmonische halbe Stunde später steht fest: Die FPÖ wird einen Kandidaten aufstellen.

Der eingangs erwähnte Abgeordnete bemerkt, dass er völlig falsch gelegen ist und sich obendrein ziemlich weit aus dem Fenster gelehnt hat. Er muss keine Konsequenzen befürchten, denn Strache schätzt offen artikulierten Widerspruch sogar. Es kommt immer wieder vor, dass er bei manchen abendlichen Bundesleitungen oder Wiener Landesleitungen noch viel frischer und munterer als seine Zuhörerschaft ist und noch nicht zum „Bier danach" möchte. In solchen Situationen schaut Strache in die Runde, und sobald er einen Querdenker erblickt, fordert er ihn auf, ans Mikrofon zu treten und seine Sicht der Dinge darzulegen. Argumentiert dieser dann gegen eine Aussage Straches, wird er zwar während der nächsten Tage von seinen Kollegen geneckt, dass die Betonpatscherl bereits angerührt seien, aber er wird sich auch Jahre später noch in dieser Runde wiederfinden und vielleicht sogar eine Funktion eine Ebene höher bekleiden. Sein akustischer

Ausbruch zu Beginn wird dem Abgeordneten also nicht schaden, aber unangenehm ist er ihm allemal. Bauernschlau kratzt er die Kurve – er ruft zum Präsidium hinauf: „Wenn's der Norbert macht, bin ich auch dafür!" Norbert Hofer, Parteivize und Dritter Nationalratspräsident, sitzt neben Strache und verdreht genervt die Augen.

Für Strache beginnen in diesem Moment nach den Mühen der Berge die Mühen der Ebene. Norbert Hofer ist sein absoluter Wunschkandidat, aber wehrt sich mit Händen und Füßen gegen die Nominierung, und dabei handelt es sich nicht um das in der Politik weitverbreitete – unehrliche – Sich-Zieren des Umworbenen. Hofer ist leidenschaftlicher Nationalratspräsident, und das füllt sein Leben auch restlos aus. Diese Funktion erfordert auch, dass er zwischen Wien und seiner Familie am nördlichen Rand des südlichen Burgenlands pendeln muss.

Hinzu kommt Hofers körperliche Behinderung. Es geschah am 11. August 2003, an einem Tag, den der begeisterte Flugtechniker mit seiner Familie am steirischen Kulm verbrachte. Dort, wo Skispringer vor der Weltöffentlichkeit im Winter mehr als 200 Meter weit auf ihren Latten fliegen, ist Norbert Hofer mit seinem Paragleiter unterwegs. Jahre später verarbeitet er jenen Moment, der sein Leben grundlegend verändern sollte, in einem Buch:

„Aufgrund der schlechten Erfahrungen beim vorherigen Flug flog ich diesmal nicht direkt Richtung See, sondern versuchte mein Glück im Hangaufwind in der Nähe des Startplatzes. Ich flog zunächst die Hangkante entlang und suchte später die eine oder andere thermische Ablösung. Doch es half nicht viel, ich konnte kaum Höhe gewinnen und wollte mich daher auf den Weg in Richtung Landeplatz machen.

Plötzlich war es still, unheimlich still. Ich fühlte mich schwerelos. Ein Blick nach oben zeigte, dass mein Schirm zusammenklappte, ja mehr noch. Der Schirm wurde so stark nach unten gedrückt, dass er sich innerhalb kürzester Zeit unter mir befand. Was tun? Keine Chance das Ding wieder irgendwie aufzubringen, keine Chance den Rettungsschirm zu öffnen. Dazu bin ich zu knapp über dem Boden.

Ein Sturz aus einer Höhe von 15 m dauert keine zwei Sekunden. Innerhalb dieser kurzen Zeitspanne wird ein fallender Körper auf rund 60 km/h beschleunigt.

Die Welt blieb für mich einen Augenblick stehen, die Zeit hörte auf zu existieren. Ich wusste sofort, dass es jetzt nur um Eines ging: Überleben, irgendwie überleben. Ich versuche, meine Beine unten zu halten, spanne jeden Muskel meines Körpers an. Ich bin unendlich konzentriert, unendlich fokussiert auf eine einzige Aufgabe: Diesen Fall zu meistern. Die Erde rast auf mich zu. Und weiter nur ein Gedanke im Kopf: Überleben, ich muss überleben. Dann der Aufprall, brutal. Die gesamte Energie des Falls wird von meinem Körper aufgenommen. Meine Knie brechen mir die Rippen, über das Steißbein fährt der Schock in die Wirbelsäule, ein Wirbel nach dem anderen gibt nach, bricht, zerbröselt. Mein Kopf schlägt zuletzt am Boden auf. Wieder Stille. Und ein Schmerz, was für ein Schmerz. Ich bekomme keine Luft, kann nicht atmen. Kämpfe mit meiner Lunge. Endlich löst sich dieser innere Krampf, ich schreie, doch der Schmerz hüllt mich nicht ein.

Sehr rasch bemerke ich, dass da nicht nur dieser unbändige Schmerz im Rücken ist, da ist auch ein eigenartiges Gefühl in den Beinen, die kraftlos am Boden festgeklebt sind. Ein Gefühl der Taubheit oder eigentlich so gut wie gar kein Gefühl. Ich weiß, dass das nichts Gutes bedeuten kann. Ich muss irgendwie zu Hilfe kommen. Doch ich liege irgendwo auf einer Wiese. Niemand kann mich sehen, niemand hört mich. Und mein Mobiltelefon ist in meiner Gesäßtasche. Ich müsste mich also drehen, um mein Handy zu erreichen.

Und genau hier beginnt der Kampf zwischen mir und dem Schmerz. Ich weiß, dass ich mir durch jede Bewegung meiner Wirbelsäule schweren Schaden zufüge. Doch diese Schmerzen sind nicht zu ertragen. Ich muss sie loswerden, ich muss telefonieren. Nein, noch kann ich es aushalten. Ich hebe meine Hand, vielleicht sieht mich jemand. Ich schreie vor Schmerz und ich schreie um Hilfe, ich schreie um mein Leben. Doch niemand hört mich. Die Zeit vergeht nicht, niemand kommt. Das Handy ist immer noch in der Hosentasche. Ich kann nicht mehr.

Und plötzlich läuft jemand auf mich zu. Ein Mann. Er will wissen was mir passiert ist. Ein Rettungshubschrauber, ich brauche einen Rettungshubschrauber. Der Mann ruft die Rettungszentale an. Ich bekomme mit, dass man einen Rettungswagen schicken will. Ein Rettungshubschrauber, sage ich noch, ich brauche einen Rettungshubschrauber. Und wieder vergeht die Zeit unendlich langsam. Doch mittlerweile sind auch meine Fliegerkollegen an der Unglücksstelle. Ich sage die Nummer von Verena auf: Ruft meine Frau an! Dann das Notarztteam mit dem Rettungswagen. Man kann nichts tun, endlich wird ein Rettungshubschrauber gerufen. Und wieder vergeht Zeit, Zeit die mir wie eine Ewigkeit vorkommt. Der Schmerz lässt nicht nach. Irgendjemand setzt mir eine Injektionsnadel.

Jetzt höre ich ihn, den Rettungshubschrauber, ich sehe ihn auch, wie er über mir schwebt. ‚Bleiben Sie hier‘, ruft ein Arzt, ‚hierbleiben‘. Wen meint er? Er meint mich, doch jetzt senkt sich ein Nebel über mich. Ich werde leicht – und dann dreht jemand das Licht aus." (Zitiert aus Ing. Norbert Hofer: „Warum gerade ich? Leben nach der Querschnittslähmung", FPÖ-Bildungsinstitut, 5., überarb. Aufl., Wien 2016, S. 43–45)

Die Diagnose lautete „komplett querschnittsgelähmt", aber wurde später auf „inkomplett querschnittsgelähmt" korrigiert. Hofer musste sich mühsam ins Leben zurückkämpfen, bekam ein Rückgrat aus Titan. Im April 2007 wurde dieses in der Universitätsklinik Graz wieder entfernt. Es musste aber regelrecht aus den regenerierten Wirbelkörpern herausgestemmt werden. Hofer stellte das Titan-Rückgrat auf eBay, der Erlös ging an den Gehörlosenbund.

Norbert Hofer sitzt heute nicht – wie anfangs prognostiziert – im Rollstuhl, aber er geht am Stock und nimmt permanent ein schmerzstillendes Medikament. Ein wochenlanger Wahlkampf mit öffentlichen Auftritten im Stakkato durch ganz Österreich liegt ihm gedanklich völlig fern. HC Strache weiß das alles nur zu gut und respektiert es auch. Aber er schätzt Hofer stärker ein, als dieser es selbst tut, und hält den hochintelligenten und vielseitigen Sympathieträger für den idealen Präsidentschaftskandidaten. „Schon im Sommer 2015 begann er, mich zu bearbeiten", erinnert sich Hofer heute. „Für dieses Amt bin ich noch viel zu jung", ließ er das Ansinnen immer schmunzelnd an sich abprallen.

Für HC Strache ist die Situation nicht einfach. Mitte Jänner gibt es bereits einige offizielle Kandidaten, und die Riege wird bald vervollständigt sein. Die Medien spekulieren, ob die FPÖ jemanden ins Rennen schicken wird, und streuen einige Namen aus. Die wachsende Unruhe wird langsam, aber sicher zur Belastung für die Partei. Und es kommt überdies zu einer Störaktion von außen: Paul Pöchhacker, Mitarbeiter der SP-Bundeszentrale und für das Wahlkampfteam des SP-Kandidaten Rudolf Hundstorfer vorgesehen, leistet sich einen Eklat gegen den möglichen freiheitlichen Kandidaten Hofer: Er twittert das einst von Helmut Qualtinger vorgetragene „Krüppellied" und schreibt dazu „Für Norbert Hofer". Die gesamte Öffentlichkeit ist entsetzt. Pöchhacker entschuldigt sich. Hundstorfer entschuldigt sich. Hofer nimmt die Entschuldigungen an, aber die Kränkung spürt er noch heute, wenn er daran zurückdenkt. Und es könnte ein erster widerwärtiger Vorgeschmack auf Kommendes sein, falls er tatsächlich antreten sollte.

In der darauffolgenden Woche, am Donnerstag, dem 28. Jänner 2016, kommt es schließlich zu einer Art von Showdown zwischen Strache und Hofer. Hofer hat noch alle Einzelheiten in Erinnerung: In der Früh, noch vor

HC Strache und Norbert Hofer: gegenseitige Unterstützung, gemeinsamer Erfolg – und eine Freundschaft fürs Leben.

der Nationalratssitzung, scheint auf der Anzeige seines Telefons auf: „Wir müssen noch einmal reden." Hofer wird zu einer Aussprache in Straches Büro eingeladen. HC bittet ihn zum x-ten Mal, in eine Kandidatur einzuwilligen, und dieser lehnt zum x-ten Mal ab. Strache geht zu dem Schachbrett, das sich in seinem Büro befindet. Er kommt mit König und Dame zurück, er will knobeln. König heißt Kandidatur. HC Strache hantiert hinter seinem Rücken, dann hält er Hofer die beiden Fäuste mit den Handrücken nach oben hin. Dame! Bevor Hofer etwas sagen kann, tut es Strache: „Einmal ist keinmal!" Er wiederholt den Vorgang. Wieder Dame! Strache: „Aller guten Dinge sind drei!" Hofer entscheidet sich erneut für die Dame und lächelt zufrieden. Da rückt Strache nahe an ihn heran, schaut ihm fest in die Augen und sagt: „Norbert, du bist es deiner Partei schuldig!" Das erzielt beim Umworbenen wesentlich mehr Wirkung als alle Bettelei und Knobelei. HC hat das Ziel doch noch erreicht und beruhigt Hofer jetzt: „In drei Monaten ist es schon wieder vorbei." Beide ahnen (glücklicherweise) nicht, dass der Wahlkampf sich fast über das ganze Jahr 2016 hinweg ziehen wird. Strache macht gleich Nägel mit Köpfen, damit es sich Hofer nicht mehr anders überlegen kann, und lässt dessen Kandidatur verlauten.

Bereits am nächsten Tag gibt es die ersten Umfragen in Zeitungen. Lächerliche 8 % werden Hofer zugestanden. „Den kennt keiner, den will keiner", schwingt in den knappen Kommentaren zum Neuling in der Arena mit.

Bevor die Kandidaten aber überhaupt so richtig in den Wahlkampf starten dürfen, müssen sie bis zum 18. März 6000 amtlich beglaubigte Unterstützungserklärungen vorlegen. Das gilt auch für Kandidaten von Parlamentsparteien, denn bei dieser Persönlichkeitswahl haben Unterschriften von Nationalratsabgeordneten keinen vielfachen Wert. Nach Ablauf der amtlichen Frist stehen sechs Kandidaten fest: Rudolf Hundstorfer kandidiert für die SPÖ und legt dafür sogar sein Amt als Sozialminister zurück. Andreas Khol, der ehemalige Erste Nationalratspräsident, ist eine Verlegenheitslösung der ÖVP, nachdem sich der niederösterreichische Landeshauptmann Erwin Pröll standhaft versagt. Norbert Hofer ist freiheitlicher Kandidat. Alexander Van der Bellen tritt als „unabhängig" an, mit dem schüchternen Zusatz: „von den Grünen unterstützt" (personell wie finanziell). Dem Mann ist klar, dass seine Partei einen Ballast darstellt, mit dem er keinen Blumentopf gewinnen kann. Trotzdem wird dieses Verhalten als unehrlich empfunden. Van der Bellen war mehrere Jahre Bundessprecher der Grünen, seine Ehefrau Doris Schmidauer ist Geschäftsführerin des grünen Parlamentsklubs, sein persönlicher Wahlkampfleiter Lothar Lockl war grüner Bundesparteisekretär. Die parteilose pensionierte Richterin Irmgard Griss ist tatsächlich unabhängig. Sie wurde als souveräne Vorsitzende der Hypo-Alpe-Adria-Untersuchungskommission einer breiteren Öffentlichkeit bekannt und kam politisch auf den Geschmack. Sie reicht sogar als Erste ihre Unterstützungserklärungen ein und erhält später Unterstützung von den NEOS, die selbst niemanden aufstellen.

Mit dem größten Unterhaltungswert kann – wenig überraschend – Richard Lugner aufwarten. Als er an Unterstützer Gratis-Kinokarten verteilt, beginnt die Staatsanwaltschaft, gegen ihn wegen Bestechung zu ermitteln. Lugner stellt die Aktion ein und braucht für das Erreichen der erforderlichen Unterschriftenzahl die dreitägige Nachfrist. Als das sichergestellt ist, gibt er in seiner Lugner City eine Antrittspressekonferenz. Er versucht, sein eigenes Image mit der alten Wiener Volksweisheit, dass „den Wurstel niemand erschlagen kann", unter einen Hut zu bringen: „Der Kasperl gewinnt immer", noch dazu an der Seite seiner „schönen Prinzessin". Hinter dem Paar prangt eine Zeichnung, die die beiden in diesen Rollen zeigt. Lugners junge Frau Cathy aus dem Ruhrpott hat die neue Wahlwerbelinie wohl noch nicht verinnerlicht, denn als Journalisten immer wieder lachen müssen,

„crasht" sie die Pressekonferenz mit einem Wutausbruch: „Wir sind hier nicht im Kasperltheater. Das ist ein ernst zu nehmendes Thema. Und wenn ihr keinen Bock darauf habt, was macht ihr dann hier?"

Drei Antrittswillige schaffen die 6000 Unterschriften nicht: die kommunistische Schriftstellerin und „Millionenshow"-Gewinnerin El(friede) Awadalla, Robert Marschall von der EU-Austrittspartei sowie Martin Wabl. Der Bruder von Ex-Grünen-Nationalrat Andreas Wabl, der sowohl für die SPÖ als auch für die Grünen im steirischen Landtag gesessen war und bei der Nationalratswahl 2013 für die die Christliche Partei Österreichs kandidierte, scheitert seit 1998 zum vierten Mal in Folge an der Unterschriftenhürde.

Für Norbert Hofer beginnen intensive Wochen. Er ist politische Veranstaltungen mit manchmal tausenden Teilnehmern gewöhnt, aber nicht so viele in derart kurzer Zeit. Und schon gar nicht, dass er im Mittelpunkt steht. Die neuen Kommunikationstechnologien verschärfen den Zeitdruck der Wahlkampfplaner noch, denn jeder will danach ein „Selfie" mit dem prominenten Redner und bekommt es natürlich auch.

Norbert Hofer ist überrascht vom Ausmaß der Sympathie, die ihm entgegengebracht wird. Auf die Frage, was ihm da als am eindrücklichsten in Erinnerung geblieben sei, antwortet er wie aus der Pistole geschossen: „Lienz!" Ein einfacher Bürgerstand auf dem Hauptplatz mit nicht allzu langem Aufenthalt ist vorgesehen. Als Hofer sich mit seinen Begleitern dem Hauptplatz nähert, wundert er sich über die vielen Menschen – an einem Montag in einer Bezirkshauptstadt. Als er den Hauptplatz erreicht, stockt ihm der Atem. Voll! Man treibt auf die Schnelle eine Lautsprecheranlage auf. Hände schütteln, Autogramme geben, „Selfies" machen – das dauert drei Stunden. Manche, die persönlich ein paar Worte mit ihm wechseln wollen, sind eigens aus der Schweiz angereist.

Dieser Zuspruch schlägt sich auch in den Umfragen nieder. Keine Rede mehr von 8 %. Ab Mitte April wird ein Kopf-an-Kopf-Rennen von Van der Bellen, Griss und Hofer prognostiziert, mit Vorteilen für Van der Bellen. Wer sein Konkurrent in der Stichwahl sein wird, ist völlig unklar. Klar scheint hingegen das Ausscheiden der beiden haushohen Favoriten von Rot und Schwarz. Sie werden am unteren Ende der prozentuellen Zweistelligkeit angesiedelt.

Der Wahlabend am 24. April wird zur Riesensensation: Norbert Hofer belegt mit 35,1 % ganz klar Platz 1 – vor Van der Bellen (21,3 %), Griss (18,9 %), Hundstorfer (11,3 %), Khol (11,1 %) und Lugner (2,3 %). In acht von neun Bundesländern wird Hofer Stimmenstärkster, nur in Wien hat Van der Bellen die Nase vorn. Die Differenz zum Zweitplatzierten ist in Hofers burgenländischer Heimat am größten: 41,9 % zu 13,2 %. Auf den beiden Grafiken, die die Bezirke bzw. Gemeinden farblich darstellen, erscheint Österreich ganz in Blau, mit vereinzelten andersfarbigen Einsprengseln.

Die zweite Sensation liegt nicht im Fehlgehen, sondern im Zutreffen der Prognose: Die beiden Regierungsparteien werden zerbröselt. Sprach man immer von einer „roten Reichshälfte" und einer „schwarzen Reichshälfte", so halten die beiden bei den Wählern nur mehr je ein Neuntel und vereinigen gemeinsam nicht einmal ein Viertel der Stimmen auf sich. Die Unzufriedenheit der österreichischen Bevölkerung mit dem Streit und Stillstand in der rot-schwarzen Regierungskoalition hat einen neuen Höhepunkt erreicht.

Das historische Fiasko löst bei der SPÖ ein Erdbeben aus: Genau eine Woche später findet, wie jedes Jahr, der Maiaufmarsch der Wiener Genossen statt. Am Rathausplatz wird Bundeskanzler Faymann, der auf eine achtjährige Serie von Pleiten und Pannen zurückblickt, gnadenlos ausgepfiffen. In der SPÖ will man nicht nur den Sturzflug der Partei bremsen, sondern auch Norbert Hofer als Bundespräsidenten verhindern. Ein neuer Bundeskanzler soll für frischen Wind sorgen und zu Hofer abgewanderte unzufriedene Sozialdemokraten im zweiten Wahlgang am 22. Mai zu Van der Bellen umleiten, für den man eine Wahlempfehlung abgeben wird. Am 9. Mai bricht Werner Faymann unter dem Druck zusammen und legt alle Funktionen nieder. Als Bundeskanzler vertritt ihn interimistisch VP-Vizekanzler Reinhold Mitterlehner, als SP-Vorsitzender Wiens Bürgermeister Michael Häupl. Am 17. Mai wird Christian Kern, Chef der Bundesbahnen, als neuer Bundeskanzler angelobt.

Die Zeit zwischen erstem Durchgang und Stichwahl wird zu einem Match „Alle gegen einen". Hofer ist jetzt nicht mehr jemand, der als Außenseiter um den zweiten Platz kämpft, um überhaupt in die Stichwahl zu gelangen, er befindet sich jetzt in dieser und hat einen Vorsprung von fast 14 Prozentpunkten. SPÖ, ÖVP und auch die unterlegene Kandidatin Griss sprechen eine Wahlempfehlung für Van der Bellen aus. Schon unmittelbar nach der Wahl bildet ein bundesdeutsches ZDF-Satireformat ein Schnitzel in Hakenkreuzform ab und schreibt dazu: „Österreicher wählen eben so, wie sie es vom Schnitzel kennen: Möglichst flach und schön braun." Hofer ist als langjähriger Politiker auf Bundesebene einiges gewohnt, jetzt lernt er die nächste Dimension kennen. Bei der „Elefantenrunde" drei Tage vor dem ersten Wahlgang antwortete er auf den Einwand, dass er ja gar nicht so auf die Bundesregierung einwirken könne, wie er sich das vorstelle: „Sie werden sich noch wundern, was alles möglich ist." Dieser Satz wird nun rauf und runter gespielt, mit suggestiv-negativer Konnotation. Fragt man Norbert Hofer heute, was ihm an persönlichen Belastungen besonders im Gedächtnis geblieben sei, so nennt er drei Dinge: Die Journalisten, die auf der Suche nach einem verwertbaren Foto uneingeladen durch den Garten seines privaten Hauses in Pinkafeld stapften und dann mangels einer Gelegenheit einfach das ganze Gebäude von der Straße aus abbildeten, nunmehr für jedermann gut auffindbar; Die Schlagzeile des „Times Magazine", die ihn als „gefährlichsten Mann Europas" auswies. Und die Lehrerin, die im Unterricht den Kindern erklärte, wenn Hofer zum Bundespräsidenten gewählt würde, begänne er den Dritten Weltkrieg.

Von den Grünen ist man einiges an Österreich-Hass gewohnt. Aus ihrer Ecke tönte es „Heimat im Herzen – Scheiße im Hirn", „Nimm dein Flaggerl für dein Gaggerl" und „Amol mecht i gern am Tag der Fahne auf die Fahne brunzen". Nun läuft ihr ehemaliger Bundessprecher in Tracht herum und plakatiert die Heimat. Der Wahlkampf ist zur Auseinandersetzung zwischen einem blauen Freiheitlichen und einem grünen Freiheitlichen geworden. Die Gemüter erhitzen sich zunehmend. Ein FPÖ-Funktionär erntet den „Shitstorm" seines Lebens, weil er auf Facebook zwei Fotos gegenüberstellt. Beide zeigen einen Mann, der vor alpiner Kulisse einen Hund streichelt. Das eine ist das aktuelle Wahlplakat Van der Bellens, das andere ein Propagandafoto Hitlers aus dem Dritten Reich.

Ein Experiment des Privatsenders ATV scheitert: Die beiden Kandidaten sollen ihre Fernsehkonfrontation ohne begleitende Moderation absolvieren. Beide werden ungewohnt aggressiv, VdB zeigt seinem Gegenüber sogar den „Scheibenwischer".

Am 19. Mai kommt es zum „Tempelbergstreit" Hofers mit ORF-Moderatorin Ingrid Thurnher. Sie brandmarkt Hofers frühere Aussage, in Israel Zeuge eines gescheiterten Terroranschlags gewesen zu sein, als Unwahrheit, was dieser vehement zurückweist. Er habe ganz in der Nähe Schüsse gehört und mit eigenen Augen eine Frau in ihrem Blut liegen gesehen. Es stellt sich bald heraus, dass der ORF schlampig recherchiert hat. Die Gerüchteküche brodelt: Armin Wolf soll Thurnher zu dieser Aktion mit peinlichem Ausgang gedrängt haben, diese sei schwer verärgert und wolle sich Richtung ORF III verabschieden. Wie viel daran wahr ist, wissen wenige. Fest steht, dass Thurnher im Oktober 2016 zu ORF III wechselt, wo sie seit 1. Jänner 2017 die Position der Chefredakteurin innehat.

Das Ergebnis am 22. Mai fällt sogar noch knapper aus als von allen erwartet. Hofer liegt zwar vorne, doch mit Einberechnung der Wahlkarten wird für den nächsten Tag ein Stand von 50,0:50,0 prognostiziert. Schließ-

„Weggefährten" einmal anders: die Bundespräsidentschaftskandidaten Alexander Van der Bellen und Norbert Hofer.

lich hat Van der Bellen mit 50,35 % die Nase vorn. Bei der Wahlanalyse zeigt sich ein enorm starkes Stadt-Land-Gefälle. Van der Bellen holt neben Wien auch alle acht Landeshauptstädte. Hofer siegt im Bundesländervergleich mit 5:4. Niederösterreich, Burgenland, Steiermark, Kärnten und Salzburg entscheiden sich für ihn. Mit dem US-Wahlmänner-System hätte Hofer die Stichwahl gewonnen – zu der es allerdings gar nicht gekommen wäre, weil er schon im ersten Wahlgang mit mehr als 80 % der Wahlmänner-Stimmen die Oberhand behalten hätte.

Die Briefwahlkarten haben Alexander Van der Bellen zum Sieger gemacht. Noch nie wurden so viele ausgestellt, auch weil sie im Vorfeld so massiv beworben wurden. Manche Bürger glaubten sogar, man könne nur mehr mit solch einer seine Stimme abgeben. Sehr viele dieser Briefwahlkarten werden bei der Auszählung für nichtig erklärt und nicht einmal mehr geöffnet, weil die Wähler am Ende des für sie umständlichen Prozederes auf die alles entscheidende Unterschrift auf dem Umschlag vergessen haben. Die Briefwahlkarten sind so zahlreich geworden, dass in vielen Amtsstuben die Beamten eine Vorsortierung ohne Wahlbeisitzer vornehmen.

Am 8. Juni ficht die FPÖ das Wahlergebnis an. Vom 20. bis 23. Juni hören die Verfassungsrichter 90 geladene Zeugen an. Am 1. Juli erfolgt die Aufhebung der Stichwahl. Dass von den demokratiehandwerklichen Mängeln fast 600.000 Wahlkarten betroffen waren, Van der Bellens Vorsprung aber nur 31.026 Stimmen betrug, ist ein nicht unwesentliches Kriterium bei der Entscheidung.

Da nur eine Woche später die Amtszeit von Heinz Fischer endet, er aber nun nicht an Alexander Van der Bellen übergeben kann, übernimmt ein interimistisches Kollegialorgan aus den drei Nationalratspräsidenten die Amtsgeschäfte des Bundespräsidenten. Das sind Doris Bures (SPÖ), Karlheinz Kopf (ÖVP) und kurioserweise Norbert Hofer (FPÖ).

Der Termin für die Wiederholung der Stichwahl wird auf den 2. Oktober festgelegt. Die Zeit des Wahlkampfs geht also weiter – und wird sicher nicht schöner. Ein ehemaliger BZÖ-Funktionär verbreitet unter falschen Namen im Internet, dass Alexander Van der Bellen an Krebs erkrankt sei. Der Verleumdete handelt: Er lässt sich vom Krebsspezialisten Christoph Zielinski untersuchen und entbindet ihn von der Schweigepflicht, damit er die Öffentlichkeit informieren kann. Kein Krebs, gibt dieser bekannt. Dass der jahrzehntelange Kettenraucher Van der Bellen „wirklich eine herrliche Lunge" haben soll, relativiert die Glaubwürdigkeit des Befundes unnötig.

Der Wahlkampf der beiden Kandidaten ist nach den Sommerurlaubsmonaten kaum angelaufen, schon hat der für Bundeswahlen zuständige Innenminister Wolfgang Sobotka am 12. September eine wichtige Mitteilung zu machen, die Österreich endgültig zum internationalen Spottobjekt macht: Es gebe ein größeres technisches Problem bei den Wahlkuverts – diese ließen sich nicht zukleben. Die Wahl müsse daher auf den 4. Dezember verschoben werden …

Die „Bundespräsidentenstichwahlwiederholungsverschiebung" bringt es später zum Wort des Jahres 2016. Der bundesdeutsche „Spiegel" witzelt: „Es ist 51 Buchstaben lang. Wer es beim ersten Mal fehlerfrei ausspricht, bekommt eine Mozartkugel."

Am 18. September rückt ein interessanter Nebenschauplatz in den Mittelpunkt der Aufmerksamkeit: Auch im 2. Wiener Gemeindebezirk Leopoldstadt findet eine Wiederholungswahl statt. Nach der Bezirksvertretungswahl am 11. Oktober 2015 herrschte dort Chaos bei der Auszählung der Wahlkarten. Stimmen verschwanden und wurden wiedergefunden. Letztlich gab es unerklärlicherweise 23 ausgefüllte Stimmzettel zu viel. Da die Grünen den Freiheitlichen den 2. Platz und damit den Bezirksvorsteher-Stellvertreter abgenommen hatten, und das um 21 Stimmen, fochten die

Unterlegenen die Wahl an. Da resultatsbedingt die 23 Stimmen eine Änderung der Reihung hätten bewirken können, wurde der Anfechtung stattgegeben. Da bei der Wiederholung des Urnenganges aber nur 35 % der Wahlberechtigten teilnehmen, können die Grünen mit ihrer vorbildlichen Wahlmoral auf 35,34 % hochschießen und sogar den ersten Platz samt Bezirksvorsteher abräumen. Zum weinenden Dritten des grün-blauen Duells wird der SPÖ-Spitzenkandidat. Den Freiheitlichen schwant nichts Gutes. Das Ausmaß wird sicher nicht so stark sein wie in der Leopoldstadt, aber einige Prozentpunkte wird sie die Wahlanfechtung wohl kosten.

Knapp zwei Wochen später eröffnet der Verfassungsrichter Johannes Schnizer eine neue unerwartete Front im langen Wahlkampf: Er verteidigt in einem Interview mit dem „Falter" die Entscheidung des VfGH, äußert aber seine Meinung, dass die Freiheitlichen die Mängel schon nach dem ersten Wahlgang kannten und für sich behielten, um eine Anfechtung der Stichwahl vorzubereiten. Eine Klage der FPÖ endet ein Jahr später mit einem Vergleich. Am 28. September wird Schnizer im „Standard" als „Kopf des Tages" porträtiert. Er sei „ein echter Linker mit katholischen Wurzeln", habe Sympathien für die Grünen, sei aber wegen des Kampfes gegen Jörg Haider 1992 der SPÖ beigetreten und beruflich von seiner Mitarbeiterstelle im VfGH in den SPÖ-Parlamentsklub gewechselt. Von dort kehrte er 2010 als Richter zurück. Die Causa Schnizer sorgt für Diskussionen über die Unabhängigkeit der Justiz. Verfassungsrichter werden von der Bundesregierung ernannt, also ausschließlich von Rot und Schwarz. Die Freiheitlichen werden an einen Pressebericht über die Dominanz der SPÖ in der Richtervereinigung erinnert.

In den allerletzten Wochen wird es noch ein letztes Mal rau. Freiheitliche thematisieren sowohl Van der Bellens kommunistische Vergangenheit als auch die starken Indizien für eine nationalsozialistische Vergangenheit seines Vaters.

Van der Bellen wiederum warnt, dass im Falle eines Wahlsiegs Hofers Österreich „eine Art Alpen-Mordor" würde – das Land Mordor ist in der Buchreihe „Herr der Ringe" die Brutstätte des Bösen. Und man lässt via YouTube „Frau Gertrude" Stellung für Van der Bellen beziehen. Gertrude Pressburger, eine 89-jährige Auschwitz-Überlebende, warnt in knapp zweieinhalb Minuten vor den Freiheitlichen. Ihr Video wird von Hunderttausenden mehr als eineinhalb Millionen Mal angeklickt und sorgt für Nachdenklichkeit bei Unentschlossenen. Sowohl Norbert Hofer als auch HC Strache sind sich heute sicher, dass die Holocaust-Überlebende den Aufholprozess der Freiheitlichen stark gebremst hat. Ob sie wahlentscheidend war, könne man natürlich nicht sagen.

Am 4. Dezember 2016 wird Alexander Van der Bellen mit 53,79 % zum österreichischen Bundespräsidenten gewählt. Norbert Hofer erreicht 46,21 % der Stimmen. Im Burgenland, in der Steiermark und in Kärnten behält er die Mehrheit. Wer hätte das zu Jahresbeginn in Wels gedacht? Und für die nächste Nationalratswahl ist es sogar besser, die Hofburg nicht erobert zu haben. Norbert Hofer sieht das anders. Er möchte 2022 wieder kandidieren. Nach all den Strapazen übers ganze Jahr 2016 und dem denkbar knappen Scheitern sagt er: „Ich habe eine Rechnung offen …"

HC Strache, der Facebook-Kanzler

Die schrille Pausenglocke im Wiener Gymnasium beendet heute keine Schulstunde, sondern unterbricht eine Podiumsdiskussion. In wenigen Wochen, am 3. Oktober 1999, wird die Nationalratswahl stattfinden. Dieses Gymnasium gehört zu jenen Schulen, die die Parlamentsparteien um je einen Vertreter baten, die im Rahmen der „Politischen Bildung" an einer Diskussion teilnehmen und für Fragen der Schülerinnen und Schüler zur Verfügung stehen sollen.

Vier Parlamentsparteien haben Nationalratsabgeordnete entsandt, nur die Freiheitlichen entschieden sich anders: für Heinz-Christian Strache. Erst seit drei Jahren gehört er dem Wiener Gemeinderat und Landtag an, dort noch ein einfaches Mitglied des freiheitlichen Klubs, aber dessen Zukunftshoffnung. Sein 30. Geburtstag liegt gerade einmal drei Monate zurück, und er wirkt wesentlich jünger, ohne aber deswegen fürchten zu müssen, nicht ernst genommen zu werden. Die Voraussetzungen für solche Schuldiskussionen könnten also kaum besser sein. Da diese Veranstaltungen aber ein neues Terrain für Strache darstellen, wurde ihm ein Mitarbeiter aus dem Rathausklub mitgegeben, der ihn bereits während der Unterbrechungen mit einem „Feedback" versorgen soll. Dem Begleiter bietet sich nun, nach dem Verhallen der Pausenglocke, ein bemerkenswertes Bild, das ein Gespräch mit seinem Quasi-Schützling unmöglich macht und an das er sich zu solchen Anlässen schnell gewöhnen wird: Die Vertreter der anderen Parteien ziehen sich zu einer entspannten Plauderei unter Kollegen in eine Ecke zurück und werden dabei auch nicht behelligt. Der Jung-Blaue hingegen, dem auf dem Podium die Rolle des Außenseiters zuteilgeworden war, setzt sich mit einer Schülerin, die ihn augenblicklich angesprochen hat, in die Mitte des Saales. Sofort gesellen sich andere junge Menschen hinzu, und der Begleiter ertappt sich, wie er leise mitzuzählen beginnt: 4, 5, 7, 8, 10, 12, 14, 15 … Erst bei 31 ist Schluss. In der Mitte sitzt HC Strache, um ihn schart sich, fast wie Bienen um ihre Königin, eine Traube Jugendlicher. Gute drei Viertel sind Mädchen, darunter auch einige mit Tschador. Während der Nachwuchspolitiker lebhaft gestikulierend Fragen beantwortet, hängen sie förmlich an seinen Lippen. Dem Begleiter tut in diesem Moment leid, dass er seinen kleinen Fotoapparat nicht dabei hat. Die „Manöverkritik" kann erst nach Veranstaltungsende in Straches Auto erfolgen, wo das Naturtalent in Sachen Kommunikation seinem Sitznachbarn die Sammlung an Visitenkarten zeigt, die er von Mädchen zugesteckt bekam.

Insider erstaunte es also nicht, dass mit dem kometenhaften Aufstieg von Facebook auch in Österreich der Einstieg Straches nur eine Frage der Zeit sein und sich nicht minder kometenhaft gestalten würde.

Im Juni 2008 war es soweit: Strache griff zum Telefon und teilte Ing. Mag. Joachim Stampfer – in der FPÖ zuständig für den Bereich Internet – mit, dass er eine eigene Facebook-Seite haben wolle, und zwar lieber noch heute als morgen. „Ich war grad auf Urlaub in Rovinj, und das gab Ärger mit der Freundin. Während sie am Strand ausspannte, saß ich im Hotelzimmer und bastelte am Laptop die Facebook-Seite", erinnert sich Stampfer schmunzelnd. Für die Chronik ist die Einprägsamkeit dieser persönlichen Begebenheit insofern wichtig, als es laut Facebook die Strache-Seite offiziell erst seit dem 29. April 2009 gibt. Dem 41-jährigen Kärntner Stampfer macht das Projekt HC-Facebook sichtlich Spaß – und er hat doppelt Glück: „Dank Heinz ist das fast ein Selbstläufer!" Offiziell kümmere sich der Spitzenpolitiker ungewöhnlicherweise selbst um seine Seite, nebenbei unterstützt von ein paar Mitarbeitern im Hintergrund, die das neben ihren eigentlichen Aufgaben machen, und inoffiziell sei es genauso. Diese Philosophie solle „Agenturdenken" (Stampfer) außen vor halten. Strache schaue auf die Seite und poste, so oft es ihm möglich sei, am liebsten neben dem Chauffeur sitzend, wenn mit dem Auto stundenlang durch die Bundesländer unterwegs. Einige Mitarbeiter würden zwischendurch immer wieder die Kommentare durchschauen und Verstöße gegen die Etikette löschen – eine Aufgabe, die mittlerweile auch fordernd sein könne. „Pro Tag gibt es zwischen 200 und 5000 ‚Likes', im Schnitt sind es 500", so Stampfer, viele von einem Kommentar begleitet. Unter der großen Anzahl an Facebook-Freunden befänden sich erwartungsgemäß auch Übelgesonnene, die sehnsüchtig auf „Verwertbares" warten oder dieses manchmal, der Einfachheit halber, unter dem Schutz einer falschen Identität gleich selbst produzieren würden. Das werde man nie ganz verhindern können, aber man habe mittlerweile viel gelernt, was etwa die Gefahr von unwissentlichen Verstößen gegen das Urheberrecht betreffe. Eine Risikoquelle berge freilich auch das Teilen von Inhalten anderer Facebook-Benützer oder das, was an einen herangetragen werde. „Auf die bevorstehende Abmontierung der Gipfelkreuze sind wir nicht reingefallen, das BZÖ schon", lächelt Stampfer verschmitzt.

Diffiziler war eine Causa im August 2012, als Strache eine Karikatur weiterverbreitete, die Regierung, Volk und Banken zeigte. Die Regierung serviert als Kellner den Banken, einem bereits stark übergewichtigen und noch immer gefräßigen Gast, üppige Gerichte, während sie auf den am selben Tisch sitzenden, das Volk verkörpernden, unterernährten Gast völlig vergisst und es für diesen bei einem blanken Knochen auf seinem Tellerchen belässt. Als Strache, der den Cartoon arglos und ohne eingehende Prüfung aller Details übernommen hatte, tags darauf aufmerksam gemacht wurde, dass es ein englischsprachiges, sich geringfügig unterscheidendes Original gebe, wurden die Grafiken sofort ausgetauscht – zu spät. Fortan dominierte im medialen Sommerloch eine skurrile Antisemitismus-Debatte um die Manschettenknöpfe des Bankers bei der gelöschten Version. Strache-Gegner erkannten Davidsterne, die Freiheitlichen Knöpfe der Luxusmarke Montblanc. Als dann dieses internationale Unternehmen mit Stammsitz in Hamburg auch noch pikiert mit Klage drohte, wurde die Kontroverse für Nicht-Facebook-User endgültig unübersichtlich. Die obligate Untersuchung der Staatsanwaltschaft gegen Strache wegen Verhetzung wurde im Jänner 2013 wenig überraschend eingestellt.

Es ist aus den Diagrammen gut ablesbar, dass Wahlkämpfe Straches Facebook-Freundeszahlen in die Höhe schnellen lassen, zuletzt besonders vor der Nationalratswahl 2013. Das Geheimnis des kontinuierlichen Zulegens ist hingegen darin zu suchen, dass Strache intimere Einblicke gewährt als seine Mitbewerber. Selbst wenn eines der Kaninchen der Lebensgefährtin über die Regenbogenbrücke gehoppelt ist, wird das lieb gewonnene Fellnäschen via Facebook würdig verabschiedet – was dann sogar von Printmedien aufgegriffen wird. Als sich im August 2013 der bizarre Exzentriker und Parteigründer Frank Stronach ohne Hemd auf einem Bootssteg ablichten ließ, um zu zeigen, dass er zumindest körperlich und für sein Alter gut in Schuss sei, legte Strache mittels Facebook durchtrainiert und sonnengebräunt in Badehose nach. Dieser ungleiche Wettbewerb schaffte es bis in ausländische Medien und als „Nackt-Duell" auf die Titelseite der Gratis-Tageszeitung „Österreich".

Kaum eine populäre Aktion, an der sich Strache nicht sofort via Facebook beteiligt. Als sich im Sommer 2014 weltweit Prominente im Rahmen der „Ice Bucket Challenge" einen mit Eiswasser gefüllten Kübel über den Kopf schütteten, um damit auf die Nervenkrankheit ALS aufmerksam zu machen und Spenden für deren Erforschung und Bekämpfung zu sammeln, war Strache rasch zur Stelle. Die drei Personen, die nach erfolgter kalter Dusche zum Gleichziehen aufzufordern sind, waren bei Strache der Schönheitschirurg Arthur Worseg aus seinem Freundeskreis, sein Rivale um das Amt des Wiener Bürgermeisters Michael Häupl, seine Lieblingsmoderatorin

Ingrid Thurnher sowie quasi als Bonus Johann Gudenus, Mitstreiter und Klubobmann im Wiener Rathaus.

Strache scheint auch den Nerv der Menschen zu treffen. Das lässt sich anhand seines „erfolgreichsten" Postings anschaulich demonstrieren. Jeder, der zu Beginn des Jahres 2002, als der Euro als einziges Zahlungsmittel in Österreich eingeführt wurde, dem Kindesalter entwachsen war, konnte beobachten, wie für viele Waren, die 99 Schilling gekostet hatten, plötzlich nicht korrekterweise 7,20 Euro, sondern 9,90 Euro gezahlt werden mussten. Doch mit dieser Zäsur war es nicht getan. Die Teuerung wurde zwar bescheidener, hielt aber an. Dem widersprachen die staatlichen und halbstaatlichen Wirtschaftswissenschaftler. Jene Menschen in Österreich, die Dinge des täglichen Bedarfs für ihren Haushalt selbst einkaufen, kennen daher Situationen wie diese: Nach der Rückkehr aus dem Sommerurlaub muss man im Supermarkt feststellen, dass auf den Preisschildern statt 0,99, 1,09 und 3,49 nun 1,09, 1,19 und 3,79 zu lesen ist. Am Abend hingegen bejubeln in der „ZiB 1" Ökonomen, dass die Inflation von 2,0 % auf 1,8 % gesunken sei! Die Behauptung der Bevölkerung, alles werde teurer, und zwar schmerzlich spürbar, tut man als „subjektives Empfinden" ab. Am 15. September 2013 postete Strache eine von ihm übernommene vergleichende Aufstellung, was sich ein Facharbeiter 1970 leisten konnte und was er sich 2013 leisten kann. Dieser Vergleich wies keine einzige Zahl auf und keinerlei Hinweis auf eine wissenschaftliche Quelle – aber er sprach der breiten Masse aus dem Herzen. In Facebook-Zahlen gegossen heißt das: 150.463-mal „gelikt", 103.218-mal geteilt und 3804-mal kommentiert.

Einige Themen seien besondere Aufreger, erzählt Stampfer: eben der Kaufkraftverlust, einhergehend mit einer Schilling-Nostalgie, das Rauchen, die ORF-Zwangsgebühren. Hinzu kämen temporäre Themen wie die Zusammenführung von FPÖ und FPK in Kärnten.

„Experten haben errechnet, dass die Facebook-Seite über einen Werbewert von eineinhalb Millionen Euro verfügt", sagt Stampfer nicht ohne Stolz und fügt hinzu: „Und das mit geringstem finanziellen Aufwand!" Ein Funktionär des Team Stronach verriet ihm, dass seine Partei einen fünfstelligen Betrag in den Facebook-Auftritt investiert habe – die 750 Euro für die HC-Seite handelte er selbst seinerzeit zwecks Beschleunigung über seine private Kreditkarte ab.

Es zeigt sich beim Facebook-Auftritt der österreichischen Politiker, dass auch die beste Verkaufsstrategie ein schlechtes Produkt nicht kompensieren kann. Das beste Beispiel ist Bundeskanzler Werner Faymann. Schon in seiner Zeit als Wiener Wohnbaustadtrat und späterer Infrastrukturminister baute er engste Kontakte zur „Kronen Zeitung" auf, die hinsichtlich der landesweiten Leserdichte den Weltrekord hält. Viele sahen den Grund für die Faymann-Freundlichkeit der „Krone" in den fetten Inseraten-Aufträgen, die über seine Schiene liefen, manche gingen sogar so weit, zu munkeln, Faymann sei ein unehelicher Sohn des „Krone"-Imperators Hans Dichand. Auch nach dem Tod Dichands sen. im Juni 2010 blieb die enge Verquickung bestehen, wofür der Grundstein schon im Oktober 2008 gelegt worden war. Da verbrachte Faymann ein Wochenende in Venedig, um nach eigener Aussage der Hochzeit zweier Freunde beizuwohnen, die da waren: seine Pressesprecherin Angelika Feigl und „Krone"-Aushängeschild Claus Pándi. Dieses Ereignis mutete schon fast ein wenig wie dynastische Heiratspolitik an. Diese enge Verbindung zwischen jener Partei, die mit Bundespräsident, Erster Nationalratspräsidentin, Bundeskanzler, Wiener Bürgermeister und ORF-Generaldirektor die exponiertesten Machtpositionen des Staates besetzt, und der am Zeitungsmarkt übermächtigen Nr. 1 sollte durch Faymann bald auf die Probe gestellt werden. Es galt als ungeschriebenes Gesetz, dass man Volksabstimmungen und Volksbegehren gegen die Meinung der „Kronen Zeitung" nicht erfolgreich bestreiten könne. Damit war am 20. Jänner 2013 Schluss: Die „Krone" spielte wochenlang von der ersten bis zur letzten Seite auf der Propaganda-Orgel, damit Faymann (mit seinem Verteidigungsminister Norbert Darabos) die Wehrpflicht aufheben können würde, und ging mit ihm gemeinsam mit Bomben und Granaten unter. Die mangelnde Fortune Faymanns (von SPÖ-Grandseigneur und -Analytiker Norbert Leser als „Ausgeburt des Apparats" bezeichnet) färbte offenbar sogar auf die „Krone" ab …

Aber neben Claus Pándi kam auch dessen Frau Angelika Feigl nicht ungeschoren davon. Sie wurde zur Social-Media-Beauftragten des Bundeskanzlers. Branchenkenner bezifferten den ihr zur Verfügung stehenden Etat auf 200.000 Euro. Es war der mutmaßlich peinlichste Moment ihrer Karriere, als das linksintellektuelle Monatsmagazin „Datum" enthüllte, dass die kanzlerfreundlichsten User auf der Faymann-Facebookseite gar nicht echt waren. Die wenigen fanatischen Verteidiger gehörten entweder – wie sein außenpolitischer Berater Raphael Sternfeld und sein Wirtschaftsberater Leo Szemeliker – Faymanns engerem Umfeld an oder waren User mit Profilen ohne Fotos, die nicht nur auf persönliche Anfragen nicht antworten, sondern in der Rubrik „Aktivitäten und Interessen" lediglich „Bundeskanzler Werner Faymann" anführten. Überdies klangen sie in ihren Lobeshymnen sehr ähnlich. Ein User, der doch ein Profilfoto preisgab – ein junger Mann namens Hannes –, gab den Rechercheuren die Möglichkeit, das Porträt bei einer internationalen Bildagentur unter dem Suchbegriff „American teen" zu finden, wo man es käuflich erwerben konnte. Durch diesen „Datum"-Beitrag und sich darauf beziehende Folgeberichte in anderen Medien wurde ein breiteres Publikum anhand der Faymann'schen Facebook-Praxis mit Begriffen wie „Sock Puppets" (gefälschte Profile in sozialen Medien) oder „Astroturfing" (das Erwecken einer neutralen Position bei positiven Postings, obwohl diese von einer Agentur zentral gesteuert werden) vertraut gemacht. Laut „Datum" distanzierte sich Feigl von den Fälschungen, von denen man angeblich nichts gewusst habe, und rechtfertigte sich weiters, dass bei solch einem hohen Grad an Interaktivität nicht alles gefakt sein könne. Dass die Unverdächtigen allerdings fast ausschließlich negativ gegenüber Faymann eingestellt waren, darauf ging sie gar nicht erst ein.

Mit solchen Problemen muss sich HC Strache nicht herumschlagen. Sein Facebook-Erfolg rief verärgerte Kontrahenten auf den Plan. Sie richteten die Facebook-Seite „Kann dieser seelenlose Ziegelstein mehr Freunde haben als H. C. Strache?" ein. Anfangs konnten sie damit auch reüssieren. Mittlerweile ist HC Strache aber der einzige österreichische Politiker, der den Ziegelstein mit seinen 178.582 Freunden hinter sich lässt. Alle anderen kommen nicht an den Ziegelstein heran, egal ob Regierung oder Opposition, egal ob jung oder alt, ob internetaffin oder nicht.

Keine Wählerklientel versteht sich als politisch aktiver als jene der Grünen. Typen, wie sie von Liedermacher Tim Bendzko in seinem Ohrwurm „Nur noch kurz die Welt retten" beschrieben werden (die sich nämlich unter Verwahrlosung ihrer persönlichen Beziehungen und realen Freundschaften völlig im Internet verlieren, um in multipler Virtualität zahllose Initiativen per Mausklick zu unterstützen), wird man am ehesten bei den Grünen finden. Das sollte eigentlich auch auf der Facebook-Seite der politischen Frontfrau seinen Niederschlag finden. Weit gefehlt! Und der Grund ist naheliegend: Eva Glawischnig-Piesczek ist seit 2008 „Bundessprecherin" und Klubobfrau der Grünen; sie war davor schon Dritte Nationalratspräsidentin und seit geraumer Zeit Stellvertreterin Alexander Van der Bellens. Ihre Ausstrahlung als links sozialisiertes, aber im Grunde unpolitisch gebliebenes Mädchen von nebenan ist sie allerdings nie losgeworden, worauf ihre Facebook-Seite mit mickrigen 19.212 Freunden deutlich hinweist. Auch der wesentlich politischere und trotzdem hippe NEOS-Chef Matthias Strolz wirkt mit seinen 28.201 Freunden im Vergleich zu Strache wie ein Punschkrapferl. Aber selbst der sich exzellent verkaufende VP-Außenminister Sebastian Kurz sieht als bei Umfragen mit Abstand beliebtester Politiker mit seinen 67.733 Freunden vergleichsweise alt aus …

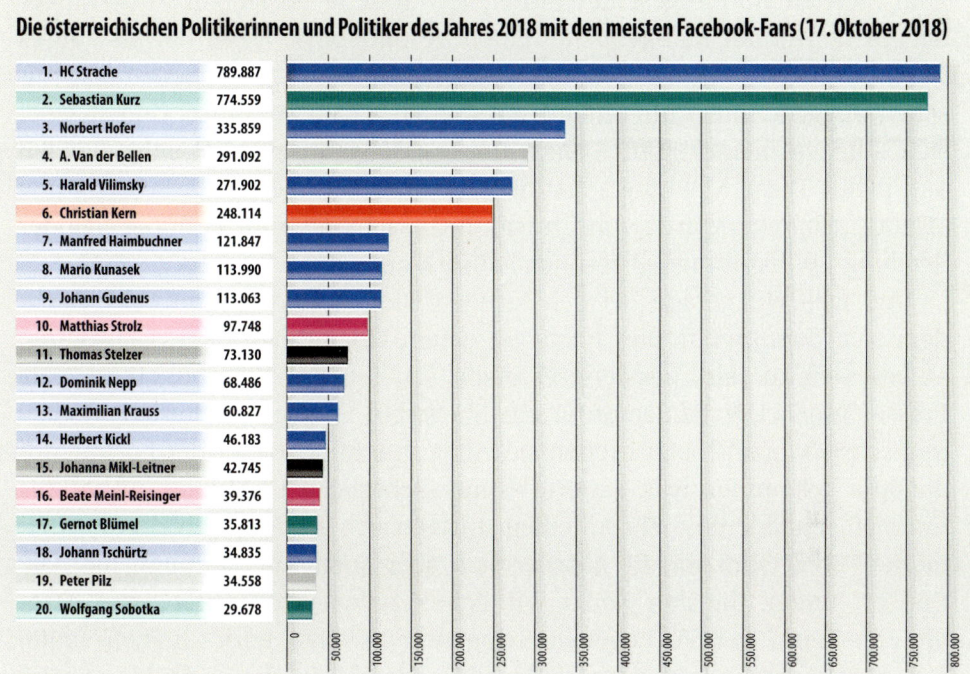

Die österreichischen Politikerinnen und Politiker des Jahres 2018 mit den meisten Facebook-Fans (17. Oktober 2018)

1. HC Strache	789.887	
2. Sebastian Kurz	774.559	
3. Norbert Hofer	335.859	
4. A. Van der Bellen	291.092	
5. Harald Vilimsky	271.902	
6. Christian Kern	248.114	
7. Manfred Haimbuchner	121.847	
8. Mario Kunasek	113.990	
9. Johann Gudenus	113.063	
10. Matthias Strolz	97.748	
11. Thomas Stelzer	73.130	
12. Dominik Nepp	68.486	
13. Maximilian Krauss	60.827	
14. Herbert Kickl	46.183	
15. Johanna Mikl-Leitner	42.745	
16. Beate Meinl-Reisinger	39.376	
17. Gernot Blümel	35.813	
18. Johann Tschürtz	34.835	
19. Peter Pilz	34.558	
20. Wolfgang Sobotka	29.678	

Die geschätzte Leserschaft wird längst ob der erwähnten Personen verwirrt sein – Bundeskanzler Faymann, Grünen-Chefin Glawischnig? Die bisherigen Ausführungen in diesem Kapitel stammen aus dem Jahr 2015. Aus ihnen sollte ein Artikel für ein Printmedium werden, woraus aber doch nichts wurde. Der Autor hat sie aber glücklicherweise nicht gelöscht. Denn als er 2018 für dieses Buch zur aktualisierenden Ergänzung schritt, bot das die Möglichkeit einer Dokumentation der Veränderung innerhalb von nur drei Jahren. Das Gespräch mit Joachim Stampfer fand am 26. Jänner 2015 statt. HC Strache hatte damals 228.855 Fans. Mitte Oktober 2018 waren es 789.259, also weit mehr als dreimal so viele. Sebastian Kurz hat sogar noch mehr zugelegt, zwischenzeitlich HC Strache überholt, aber nicht für lange. Wenn es um Facebook geht, ist Strache der Kanzler. Und das, obwohl die ÖVP als stärkste Partei im Internet fast ausschließlich auf ihr Aushängeschild setzt. Vergleicht man die Parteien, so sind die FPÖ-Vertreter – wohl im Sog von HC Strache – dominant. Sie belegen zwei Plätze unter den ersten drei, drei unter den ersten fünf, sechs unter den ersten neun, neun unter den ersten 15 Politikerprofilen (siehe Grafik).

Was änderte sich seit 2015 noch? Joachim Stampfer ist nicht mehr mit der Facebook-Seite befasst, denn infolge des Regierungseintritts wurde er zum zweiten Bundesgeschäftsführer. HC Strache ist jedoch noch immer der für den Inhalt Maßgebliche. Einen besonders herzigen Beweis gab es im März 2017. Er postete ein Foto von Cane Corso „Odi", seiner italienischen Doggendame, samt Smiley und schrieb: „Bald zu Hause. Und da freut sich – neben meiner Frau – ein kleines, frischgeduschtes Hundemädchen auf mich." Diese Meldung schaffte es nicht nur in die Gratis-Tageszeitung „Heute", sondern wurde von Christoph Grissemann zum Running Gag der Sendung „Willkommen Österreich" auserkoren.

Und weil wir gerade bei den lustigen Dingen sind: Schon bald, nachdem sich Stampfer freute, noch nie einem Hoax, also einer Täuschung, aufgesessen zu sein, passierte es doch: Am 1. April 2015 berichtete „Die Presse" groß „Der Panier droht ein EU-Verbot". Strache teilte den Artikel und schrieb dazu: „Jetzt drehen sie völlig durch …" Bis er der Lösung auf die Spur gekommen war, dauerte es nur lächerliche 17 Minuten. Aber das Internet ist gnadenlos. Viele Medien stürzten sich schadenfroh auf den „panierten" FPÖ-Obmann. Es mischte sich aber auch Anerkennung für „Die Presse" hinein, die den Köder wirklich exzellent aufbereitet hatte. Dass die Sprecherin der EU-Lebensmittelagentur „Evelyn Pork" heißen sollte, war das einzige grenzwertig verdächtige Detail. Für die endgültige, späte Rehabilitierung Straches sorgte die EU selbst: Am 11. April 2018 trat die „Pommes-Verordnung" in Kraft, die in der Gastronomie ein übermäßiges Frittieren von Pommes frites verbietet.

Zum Abschluss für jene, die sich für Facebook als solches interessieren, ein paar spannende Zahlen zur Seite von „Facebook-Kanzler" HC Strache (vom Juni 2018 aus zurückblickend auf die letzten 24 Monate):
- mehr als 600.000 erreichte User pro Tag;
- 1,3 Milliarden „Impressionen" (Häufigkeit der Anzeige von Beiträgen);
- 18,1 Millionen „Engagements" („Likes" etc.);
- 5000 Beiträge;
- 67 Millionen Video-Zuschauer.

2017 – Nationalratswahl

Eigentlich hätte diese Wahl erst im Jahr 2018 stattfinden sollen. SP-internen Gerüchten zufolge überlegte das Umfeld von Neo-Bundeskanzler Christian Kern eine Vorverlegung, damit der Quereinsteiger-Manager im Slim-Fit-Anzug Abstand zur ÖVP gewinnen, die FPÖ auf Distanz halten und somit günstige Voraussetzungen für die nächsten fünf Jahre schaffen könnte. Ob die Bundespräsidenten-Stichwahlwiederholung dazwischen kam oder man einfach nur zu lange zauderte, wird nie geklärt werden. Ähnliche Überlegungen gab es im Umfeld von Sebastian Kurz, hier aber ging es vorerst um die Überwindung von VP-Chef und Vizekanzler Reinhold Mitterlehner. Ein diesbezügliches Strategiepapier wurde erst von HC Strache und danach vom „Falter" publik gemacht. Die ÖVP leugnete anfangs dessen Echtheit, gab sie aber später partiell zu. Das Ende der in Stillstand zerstrittenen rot-schwarzen Regierung beschleunigte ein Knalleffekt des Vizekanzlers. Reinhold Mitterlehner gab am 10. Mai 2017 völlig überraschend seinen Rückzug aus der Politik bekannt, weil er nicht mehr länger „Platzhalter" und „Übergangslösung" sein wolle. Am 15. Mai brachte die Opposition im Nationalrat einen Neuwahlantrag ein, den die Regierungsparteien unterstützten. Als Termin wurde der 15. Oktober 2017 festgelegt.

Kern ruft für die letzten Monate im Nationalrat ein Spiel der freien Kräfte aus, was zu unterschiedlichsten Mehrheiten führt und beispielsweise zur Folge hat, dass der Pflegeregress abgeschafft wird.

Mitterlehners Nachfolger als ÖVP-Obmann wird Außen- und Integrationsminister Sebastian Kurz. Er erscheint der Partei als einzige Rettung, sodass er sich weitreichende Befugnisse ausbedingen kann. Seine Liste heißt jetzt „ÖVP neu" mit Parteifarbe Türkis statt Schwarz. Die Nachfolge als Vizekanzler lehnt Kurz ab, er schickt Justizminister Wolfgang Brandstetter vor. Kurzens Umfragewerte sind atemberaubend, und mit seinen schießen auch jene der ÖVP in die Höhe. Die Partei wird sich im Wahlkampf darauf beschränken, sein Konterfei mit minimalistischen Sprüchen wie „Es ist Zeit"zu plakatieren. Die guten Umfragewerte der FPÖ des Jahres 2016 stürzen in den Keller. Sie hat zu Beginn des Wahlkampfs davon auszugehen, den Zweier vorn verteidigen zu müssen. Das liegt auch daran, dass Kurz langjährige freiheitliche Forderungen hinauf- und hinunterbetet.

Christian Kern gibt sich klassenkämpferisch, wobei es immer ein wenig seltsam wirkt, wenn ein Regierungschef gegen „die da oben" kämpft. Sehr bald wird er sich aber ausschließlich in der Defensive befinden. Grund dafür ist die „Silberstein-Affäre". Der israelische Spindoktor Tal Silberstein, den die SPÖ seit 2001 für ihre Wahlkämpfe engagiert, übertrifft sich in seiner Spezialdisziplin des „Dirty Campaigning" selbst. Über anonyme Facebook-Seiten unter dem Titel „Die Wahrheit über Sebastian Kurz" lässt er diesen gehörig anpatzen und den Verdacht auf die FPÖ lenken, um zwei Fliegen mit einer Klappe zu schlagen. Bekannt wird das bald nach der Verhaftung Silbersteins in Israel wegen des Verdachts der Bestechung, Geldwäsche und Urkundenfälschung. Silbersteins Werk führt Paul Pöchhacker fort, der zu Beginn des Bundespräsidentschaftswahlkampfes Norbert Hofer via Twitter das „Krüppellied" widmete.

Die Freiheitlichen führen ihren Wahlkampf wesentlich fairer – und Fairness ist auch das zentrale Schlagwort. Ihre Videos überraschen und arbeiten mit bildhaften Gleichnissen: Der österreichische Radsportler fällt trotz intensiver Anstrengungen hinter die anderen zurück, weil er die rot-schwarze Koalition mitschleppen muss. Bei witzigen Geschichten um die Familie Huber geht es darum, dass der Mann nicht auf sein Haus aufpasst und Dutzende ungebetene Gäste fürstlich auf Kosten der Familie bewirtet. Schließlich werden verschiedene Situationen dargestellt, in denen HC Strache einspringt, um schwer Aussprechbares für andere auszusprechen.

Die Grünen werden binnen kurzer Zeit vom Himmel in die Hölle gestoßen. 2013 hatten sie ihren vorläufigen Höchstwert erreicht. Sie sind in fünf Landesregierungen vertreten und stellen seit 2016 den Bundespräsidenten. 2017 aber kommt es knüppeldick: Zuerst tritt Eva Glawischnig aus gesundheitlichen Gründen zurück, dann Peter Pilz aus der Partei aus. Bei der Kampfabstimmung um Platz 4 unterliegt er nämlich dem jugendlichen Schönling Julian Schmid. Er gründet die „Liste Pilz".

Die Wahlkampfwochen sind wie nie zuvor vom Fernsehen geprägt – ORF, ATV, Puls 4, ServusTV, oe24, alle strahlen Diskussionen mit den Kandidaten aus.

Am 15. Oktober erlangt die ÖVP mit Sebastian Kurz mit 31,5 % klar den ersten Platz. Die SPÖ kann mit Christian Kern ihre Anteile und den zweiten Platz knapp halten, weil in diesem Lagerwahlkampf um die Farbe des Kanzlers viele Grüne zu ihr wechseln, was sich in Kombination mit der „Liste Pilz" für die Grüne Alternative als tödlich erweist. Sie verliert 8,6 Prozentpunkte und bleibt mit 3,8 % unter der gesetzlichen Hürde. Nach 31 Jahren heißt es, aus dem Nationalrat Abschied zu nehmen. Den Super-GAU kom-

plettiert, dass es Peter Pilz mit 4,4 % hineinschafft. Das tun auch die NEOS, die leicht zulegen können.

Die FPÖ verpasst den zweiten Platz und den alten Rekord aus dem Jahr 1999 (26,9 % und 52 Mandate) hauchdünn: 26,0 % und 51 Mandate. Diese Wahl stellt ein Unikum dar: Dadurch, dass die SPÖ sogar geringfügig (+ 0,04 %) zulegt, gewinnen erstmals seit 1956 alle drei traditionellen Parteien. Allerdings hinkt dieser Vergleich ein wenig, da anno '56 die FPÖ im Vergleich zur Vorgängerpartei VdU verlor. Diesmal gewinnen alle drei, und durch NEOS und „Liste Pilz" sind alle fünf Parlamentsparteien Sieger …

Am 9. November 2017 konstituiert sich der Nationalrat neu. Die Freiheitlichen tragen nicht wie gewohnt Kornblumen, sondern Edelweiße. Seit dem Jahr 1992 gilt die Kornblume als „Symbol der illegalen Nazis". Es handelt sich dabei um eine Erfindung von Hans-Henning Scharsach in „Haiders Kampf". In diesem Machwerk gibt es auch die verräterische Zwischenüberschrift „Wissenschaft als Rassistenalibi". Am Tag nach der Angelobung gibt es einen Aufschrei von Hans Rauscher im „Standard" bis zur linksextremen Splittergruppe SLP: Das Edelweiß sei das Nazi-Symbol schlechthin gewesen. Die Freiheitlichen lernen daraus, dass sie sich auch pinke Stiefmütterchen anheften könnten – diese würden augenblicklich zu ehemaligen NS-Symbolen.

Es steht nun aber ohnehin Wichtigeres im Raum, nämlich die Koalitionsfrage. Gegen Rot-Blau gibt es einen SPÖ-Vorstandsbeschluss. Da eine Zusammenarbeit zwischen Kurz und Kern undenkbar scheint, wäre Türkis-Rot nur möglich, wenn Hans-Peter Doskozil die SPÖ übernähme. Ansonsten bliebe nur Türkis-Blau.

2017 – Grünes Licht für Türkis-Blau

„Speed kills", das haben einige Mitglieder der FPÖ-Bundesparteileitung im Kopf, als sie sich am Samstag, dem 16. Dezember 2017, im Wiener Hotel Intercontinental einfinden. Erst am Dienstag wurde zu dieser Sitzung eingeladen, für 18 Uhr. Dann wurde eine Vorverlegung auf 15 Uhr ausgeschickt, gestern schließlich hieß es 13 Uhr. Im Gemeinderatssitzungssaal des Wiener Rathauses witzelten Abgeordnete: „Wenn das so weitergeht, erhalten wir in einer Stunde die Nachricht, dass die Sitzung vor drei Stunden stattgefunden hat …"

Einige freuen sich auf den offensichtlich bevorstehenden Eintritt in die Bundesregierung, andere überhaupt nicht. Die meisten warten ab. Dass es jetzt doch noch vor Weihnachten soweit sein soll, verunsichert.

HC Strache geht gleich in medias res und nennt die von der FPÖ nominierten Regierungsmitglieder. Er beginnt mit Karin Kneissl. Die Nahost-Expertin, die sieben Fremdsprachen – darunter Arabisch – fließend beherrscht, ist parteilos. Man wolle damit bewusst wieder an eine Tradition Bruno Kreiskys anknüpfen. Sie sei zwar keine Freiheitliche, stimme in den meisten Fragen aber mit der Parteilinie überein – so sehr, dass sie von den Medien als FPÖ-Bundespräsidentschaftskandidatin gehandelt worden war.

Ursprünglich seien 7 + 7 Minister vorgesehen gewesen, nun seien es 6 + 6 und zwei Minister im Kanzleramt für die ÖVP geworden. Es sei sich nicht anders ausgegangen.

Die Gesundheitsmanagerin Beate Hartinger-Klein werde in die „Schlangengrube" des „Superressorts" Soziales/Arbeit/Gesundheit geschickt. Der bewährte Budget-Experte des Nationalratsklubs Hubert Fuchs werde dem VP-Finanzminister als Staatssekretär zur Seite gestellt. Da auf die Bundesparteispitze eine höhere Belastung zukomme, würden die Bundesgeschäftsführung und das Generalsekretariat doppelt besetzt. Hans Weixelbaum erhalte Joachim Stampfer als Verstärkung, Harald Vilimsky nach dem Neujahrstreffen Marlene Svazek.

Mit dem Wechsel von der Oppositions- auf die Regierungsbank müsse auch ein Mentalitätswandel einhergehen: „Wir reden nicht mehr über die schiachen Themen dieser Zeit und was alles fürchterlich ist." Die Leute draußen hätten die Schnauze voll von Streitereien. Der Umgang mit Kurz sei wohltuend gewesen, die Rückmeldungen an ihn, Strache, seien durchgehend positiv. Das Regierungsprogramm trägt zu 75 % freiheitliche Handschrift.

Dann kommt HC Strache zu einem unangenehmen Thema: „Was konnten wir nicht durchsetzen? CETA. Das schmerzt! Aber hier hat die ÖVP festgehalten, das ist eine rote Linie für sie. Was wäre die Alternative gewesen? In Opposition bleiben. CETA wäre dann trotzdem gekommen, und die Wähler hätten uns durch Sonne und Mond geschossen!" Das Ziel müsse sein, sich bei über 20 Prozent zu etablieren und mindestens zwei volle Perioden zu regieren.

Er selbst werde Vizekanzler und erhalte als Ressorts den öffentlichen Dienst und den Sport. Der erste freiheitliche Innenminister der Zweiten Republik heiße Herbert Kickl: „Wir schreiben Geschichte!" Das Infrastrukturministerium inklusive Forschung übernehme Norbert Hofer: „Man wird sich noch wundern, was alles möglich ist!" Die „drei Musketiere des Erfolgs der letzten 13 Jahre" hätten keine Angst vor Verantwortung. Das sei ganz anders als im Jahr 2000.

Das Verteidigungsministerium werde Mario Kunasek führen, die Sicherheit sei somit in freiheitlicher Hand. Um die Sorgen des Bundespräsidenten zu entkräften, habe man einen Kontrollmechanismus festgelegt. Die EU-Ratstreffen würden herausgelöst und in Kurz' Bereich fallen.

Herbert Kickl ergreift das Wort: HC sei wochenlang in Höchstform gewesen. Die Bundespräsidentenwahl könne man als Weichenstellung sehen, seit dieser sei man in einer neuen Qualität unterwegs. Bruchlinien gäbe es nur in der ÖVP, wo es die türkisen Quereinsteiger mit schwarzen Landesfürsten zu tun bekämen. Dann trifft Kickl einen Nerv beim Auditorium: „Das ist mit ein bissl Bauchweh, aber wenn man das nicht hätte, wäre man ein größenwahnsinniger Vollidiot!" Sebastian Kurz sei fair gewesen. Van der Bellen habe man in vielen Gesprächen davon überzeugen können, dass man mit Messer und Gabel esse und nach dem Guten strebe. Die größte Klammer zwischen HC und dem Bundespräsidenten sei die gemeinsame Nikotinabhängigkeit. Er habe HC immer geraten, „eine Stange Tschick" mitzunehmen. Er persönlich sei auch ein bisschen wehmütig, weil eine neue Ära beginne.

Norbert Hofer hält fest, dass er das in dieser Konstellation vor einem halben Jahr nicht für möglich gehalten habe. Man habe die letzte Chance ergriffen, und es würden im Fremdenbereich keine Kleinigkeiten passieren, etwa werde die Mindestsicherung geändert.

Angelobung der neuen Bundesregierung durch Bundespräsident Alexander Van der Bellen am 18. Dezember 2017.

Mario Kunasek unterstreicht den Wunsch der Menschen im Lande nach Sicherheit. Er absolviere am Freitag bereits die erste Angelobung in Zeltweg und dann Weihnachtsbesuche an der Grenze.

Harald Vilimsky bekennt, dass er nie ein Freund einer Regierungsbeteiligung gewesen sei, aber in diesem Moment gebe es viele begünstigende Bedingungen. Er skizziert diese.

HC Strache blickt darauf zurück, wie stark meinungsbildend man aus der Opposition heraus gewirkt habe, aber eine Fortsetzung bis zur Absoluten spiele es realpolitisch nicht. Van der Bellen zeige staatsmännische Verantwortung. Für den Fall, dass er Klestil imitieren wolle, habe Strache ihn vorgewarnt, dass er einen Witz dabeihaben werde, um den Präsidenten notfalls zum Lachen zu bringen.

Als die Diskussion fürs Auditorium eröffnet wird, meldet sich nur der Kärntner Gernot Darmann, und der macht es auch kurz: Er bedankt sich beim Podium und bei allen an den Verhandlungen Beteiligten. Um 14.39 Uhr wird der Antrag auf Eintritt in die Bundesregierung zur Abstimmung gebracht und einstimmig angenommen.

HC Strache bekennt danach erleichtert: „Ich bin froh, wenn Heiligabend da ist …!" Nach ein paar Tagen des Entspannens warte im Jänner mit der NÖ-Landtagwahl die erste Herausforderung. Er schließt die Sitzung mit einem: „Gemmas an!"

Das Amt des Vizekanzlers – ein Vergleich

Heinz-Christian Strache ist der 21. Vizekanzler der Zweiten Republik. Sieht man sich an, wie es mit seinen Vorgängern nach Bekleiden dieses Amtes politisch weiterging, und wertet es statistisch aus, so mutet das an wie ein Himmelfahrtskommando.

Wie viele der 20 bisherigen Vizekanzler brachte das Amt noch ein Stückchen weiter hinauf? Drei (15 %). Wie viele waren nachher politisch anderweitig, rangniedriger, unterwegs? Drei (15 %). Für wie viele war es danach aus und vorbei? Für 14 (70 %).

Um vorweg den Einwand zu entkräften, dass es bei den Bundeskanzlern nicht besser ausschaue: Höchstwahrscheinlich ist das so. Aber es ist auch logisch. Denn wer wirklich Politik machen will, strebt als ultimatives Ziel die Kanzlerschaft an, sofern er einer Partei vorsteht, die bei Nationalratswahlen um Platz 1 mitmischt. Das Bundespräsidentenamt ist wie jenes des Nationalratspräsidenten eine reine Prestigesache mit sehr eingeschränkten gestalterischen Möglichkeiten. Dass man als Nicht-mehr-Bundeskanzler die Politik verlässt, ist nur natürlich. Was sollte man danach auch noch anstreben? Den EU-Kommissionspräsidenten? Den UN-Generalsekretär? Dass der bundesdeutsche „Wiedervereinigungskanzler" Helmut Kohl nach 16 Jahren an der Regierungsspitze 1998 als einfacher Abgeordneter im Bundestag Platz nahm (was er sicher bereute – Stichwort Spendenaffäre), war für Beobachter nicht nachvollziehbar. Christian Kern, ein in seinem Ego verletzter Quereinsteiger, der vom Volk nur abgewählt wurde (und das nach nicht einmal eineinhalb Jahren), ist die Schmalspurvariante.

Aber auch bei den Klubobleuten im Parlament wird es so aussehen? Mitnichten! Von den 27 Fraktionsvorsitzenden im Nationalrat von 1999 bis zum Ende der vorigen Periode im November 2017 haben elf einen Aufstieg erlebt (inkl. HC Strache), für nur fünf bedeutete diese Funktion das Karriereende.

Aber selbst eine Analyse der drei Aufsteiger unter den 20 Vizekanzlern bringt ein ernüchterndes Ergebnis. Adolf Schärf kam ab 1945 über die Rolle des Langzeit-Vizekanzlers nicht hinaus. 1957 war er bereits 67 Jahre alt, als

Als Vizekanzler bei einem Staatsoberhaupt – als Katholik beim religiösen Oberhaupt.

Bundespräsident Theodor Körner starb. Er verabschiedete sich als dessen Nachfolger in die Hofburg. Fred Sinowatz war Lückenbüßer in seiner Partei. Er wurde 1981 Vizekanzler, nachdem Hannes Androsch bei Bundeskanzler Bruno Kreisky in Ungnade gefallen war. Als dieser 72-jährig und schwer krank 1983 die Absolute verlor und sich folgerichtig ins Privatleben zurückzog, sprang Sinowatz noch einmal ein. Und Wolfgang Schüssel hatte absurd viel Glück. Als er 1995 Neuwahlen vom Zaun brach, scheiterte er und blieb Vizekanzler. 1999 wurde er als solcher sogar von der FPÖ auf Platz 3 verdrängt. Obwohl er für diesen Fall die Opposition angekündigt hatte, wurde ihm von Jörg Haider die Kanzlerschaft geschenkt.

Wie viele Vizekanzler stellte die FPÖ? Vier. Für drei endete die Karriere unmittelbar (Norbert Steger, Susanne Riess-Passer, Hubert Gorbach), für einen mittelbar (Herbert Haupt durfte danach noch zwei Jahre lang Sozialminister sein; er zählt in der Statistik zu den nachher anderweitig Aktiven). Der erste, Norbert Steger, war anno 1983 kein Vizekanzler, der noch eine Stufe weiter hinauf wollte. Die freiheitliche Fünf-Prozent-Partei hatte dieselben Ziele wie in der BRD die FDP und später die Grünen: Klientelpolitik für die Kernwählerschaft, darüber hinaus ein bisschen stärker werden, sich

Regierungswechsel auch in Italien: Seit dem 1. Juni 2018 ist Matteo Salvini von der Schwesterpartei Lega Nord HC Straches Gegenstück in Rom.

etablieren, mitgestalten. Aber sogar der zu Minimalismus gezwungene Steger scheiterte.

2017/18 ist die Ausgangslage freilich aus verschiedensten Gründen deutlich günstiger. Trotzdem braucht Vizekanzler Strache einen herkulischen Kraftakt. Es ist eine alte Weisheit, dass das Wahlvolk Positives dem Kanzler zuschreibt und Negatives seinem Vize. Nicht von ungefähr hat das PR-Genie Kurz (gegen das man schon biologisch leicht alt aussehen kann) das Vizekanzleramt gemieden wie der Teufel das Weihwasser. Als Mitterlehner den Hut drauf gehaut hatte, schickte er Brandstetter vor (mittlerweile auch schon wieder Geschichte). Die Rückschau auf die Schicksale der Vizekanzler der letzten 72 Jahre spricht eine klare Sprache …

Wenn HC Strache am Morgen des 19. August 2021 die Augen aufschlägt und immer noch Vizekanzler ist, hat er einen neuen FPÖ-Rekord aufgestellt. Nach weiteren ungefähr 16 Monaten würde erstmals eine ganze Legislaturperiode geschafft sein. Aber: Strache hat als Ziel mindestens zwei Legislaturperioden definiert. Und dieses ambitionierte Vorhaben ist ihm – nicht nur wegen der von ihm vollbrachten wundersamen Parteirettung 2005 – absolut zuzutrauen. Denn er ist ein treffsicherer Analytiker, der weiß, worauf es ankommt: Die FPÖ muss als gleichberechtigter Partner in der Bundesregierung sofort mit ihrer Reformarbeit loslegen; sie darf nicht, wie bei den ersten beiden Versuchen 1983 und 2000, die anstehenden Landtagswahlen verlieren und damit in eine Abwärtsspirale geraten. Mit diesem Vorsatz geht HC Strache ins Jahr 2018.

Reform-Chronologie 2018

„Der Güntherer [sic] ist ein Pflasterer", beginnt Willi Mernyi übermotiviert seine Erzählung am Podium des ÖGB-Bundeskongresses im Juni 2018. Günther beginne schon im Morgengrauen damit, tonnenweise Pflastersteine zu verlegen. Nun zwinge ihn die Bundesregierung, das zwölf Stunden pro Tag zu tun anstatt acht wie bisher. Dass die Normalarbeitszeit bei acht Stunden bleibt und die Höchstgrenze schon unter rotem Kanzler und rotem Sozialminister bei zehn Stunden lag, verschweigt der wohlgenährte SP-Apparatschik Mernyi. Ob er das aus mangelnder Fachkenntnis oder aus Bösartigkeit tut, ist nicht bekannt. Während seiner fünf Minuten langen künstlichen Erregung liegt seine Hand zumeist auf einem mitgebrachten, 17 Kilo schweren Pflasterstein. Abgeordnete von ÖVP und FPÖ finden vor ihren Türen bald Pflastersteine und Grablichter. Der ÖGB leugnet die Aktion, bis die Aufnahme einer Überwachungskamera enthüllt, dass zwei seiner Jungfunktionäre dahinterstecken. Danach belässt es der ÖGB-Boss bei einer Ermahnung – als Morddrohung habe man das angeblich nicht verstehen können. Als SP-Kanzler Kern im Jänner 2017 bei der Präsentation seines „Plan A" in Wels eine Arbeitszeitflexibilisierung propagiert hatte, die eine Erhöhung der Höchstgrenze auf zwölf Stunden beinhaltete, war von „Pflasterstein-Gutmensch" Mernyi noch kein Mitleid für Günther zu hören gewesen. Diese Episode zeigt das Sittenbild der SPÖ anno 2018, einer Partei, die sich nach innen in Flügelkämpfe und nach außen in Widersprüche verstrickt und bei der mittlerweile das „S" für „Selbstauflösung" zu stehen scheint. Der 2017 als Kanzler abgewählte Kern versuchte im Herbst 2018, die Flucht zuerst nach Brüssel und dann in die Privatwirtschaft anzutreten. Es ist die Reformwelle der Bundesregierung, die das rote Boot kentern lässt. Diese Reformen seien nachfolgend im Telegrammstil skizziert.

Am 14. Jänner veröffentlichte die Bundesregierung eine Mangelberufsliste, verbunden mit dem Bekenntnis, das verlotterte Bildungssystem so zu reparieren, dass es für diese Berufe hierzulande künftig Ausgebildete geben werde. Die SPÖ reagierte in Silberstein-Manier: Sie ließ verkünden, dass es in den nächsten fünf Jahren 150.000 zusätzliche Zuwanderer geben werde.

Am 24. Jänner wurde im Ministerrat eine alte Forderung der Freiheitlichen beschlossen: „Deutsch vor Regelunterricht". Mangelnde Deutschkenntnisse sind seit Langem das Haupthindernis für die Integration migrantischer Kinder und Jugendlicher. Nicht nur, dass sie am öffentlichen Leben kaum teilhaben können und die Segregation damit befeuert wird – durch eingeschränkte Berufsmöglichkeiten werden die Chancen auf ein gutes Leben vorzeitig verspielt und gleichzeitig die öffentliche Hand finanziell belastet. Jene, die in Ermangelung von Sprachkenntnissen dem Unterricht nicht folgen können, hemmen auch die anderen in ihrem Vorwärtskommen. Daher wurde eingeführt, dass ab sechs Betroffenen die Eröffnung einer eigenen Deutschförderklasse verpflichtend ist. Die Einstufung erfolgt nicht individuell-willkürlich, sondern nach verbindlich anzuwendenden Kriterien. In der Praxis bedeutet die Deutschförderklasse intensiven Sprachunterricht im Ausmaß von 15 Wochenstunden von der 1. bis zur 4. Schulstufe sowie von 20 Wochenstunden von der 5. bis zur 8. Schulstufe. Dieser Förderunterricht dauert so lange wie notwendig, längstens jedoch vier Semester. Die Umsetzung begann bereits mit dem folgenden Schuljahr. Die sozialdemokratischen Pädagogen in Wien reagierten zweigeteilt – die an Integration interessierten durch Schweigen. Die übrigen kritisierten, dass durch die Schaffung von Deutschförderklassen Personal abgezogen werde, das „jetzt für Integration fehlt". Hinter der offensichtlichen Sinnwidrigkeit dieser Aussage steht ein Dogma des linken SP-Flügels: Fremdsprachige Migranten sollen als neues „Proletariat" dienen. Damit sie keinen gesellschaftlichen Aufstieg schaffen, erklärt man den (ebenso wenig stattfindenden) Erwerb der Muttersprache als vorrangig und beschäftigt sich im Unterricht ansonsten lieber damit, dass die Schüler ihre Vornamen tanzen, sowie sonstigen „modernen" Methoden. Für die eingebürgerten Mindestsicherungsbezieher übernimmt man dann vor Urnengängen die Briefwahlkarten-Verwaltung. SP-Funktionäre geben in den Multikulti-Ballungsräumen ihre eigenen Kinder im Regelfall in private Schulen, damit diese nicht unter der elterlichen Ideologie leiden müssen.

Am 21. März präsentierte die Koalition das Doppelbudget für 2018/19. Der Jahresetat liegt bei knapp 80 Milliarden Euro. Das 2017er-Minus von 6,9 Milliarden wird 2018 auf 2,2 Milliarden reduziert werden, und 2019 wird es sogar einen Überschuss von 500 Millionen Euro geben. Die Schuldenquote wird von 78,1 % 2017 auf 70,9 % 2019 gedrückt. Diese Maßnahmen sollen auch Raum für die Steuerreform 2020 schaffen. Die Steuerquote soll dann von 43 % in Richtung 40 % verringert werden.

Am 11. April verkündeten der Vizekanzler und die Sozialministerin Beate Hartinger-Klein, dass die Erhöhung der Mindestpensionen spätestens

FPÖ-Vizebürgermeister Dominik Nepp und FPÖ-Tierschutzsprecherin Philippa Strache (ganz r.) zeichnen Madeleine Petrovic, Präsidentin des Wiener Tierschutzvereins und ehemalige Bundessprecherin der Grünen, mit dem „Goldenen Wienerherz" aus.

für das Jahr 2020 sichergestellt sei. In deren Genuss werden 75.000 Mindestpensionisten kommen.

Ebenfalls im April wurde das AMS-Budget um 79 Millionen auf 1604 Millionen Euro erhöht, das sind im Schnitt pro Arbeitslosen 414 Euro mehr, nämlich 3633. Im Fokus steht dabei die Forcierung der Qualifikation.

Am 18. April gaben Vizekanzler und Sozialministerin bekannt, dass 2020 durch einen Pensionsbonus für Menschen, die 40 Jahre gearbeitet haben, also 480 Beitragsmonate aufweisen, die Mindestpensionen bzw. Ausgleichszulage deutlich erhöht werden. Konkret heißt das: Der heutige Richtsatz von 909,42 Euro (für Einzelpersonen) bzw. von 1363,52 Euro (für Verheiratete) wird durch den Pensionsbonus für Personen mit 480 Beitragsmonaten auf 1200 Euro (Einzelpersonen) bzw. 1500 Euro (Partner im gemeinsamen Haushalt) erhöht. Davon werden 40.000 Mindestpensionisten profitieren.

Die Initiativen der freiheitlichen Minister sind vielfältig, wie sich tags darauf zeigte: Sozialministerin Hartinger-Klein ermöglicht, dass sich Geschädigte im Diesel-Skandal der Sammelklage des VKI (Verein für Konsumenteninformation) anschließen können und für 120 Euro das Prozesskostenrisiko ausschalten. Geschädigte, die sich der Sammelklage bereits zuvor angeschlossen hatten, können das für 50 Euro nachholen. Infrastrukturminister Norbert Hofer hingegen präsentiert seinen Plan für den flächendeckenden Glasfaserausbau. Das G5-Netz soll schon 2020 in allen Landeshauptstädten verfügbar sein, 2025 auch in allen ländlichen Bereichen. Als Devise gibt er aus: „Schnelles Internet für jeden Österreicher!"

Um Kinder und Jugendliche ging es im Ministerrat am 2. Mai. Bei der Kinderbeihilfe für im Ausland lebende Kinder wird diese an jene des jeweiligen Staates angepasst. Hier gibt es allerdings Widerstände aus Brüssel. Um der Bildungsmisere beizukommen, wird ein Pädagogik-Paket verabschiedet, bei dem unter anderem zum fünfteiligen Notensystem zurückgekehrt wird. Beim Jugendschutz wurde jahrzehntelang allgemein der Kopf darüber geschüttelt, dass Jugendliche in zwei Ortschaften, zwischen denen eine Bundesländergrenze verläuft, unterschiedlichen Regelungen unterliegen, was das Konsumverhalten und die Ausgehzeiten betrifft. Nun gibt es eine Vereinheitlichung.

Ein besonderes Thema ist CETA, das Freihandelsabkommen mit Kanada. Die FPÖ hat sich im Bundespräsidentschaftswahlkampf massiv dagegen ausgesprochen. Als die Regierungsverhandlungen im Herbst 2017 begannen, war CETA bereits unterfertigt. SP-Kanzler Kern hatte seine Parteimitglieder befragt – und am 18. Oktober 2016 trotzdem unterzeichnet, nachdem sich diese zu 88 % dagegen ausgesprochen hatten. Ein Agieren gegen den bereits bestehenden Pakt stellte für die ÖVP eine rote Linie dar. Laut Vizekanzler Strache handelte es sich hierbei um keinen Umfaller, und zwar aus drei Gründen: Erstens, weil das Abkommen eben schon unterschrieben gewesen war. Zweitens, weil der Verzicht auf eine Regierungsbeteiligung eine Fortsetzung des verheerenden Kurses bedeutet hätte und CETA trotzdem gekommen wäre. Und drittens, weil dem Abkommen die Giftzähne gezogen werden konnten. Strache führt in diesem Zusammenhang folgende Punkte an:

- Österreichische Lebensmittelqualität, Sozial- und Umweltstandards bleiben erhalten.
- Öffentliche Dienstleistungen, die der Daseinsvorsorge dienen (Gesundheit, Bildung, Wohnen, Wasserversorgung etc.), bleiben im Entscheidungsbereich der Nationalstaaten.
- Verpflichtende Systeme der sozialen Sicherheit und der Sozialversicherungssysteme sind vom Abkommen ausgenommen.
- Damit Unternehmen vom Abkommen profitieren, muss eine echte „Verbindung" zur Wirtschaft Kanadas bestehen, d. h. Geschäfte über dubiose Briefkastenfirmen sind nicht möglich.

Strache sagt auch: „Private Schiedsgerichte und die damit verbundene Aushöhlung staatlicher Gerichtsbarkeit wurden verhindert. Stattdessen kommt eine öffentlich-rechtliche Investitionsgerichtsbarkeit. Berufungsmöglichkeit und Verfahrenstransparenz sind jetzt gewährleistet." Überdies sei mit dem Abschluss von CETA das wesentlich gefährlichere Abkommen TTIP vom Tisch.

„Ein kleines Land wie Österreich hat 21 Sozialversicherungsträger …!", hört man seit Jahrzehnten unzufriedene Bürger murren. Aber keine der bisherigen Bundesregierungen tastete dieses Thema an. Die freiheitliche Sozialministerin, eine Expertin von innen, ging es nun an. Die Zahl der Sozialversicherungsträger, deren Leistungen für die Versicherten sich unfairerweise stark unterscheiden, soll auf maximal fünf reduziert werden. Allein schon die Verschlankung der Verwaltung wird hunderte Millionen Euro bringen. In konkreten Zahlen bedeutet die Veränderung: Statt 2000 Funktionären nur mehr 400, statt 90 Verwaltungsgremien nur mehr 30 und ebenso eine Verringerung der über 100 Direktoren.

Am 28. Mai wurden die Spielregeln für die „Mindestsicherung neu" bekanntgegeben: EU-Bürger müssen künftig fünf Jahre warten. Drittstaatsangehörige müssen Deutschkenntnisse auf B1-Niveau vorweisen, sonst gibt es 300 Euro weniger. Asylwerber erhalten keine Mindestsicherung, weil sie sich in der Grundversorgung befinden.

Am 8. Juni wurden erste Maßnahmen gegen den politischen Islam gesetzt: Eine Moschee der Grauen Wölfe sowie eine der Arabischen Kultusgemeinde wurden geschlossen und einige extremistische Imame ausgewiesen.

Nach Verunsicherungen der Werktätigen durch SP und ÖGB gab die Regierung am 28. Juni bekannt, dass auf Initiative der Freiheitlichen eine Freiwilligkeitsgarantie bei der Arbeitszeitflexibilisierung festgeschrieben wurde. Die Normalarbeitszeit von acht Stunden bei 40 Stunden die Woche bleibt bestehen. Die mögliche Arbeitszeit kann bei Zustimmung der Arbeitnehmer von zehn auf zwölf Stunden ausgedehnt werden. Das soll Unternehmern helfen, etwa zu Produktionsspitzenzeiten, aber ebenso auch Arbeitnehmern, etwa Pendlern, für die sich die Möglichkeit einer Viertagewoche eröffnet. Als verbissenster Gegner erweist sich SP-Chef Kern, der die Zwölf-Stunden-Regelung bereits in seinem „Plan A" gefordert und in den von ihm geführten Bundesbahnen längst praktiziert hatte. Vizekanzler Strache deckte im ORF-„Sommergespräch" am 27. August auf, dass bei der MA 48 (Müllabfuhr) in Wien der Zwölfstundentag gang und gäbe ist.

Als eine Art „Leuchtturmprojekt" der neuen Bundesregierung wird der „Familienbonus Plus" angesehen. Anfang Juli beschlossen, wird er 950.000

Familien und über einer Million Kindern zugutekommen. Pro Kind und Jahr gibt es bis zu 1500 Euro Steuerbonus – für Menschen mit einem Einkommen bis zu 1750 Euro entfällt damit die Lohn- bzw. Einkommenssteuer ganz.

Am 9. Juli wurde im Nationalrat ein von Innenminister Herbert Kickl erarbeitetes verschärftes Fremdenrecht beschlossen, das mit 1. September in Kraft trat. Unter der langen Liste an Änderungen ist vor allem die Abstellung jener Missstände hervorzuheben, die die Österreicher am meisten ärgerten: So wird bei einem Urlaub im Heimatland, in dem man angeblich Verfolgung erleidet, automatisch der Asylstatus entzogen. Da sich bekanntlich sehr viele Migranten aus aller Welt als Syrer ausgeben, dürfen nun zur Verifizierung ihrer Reiseroute und ihrer Herkunft Mobiltelefone und andere Datenträger untersucht werden. Auch ein grober Fehler wurde repariert: Wie alle anderen Migranten dürfen auch Asylberechtigte wieder erst nach zehn Jahren um die Staatsbürgerschaft ansuchen, nicht schon nach sechs Jahren. Auch das Waffengesetz wird für Nicht-Österreicher verschärft.

Ende Juli meldete sich Verteidigungsminister Mario Kunasek zu Wort. Im Zuge seiner Sanierung des Bundesheeres und der Erkämpfung eines Katastrophenschutzpakets mit neuen Hubschraubern forderte er die Rückkehr zu einer Wehrdienstzeit von acht Monaten, die 2006 aus populistischen Wahlmotiven auf sechs Monate verkürzt worden war. Kunasek verlangte ferner eine Anhebung des Solds.

Am 23. August stellten Vizekanzler Strache und Sozialministerin Hartinger-Klein die Details für ein Pensionsplus vor. Pensionen bis 1115 Euro werden um 2,6 % erhöht. Erstmals seit mehreren Jahren liegt dieser Wert über jenem der Inflation, sodass es zu keinem Kaufkraftverlust kommt. Vizekanzler Strache: „Unsere Pensionisten, die so viel für Österreich geleistet haben, sind dieser Regierung immens wichtig. Sie haben es sich verdient, ihren Lebensabend in Würde verbringen zu können. Das haben wir als FPÖ versprochen, das halten wir auch."

HC Strache ist in seinem engeren Umfeld für seine soziale Ader bekannt. Seine Sekretärin Karin Schmutz, die ihn über die Jahre hinweg schon viele tausend Kilometer durch ganz Österreich und manchmal auch ins Ausland begleitet hat, erzählt gerne, dass man oft in der Planung zeitlich gut lag und liegt. Dann sucht man zwischendurch einen Supermarkt auf, um einen Imbiss zu kaufen – und bleibt dort eine Stunde hängen, weil Strache von verschiedenen Menschen angesprochen wird. Nicht wenige davon haben größere Sorgen. HC Strache hört sich alle an, er notiert Name, Kontaktmöglichkeit, Stichwort, gibt es an die Mitarbeiter weiter, und diese wiederum setzen die Parteifunktionäre vor Ort darauf an.

In Freude vereint: der erfolgreiche Vizekanzler mit seiner Frau Philippa und Mutter Marion Strache.

In einem Fall konnte diese soziale Ader des HC Strache in seinem Bereich als Sportminister einen schönen Erfolg feiern: Vanessa Šahinović, eine hoffnungsfrohe, junge österreichische Nachwuchs-Athletin, wurde bei den Jugendspielen in Baku 2015 von einem Bus erfasst und sitzt seitdem im Rollstuhl. Eine von Aserbaidschan versprochene Entschädigung wurde nicht gezahlt. Zwar kann die halbe Million Euro, die Aserbaidschan in diesem Frühjahr endlich zahlte, Vanessa ihr früheres Leben nicht zurückgeben, aber sie stellt neben dem Aspekt der Gerechtigkeit doch eine Erleichterung ihres neuen Lebens dar. Ausschlaggebend dafür war der Einsatz von Vizekanzler und Sportminister Strache. Peter Frauneder schreibt dazu in der „Kronen Zeitung" vom 20. Mai 2018: „Wobei neben Volksanwalt Günther Kräuter auch dem neuen Sportminister ein riesiges Dankeschön gebührt. Man muss, ja man kann gar nicht mit allem einverstanden sein, wofür Heinz-Christian Strache als Politiker eintritt. Aber mit der prompten und intensiven Intervention im ‚Fall Sahinovic' – noch dazu in Zeiten, in denen er rund um die Regierungsbildung jeder Menge Turbulenzen ausgesetzt war – bewies er vor allem eines: menschliche Größe!"

2018 – Vier Landtagswahlen und ein Bundesratsrekord

Die ersten paar Wochen des Jahres 2018 sind für die Freiheitlichen hart. Die Ministerbüros werden bezogen. In den Mitarbeiterstäben der Klubs und Geschäftsstellen kommt es zu teilweise erheblichen personellen Veränderungen. Opposition und Medien schießen sich erwartungsgemäß vor allem auf den neuen FPÖ-Vizekanzler ein. Sie orten zwei Angriffspunkte: Den „CETA-Umfaller" und den „Rauchverbot-Skandal", also die Beibehaltung der Wahlfreiheit für die Wirte. Man hört oft von einem „Abtausch" bei den Regierungsverhandlungen. Strache habe quasi ein Übel akzeptiert, um ein zweites durchzusetzen.

Unter diesen Voraussetzungen steht die niederösterreichische Landtagswahl am 28. Jänner 2018 unmittelbar bevor. Es gibt also keinerlei Schonfrist. Jene Parteien, die auf keinen Landeshauptmann-Bonus zurückgreifen können, spüren die Auswirkungen der Bundespolitik erfahrungsgemäß viel stärker. Beide Male, als die FPÖ von der Opposition in die Regierung wechselte – 1983 Rot-Blau, 2000 Schwarz-Blau – setzte es sofort empfindliche Niederlagen bei Landtagswahlen.

Spitzenkandidat Udo Landbauer blickt mit seinen 32 Jahren bereits auf eine beachtliche mehrjährige Karriere zurück. Er ist seit 2013 Landtagsabgeordneter und nebenbei in Niederösterreichs zweitgrößter Gemeinde Wiener Neustadt ein „Big Player". Er führt dort zweimal Stadtratsressorts, dazwischen fungiert er als Klubobmann im Gemeinderat. Er ist maßgeblich daran beteiligt, dass in dem roten Bollwerk der Wechsel zu einer Vier-Parteien-Koalition unter schwarz-blauer Führung stattfindet. Der Wahlkampf lässt sich suboptimal an. Landbauer legt es extrem oppositionell und persönlich angriffig gegenüber der Landeshauptfrau Johanna Mikl-Leitner an, die sich als Nachfolgerin von Erwin Pröll erstmals der Wahl stellt und um den Erhalt der Absoluten kämpft. Am 19. November 2017 bezeichnet er die Amtsverteidigerin in einer Presseaussendung als „Moslem-Mama-Mikl". Dass Landbauer selbst eine iranische Mutter hat, sorgt für zusätzliche Aufregung. Ab 18. Dezember 2017 befindet sich die FPÖ nicht mehr in Opposition, sondern in einer Regierungskoalition mit Mikl-Leitners Partei. Landbauer hat fünf

Tage vor der Wahl aber plötzlich ganz andere Sorgen: Die undurchsichtige „Liederbuch-Affäre" rund um die pennale Burschenschaft Germania zu Wiener Neustadt, der er angehört, setzt ihm massiv zu. Die Umfragen gaben bis dahin der FPÖ bis zu 20 %. Die beiden ambitionierten Ziele Landbauers (neuer Rekord durch prozentuelle Verdoppelung und Überholen der SPÖ) können nicht erreicht werden. Angesichts der Umstände umso beachtlicher sind das Plus von 54.000 Stimmen und 6,6 Prozentpunkten sowie die Verdoppelung von vier auf acht Mandate. Mikl-Leitner kommt dank der blauen Turbulenzen mit einem blauen Auge davon: Die VP fällt zwar knapp unter die Fünfzigprozentmarke, verliert 45.000 Stimmen und ein Mandat, hält aber mit 29 von 56 Sitzen die Absolute. Als das Kesseltreiben gegen Landbauer mit dem Wahlabend nicht endet, verlässt er am 1. Februar 2018 die Politik und kehrt erst im September 2018 in den niederösterreichischen Landtag zurück.

Die FPÖ hat unter widrigen Umständen die erste Hürde genommen, aber es gibt keine Verschnaufpause: Am 25. Februar ist Tirol an der Reihe. Der Tiroler Landeshauptmann Günther Platter stellt gleich zu Beginn klar, dass er ein Schwarzer und kein Türkiser sei. Von den beiden schweren Wahlkampf-Fouls an der FPÖ begeht er eines selbst: Als sich HC Strache bei einem unterstützenden Gastauftritt von einer Trommlertruppe – ganz in Schwarz gekleidet und mit Sonnenbrillen – auf die Bühne begleiten lässt, zeigt sich Platter erbost über den „martialischen Auftritt" und die „dunklen Gestalten". Dass das international gut gebuchte „Drumatical Theatre" auch schon mehrmals für die ÖVP aufgetreten war, verschweigt er geflissentlich. Den zweiten Versuch, die FPÖ ins Nazi-Eck zu stellen, unternimmt der ORF. Markus Abwerzger wird dabei gefilmt, wie sich im Wahlkampf auf der Straße ein Mann ihm gegenüber antisemitisch äußert. Abwerzgers anschließende Gegenrede wird herausgeschnitten.

Bei der Wahl verzeichnet die FPÖ den stärksten Zuwachs mit 6,2 % auf 15,5 %. Sie rückt von Platz 5 auf Platz 3 vor und holt beinahe noch die SPÖ ein. Aufgrund der politischen Zersplitterung des 36-köpfigen Landtags und des zusätzlichen Einzugs der NEOS geht sich nur ein Zugewinn von vier auf fünf Mandate aus. Der Zuwachs der ÖVP überkompensiert den Verlust der Grünen, und Platter setzt Schwarz-Grün fort.

Ein gerichtliches Nachspiel findet im April statt. Zwischen dem reuigen ORF-Tirol und dem versöhnlichen Abwerzger kommt es zu einem Vergleich: Der Rundfunk übernimmt die Verfahrenskosten und spendet 8000 Euro, dessen Empfänger Abwerzger auswählen darf. Er entscheidet sich für zwei Sozialprojekte.

Nur eine Woche nach Tirol steht Kärnten auf dem Programm. Das erste Mal seit neun Jahren darf die FPÖ dort auf ein gutes Ergebnis hoffen. Bei der Landtagswahl am 4. März 2018 legt sie unter Gernot Darmann um 6,1 % auf 23 % zu und baut damit den zweiten Platz aus. Statt sechs sind es nun neun Mandate. Kärnten wird endgültig ein „rotes Kaisertum" (18 von 36 Mandaten), weil die SPÖ die Prozente der Grünen aufsaugt, die ebenso aus dem Landtag befördert werden wie das Rest-BZÖ. Die SPÖ will weder mit den Freiheitlichen noch mit dem roten Renegaten Gerhard Köfer koalieren, der sich mit seinem „Team Kärnten" (vormals „Team Stronach Kärnten") knapp im Landtag hält. Obwohl die ÖVP die einzige Alternative darstellt, verkauft sie sich unter solch demütigenden Bedingungen, dass die SPÖ faktisch alleine regiert.

Den Abschluss im Landtagswahl-Quartett bildet am 22. April 2018 Salzburg. Die erst 25-jährige FPÖ-Spitzenkandidatin Marlene Svazek geht mit zwei Hypotheken in den Wahlkampf: Die Latte liegt mit 17 % hier bereits sehr hoch, und die „Freie Partei Salzburg" (FPS) des Ex-Freiheitlichen Karl Schnell kandidiert landesweit und ist besonders im Pinzgau sehr umtriebig. Obwohl auch Wilfried Haslauer seinen Landesfürstenbonus voll ausnützen kann und die FPS mit 4,5 % einen (wertlosen) Achtungserfolg erzielt, gelingen der FPÖ ein Plus von 1,8 % auf 18,8 % und der Zugewinn eines siebten Mandats. Die Grünen, die von über 20 % auf unter 10 % fallen, werden überholt und die SPÖ (20,0 %) um ein Haar eingeholt. Ohne FPS wäre man mit neuem Rekord zweitstärkste Kraft. Karl Schnell gibt bekannt, dass er bis zur Gemeinderatswahl 2019 Vizebürgermeister von Saalbach-Hinterglemm bleiben und sich danach aus der Politik zurückziehen wird. Haslauer lehnt eine Koalition mit den Freiheitlichen ab. Er schmiedet eine schwarz-grün-pinke Koalition, behält sich also die Grünen und nimmt die NEOS dazu, für die es die erste Beteiligung an einer Landesregierung darstellt. Nach diesem Erfolg erklärt überraschend NEOS-Gründer und Bundeschef Matthias Strolz seinen Rückzug aus der Politik bereits für Juni.

Sieht man sich die vier Landtagswahlen und die Veränderungen in Stimmen, Prozenten und Mandaten an, so ist die FPÖ die einzige Partei, die zwölfmal ein Plus aufweist. Selbst die NEOS, die überall erstmals antreten, schaffen das nur elfmal, weil es in Kärnten bei null Mandaten bleibt. Die FPÖ hat in Summe die meisten Stimmen, die meisten Prozentpunkte und die meisten Mandate dazugewonnen (siehe Grafik).

Unbemerkt von der Öffentlichkeit bedeutet das für die Strache-FPÖ auch einen neuen Allzeit-Rekord im Bundesrat. In der Länderkammer des Parlaments, die von den Landtagen beschickt wird, verfügt die freiheitliche

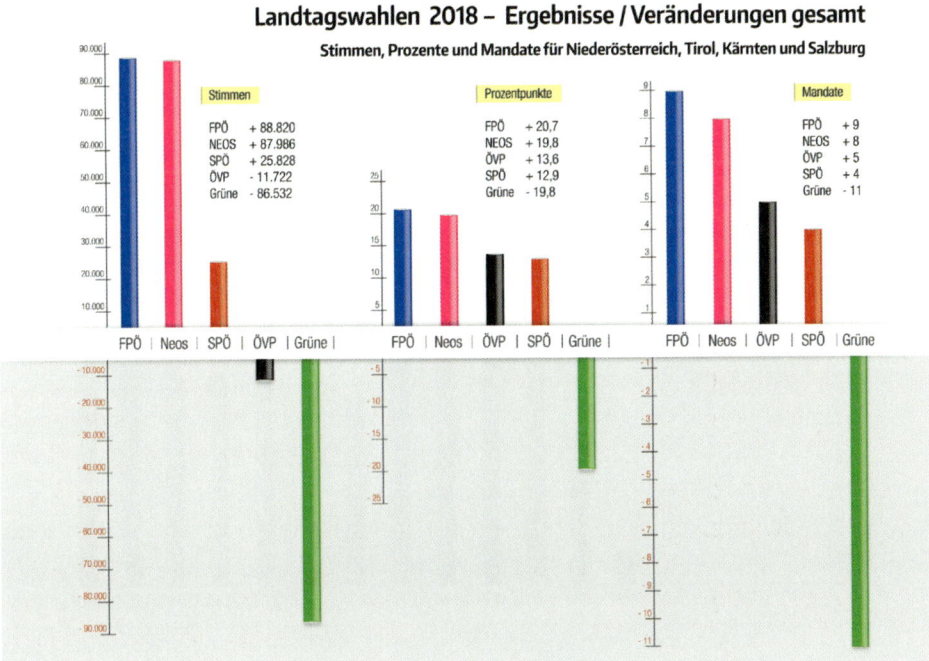

Landtagswahlen 2018 – Ergebnisse / Veränderungen gesamt
Stimmen, Prozente und Mandate für Niederösterreich, Tirol, Kärnten und Salzburg

Fraktion unter Monika Mühlwerth nun über 16 von 61 Sitzen. In den ersten drei Jahrzehnten ihres Bestehens war eine Vertretung im Bundesrat für die Freiheitlichen undenkbar. Aus dieser Zeit stammt ein witziges Detail: Noch heute wird manchmal parteiintern für die Bezirksräte nicht das Kürzel „BezR", sondern „BR" verwendet, das eigentlich jenes für die Bundesräte ist. Früher gab es keine Verwechslungsgefahr. Nach den Wiener Landtagswahlen 1987 nahm Heide Schmidt im Dezember desselben Jahres als erste Freiheitliche unter damals 63 Abgeordneten im Bundesrat Platz. Diese Zahl steigerte sich bis auf 15 von 64 im April 1998. Es folgte ein Absturz bis auf 1 von 63 im November 2005. Harald Vilimsky war damals sogar gegenüber zwei Orangen und vier Grünen in der Minderzahl. Heute hat man eine Hochblüte erreicht – und das während einer Regierungsbeteiligung auf Bundesebene.

Die Umfragewerte für Strache sind gut. Offenbar hat er auch seine CETA-Linie nachvollziehbar erklären können: dass man hier nachgeben musste, aber dem Abkommen glücklicherweise die Giftzähne – wie private Schiedsgerichte – gezogen worden sind.

Sebastian Kurz hat sich tatsächlich als türkis erwiesen. Die von ihm nominierten Regierungsmitglieder stammen nicht aus den reformfeindlichen schwarzen Landesgruppen, sondern sind allesamt Quereinsteiger. Die

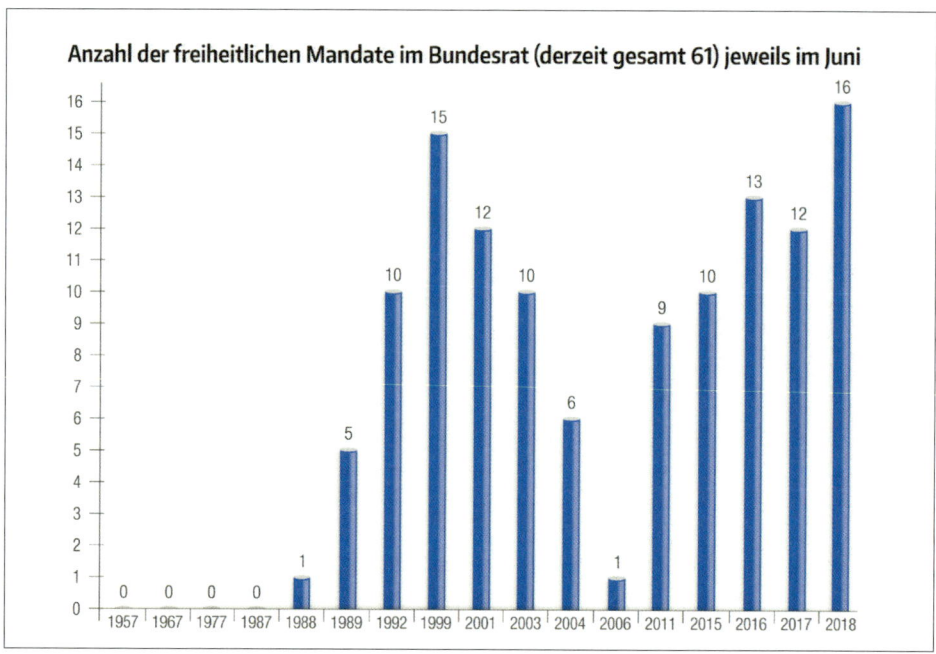

türkis-blaue Wahlkampfrhetorik war doch kein schwarzes Scheinmanöver, der Kampf gegen den Islamismus und gegen Wirtschaftsflüchtlingswellen wurde wirklich aufgenommen. Im Umgang mit dem Juniorpartner, der es in einer Koalition immer schwerer hat, waltet die Philosophie: „Leben und leben lassen." Wenn Kurz Russlands Präsidenten Putin trifft, dann wird Strache, dessen FPÖ mit der Kreml-Partei offiziell kooperiert, selbstverständlich mitgenommen.

Aufseiten der FPÖ hat das erfolgreiche Führungstrio der letzten Jahre, Strache/Hofer/Kickl, selbst Verantwortung übernommen. Das Brennglas des Jörg Haider, das aus dem Hintergrund einige Bundesregierungen hat scheitern lassen (Rot-Blau 1986, Schwarz-Blau 2002, Schwarz-Blau 2005; eigentlich auch Schwarz-Orange 2006) ist kein Thema mehr. Der Parteichef sitzt selbst in der Regierung.

Dass sich die Situation im Vergleich zu den ersten beiden freiheitlichen Regierungsbeteiligungen diametral verändert hat, zeigt Andreas Unterberger in seinem Blog. Der deklarierte Kurz- bzw. VP-Wähler von 2017 ließ am 12. April 2018 seiner Enttäuschung freien Lauf. Der letztendliche Anlass dafür war Justiz- und Reformminister Josef Moser. Der parteilose Osttiroler war 1993–2002 Direktor des FPÖ-Parlamentsklubs. 2004 wurde er auf den Präsidentenstuhl des Rechungshofes gehievt. Dort schlug er sich so gut, dass er eine zweite Amtszeit bis 2016 anhängen konnte. In der Öffentlich-

Russlands Präsident Vladimir Putin auf Staatsbesuch mit HC Strache im Kanzleramt.

keit wurde „Tschomo", wie man ihn in der FPÖ nannte, durch seine 600 Reformvorschläge bekannt. Die Politik müsse diese nur umsetzen, und schon würden etliche Milliarden mehr im Staatssäckel verbleiben. 2017 sammelte Sebastian Kurz prominente Quereinsteiger für die Nationalratswahlliste – und aus dem ehemals parteilosen Blauen und mittlerweile parteilosen Pensionisten wurde ein parteiloser Türkiser. Der Praxistest für den Theoretiker endete ambulant. Unterberger dazu: „Justizminister Josef Moser hat durch Rücktrittsdrohungen eine nachträgliche Budgeterhöhung erpressen wollen. Als er damit nicht durchgekommen ist, hat er offensichtlich eine nervliche Krise erlitten und sich mit ‚Blutvergiftung' ins Spital zurückgezogen." Unterberger ortet hier ein grundsätzliches Problem: „Sebastian Kurz hat sich bewusst fast nur mit politischen Anfängern umgeben. Er hat alle erfahrenen und kampferprobten ÖVP-Politiker beiseitegewischt, wie beispielsweise die Herren Lopatka, Amon, Kopf, Rupprechter oder Schelling. Diese Strategie sichert zwar seinen Status als im Kontrast zur Umgebung noch viel heller leuchtendes politisches Genie; das verhindert auch Widerspruch und Intrigen unter den ihm jeweils persönlich verpflichteten Ministern und Klubobleuten. Dadurch fehlt aber dem ÖVP-Chef der auch für jeden Top-Mann notwendige Widerspruch. Dadurch sind Menschen in Spitzenämter gestiegen, die dem wirklich beinharten politischen Job nicht gewachsen sind." Im Gegensatz dazu hat Strache ganz bewusst auf erfahrene Persönlichkeiten als Regierungsmitglieder gesetzt.

Unterbergers Unzufriedenheit mit dem türkisen Part der Bundesregierung nahm über die Monate noch zu. Am 14. September 2018 sah er ein altes, strukturelles Problem der ÖVP wieder hochkochen: „In der ÖVP ist hinter den Kulissen die alte Waschlappen-Partie aus Provinzbürgermeistern und Kämmerern wieder aus den Löchern gekommen, die schon für den Misserfolgs-Kurs von Josef Pröll und Reinhold Mitterlehner mitverantwortlich gewesen ist. Deren Motto Nummer eins: Kurz solle doch nicht so kantig sein. Motto zwei: Wichtig ist nur, dass ORF und die Mainstream-Medien nicht gegen die ÖVP hetzen. Motto drei sind die bei manchen unausrottbaren großkoalitionären Gene. Unausgesprochenes Motto vier: Die Wähler werden schon mitziehen, wenn wir wieder nach links gehen, wo sollen sie denn sonst hingehen (gegen ordentliches Beratungshonorar verrate ich ihnen gerne, wo die hingehen werden)."

Für die FPÖ schaut es auch sonst erfreulich aus: International sind die wirtschaftlichen und politischen Rahmenbedingungen 2017/18 wesentlich günstiger, als sie es 1999/2000 waren.

In den Medien wird oft das Fehlen einer Opposition beklagt – zu Recht: Ex-Kanzler Christian Kern wollte einfach nicht in die Rolle des Oppositionsführers hineinwachsen. Er agitierte gegen den freiwilligen Zwölf-Stunden-Tag, der Bestandteil seines eigenen, 2016 stolz präsentierten „Plan A" gewesen war. Und in Sachen CETA wetterte er gegen die Ratifizierung eines Vertrags, den er 2017 selbst unterzeichnet hatte. Kern wurde den Habitus der gekränkten Eitelkeit einfach nicht los. Anstatt in die wesentlich besser bezahlte Privatwirtschaft zurückzugehen, wollte er 2022 unbedingt sein ramponiertes Ego reparieren. Als er frustriert zur Einsicht kam, dass er vielleicht seine besten Jahre vergeudete, wählte er für sich einen dritten Weg: Er überrumpelte im September 2018 seine Partei, indem er seinen Rücktritt bekannt gab und sich im Alleingang zum SP-Spitzenkandidaten für die

EU-Wahl 2019 kürte. Das ambitionierte Ziel: EU-Spitzenkandidat aller roten Parteien und in weiterer Folge EU-Kommissionspräsident zu werden. Die erste der drei Hürden auf dem Weg dorthin schien noch leicht zu nehmen zu sein, denn die Sozialdemokratie liegt europaweit am Boden. Anfang Oktober folgte dann jedoch bereits der nächste Rückzieher: Nun will sich Kern nach eigenen Angaben nicht mehr der Politik, sondern nur noch der Privatwirtschaft widmen. Seine designierte Nachfolgerin (Joy) Pamela Rendi-Wagner ist ein politisches Leichtgewicht mit überholten linken Ideen. Ob ihr die Sanierung der SPÖ gelingen wird, ist äußerst fraglich.

Die Grünen haben sich nach 31 Jahren aus dem Nationalrat katapultiert.

Die Liste Pilz ist mit einer von Peinlichkeiten begleiteten Selbstzerfleischung beschäftigt. Der angebliche Doch-Nicht-Obergrapscher Peter Pilz kehrte zwar eilig in den Schutz der parlamentarischen Immunität zurück, musste dafür aber Maria Stern den Parteivorsitz überlassen, die auf ihr Mandat verzichtet hatte. Martha Bißmann, die dazu nicht bereit war, wurde ausgeschlossen. Den Klubvorsitz über „Peter Pilz und die nur mehr sechs Zwerge" teilen sich Bruno Rossmann und Wolfgang Zinggl.

Und die NEOS haben ihr Markenzeichen Strolz verloren.

Aus der Sicht vom September 2018 war HC Straches Entscheidung, in die Bundesregierung einzutreten, eine goldrichtige.

Hintergründe

Die FPÖ und das Judentum

„Die Rechten bringen Biertonnen in die Holocaust-Gedenkstätte!!!" Claus Pándi verliert zum zweiten Mal die Fassung. Er ist Innenpolitik-Chef der „Kronen Zeitung" und war eingeladen worden, eine FPÖ-Delegation Anfang Dezember 2010 nach Israel zu begleiten. Am 21. Dezember veröffentlichte er die filmische Dokumentation „100 Stunden – Pándi begleitet Strache durch Israel". Diese trieft derart vor beißendem Sarkasmus sowohl gegen die FPÖ-Delegation als auch gegen Israel, dass er von Journalistenkollegen fast noch mehr kritisiert wird als Strache.

Zwei Situationen kosten Pándi seine Contenance: Die eine führt David Lasar herbei, damals FPÖ-Stadtrat (heute FPÖ-Nationalrat) und Mitglied der Israelitischen Kultusgemeinde (IKG) Wien, indem er ihn über die antisemitischen Umtriebe des mutmaßlichen Muslimbruders Omar al-Rawi –

Der von den Nationalsozialisten verfolgte Künstler Arik Brauer beim Gedenkakt zum 8. Mai 2018 mit Vizekanzler Strache.

Verbindungsmann zwischen SPÖ und islamistischer Szene – aufklärt. Die andere ist der Besuch HC Straches in der Holocaust-Gedenkstätte Yad Vashem. Als Kopfbedeckung wählt er ganz bewusst den Deckel seiner pennalen Burschenschaft, um Theodor Herzl seine Reverenz zu erweisen. Der Begründer des Zionismus war in seiner Jugend Mitglied der (noch heute existierenden) Wiener akademischen Burschenschaft Albia gewesen. Pándi kriegt sich kaum mehr ein ob der „Provokation".

HC Strache gehört zur Gruppe der „1848er". Diese betrachten die Revolution von 1848 als Geburtsstunde der freiheitlichen Bewegung. Orte wie die Frankfurter Paulskirche, in die auch die Österreicher ihre Abgeordneten zur Deutschen Nationalversammlung entsandten, sind für sie heiliger Boden.

Und die 1848er wissen natürlich auch um den damaligen hohen jüdischen Anteil. Als Anstoßgeber für die Revolution gilt die Rede des jungen jüdischen Arztes Adolf Fischhof zur Pressefreiheit am 13. März 1848 im Hof des niederösterreichischen Landhauses in der Wiener Herrengasse. Und als das Militär das Feuer eröffnete, starb als erster Fischhofs jüdischer Glaubensgenosse Karl Heinrich Spitzer. Als er und die 34 anderen Todesopfer des 13. März vier Tage später auf dem Schmelzer Friedhof (heute der Märzpark vor der Wiener Stadthalle) beigesetzt wurden, sprach im Rahmen einer ökumenischen Feier auch Oberrabbiner Isaak Mannheimer. Das erste Druckwerk, das ohne Zensur veröffentlicht wurde, war das Gedicht „Die Universität", verfasst vom jüdischen Studenten Ludwig Frankl. Die freiheitlichen Revolutionäre forderten unter anderem die Gleichstellung der Juden, und diese begeisterten sich auch deswegen für die neue Bewegung.

Auf die antisemitischen Verirrungen der National-Freiheitlichen wird im Kapitel über die Burschenschaften eingegangen. Mit Adolf Hitler kommt es zur größtmöglichen Katastrophe. Der grausame, systematische Massenmord an den Juden ist auch ein Angriff aufs Deutschtum. Besonders augenfällig wird das in osteuropäischen Städten, die zur Donaumonarchie gehört hatten. In Czernowitz sind Deutschtum und Judentum ident. Mit dem Holocaust wird dort auch die deutsche Kultur ausgelöscht. Vereinzelte glückhaft Überlebende wenden sich radikal und für immer ab. Es tut weh, wenn der große Poet Paul Celan schreibt: „Der Tod ist ein Meister aus Deutschland."

HC Strache, der um all das weiß, ist um eine Verbesserung des Verhältnisses zur IKG in Wien und zum Staat Israel bemüht. Beim besagten Besuch 2010 waren als FPÖ-Funktionäre neben ihm und David Lasar auch Hilmar Kabas und Andreas Mölzer mit dabei. Letztgenannter hatte schon im März 1994 als Präsident des Freiheitlichen Bildungswerks ein Symposion zur deutsch-jüdischen Symbiose veranstaltet. Marcel Prawy referierte über

Richard Wagner, als Diskutanten auf dem Podium saßen Günther Nenning und Georg Fischhof, Nachfahre von Adolf Fischhof.

FPÖ-Vertreter reisen immer wieder nach Israel, was auf informeller Ebene unterschiedlich aufgenommen wird, vor den Kulissen jedoch auf keinerlei Gegenliebe stößt. Manche Juden lehnen die Annäherung der Freiheitlichen aus parteipolitischen Gründen ab, andere haben ehrliche Vorbehalte. Die Sensibilität ist – verständlicherweise – enorm.

Viele Juden beginnen, allmählich umzudenken. Dazu tragen absurd tragische Vorfälle bei: Im März 2018 wird die 85-jährige Mireille Knoll, die 1942 knapp den Nazis entkommen konnte, in Paris durch mehrere Messerstiche getötet. Den antisemitisch motivierten Mörder, einen nordafrikanischen Moslem, kannte sie seit dessen Kindheitstagen, war mit seiner Familie freundschaftlich verbunden. Den Holocaust hatte Knoll überlebt, den gegenwärtigen Islamismus nicht … Wenige Wochen später geht ein Video um die Welt, das zeigt, wie ein junger Kippa-Träger in Berlin von einem Araber auf offener Straße unter dem Schmähruf „Yahudi!" („Jude") mit einem Gürtel geschlagen wird.

Die Israelitische Kultusgemeinde verkündet zur gleichen Zeit, an Gedenkveranstaltungen zum Jahr 1938 nicht teilzunehmen, wenn bei diesen FPÖ-Vertreter anwesend sind. Das ist die offizielle jüdische Linie, die aber nicht von allen geteilt wird. Bei einem Festakt im Bundeskanzleramt zum 8. Mai erinnert sich der Maler und Musiker Arik Brauer an das Jahr 1945 und reicht danach HC Strache die Hand. Und am 29. Mai gratuliert auch HC Strache dem Präsidenten der Salzburger Kultusgemeinde Marko Feingold im Bundeskanzleramt zu dessen 105. Geburtstag. Feingold war von Bundeskanzler Sebastian Kurz eingeladen worden.

HC Strache und die FPÖ werden sich weiterhin um einen Ausbau dieses Dialogs bemühen und Menschen jüdischen Glaubens davon zu überzeugen versuchen, dass die Freiheitlichen 1848er sind – und bestimmt keine 1938er.

Die FPÖ und die Burschenschaften

„Und wenn er sich weigert, dann holen ihn die anderen von zu Hause und bringen ihn auf die Bude. Dort halten ihn dann einige fest, und einer macht ihm die Schmisse ins Gesicht!" Die steirische Studentin und deklarierte SP-Sympathisantin im Geschichte-Seminar an der Universität Wien kennt zwar keinen einzigen Burschenschafter, aber sie ist bei dem Thema trotzdem Expertin. Ein Studienkollege, der zwar selbst kein Burschenschafter ist, aber ständig mit einigen zu tun hat und sich mit der Geschichte der

Studentenverbindungen beschäftigte, schaltet sich ein: „Warum sollten sie das tun?" „Wegen des äußeren Erkennungsmerkmals!", doziert sie aufgebracht weiter. „Das Couleur, also Mütze und Band, reichen nicht?", bleibt ihr Kollege dran. „Nein!", entgegnet sie lautstark-trotzig. „Warum hat dann Viktor Adler, der Gründer der SPÖ, keinen Schmiss gehabt? Der war ja auch Burschenschafter", insistiert ihr Kollege. „Bei welcher?", fragt sie mit spöttischem Unterton, weil sie das offenbar für eine substanzlose Finte hält. „Bei der Arminia hier in Wien", fährt der Kollege fort, „wegen der Mützenfarbe auch ‚braune Arminen' genannt. Das war schon damals ein gutes Erkennungsmerkmal." Die Leider-doch-nicht-Expertin sondert ein gereiztes „Ach, lass mich doch in Ruhe!" ab, verschränkt ihre Arme, senkt leicht den Kopf und verharrt so grimmig schweigend bis zum Ende des Seminars.

Meistens ist in solchen Situationen aber niemand da, der Kontra geben könnte. Die noch Unbedarften nehmen dann das Gehörte mit und tragen die Mär weiter.

Die österreichischen Burschenschaften kämpfen heute mit vielen Missverständnissen, die sie kaum richtigstellen können. Für sie ist es verheerend, dass die österreichischen Sozialdemokraten seinerzeit in Berlin das burschenschaftliche Schwarz-Rot-Gold als Staatsfarben durchgesetzt haben. Wäre es das preußische Schwarz-Weiß-Rot geblieben, könnten sie heute ihre schwarz-rot-goldenen Bänder und Fahnen verwenden, ohne dass bei Otto Normalbürger sofort alle Anschluss-Alarmglocken läuten würden. Hört dieser dann noch, wie zwei Burschenschafter einander mit „Heil dir!" grüßen, ist das eine erschreckende Abrundung des Bildes. Seit die Nazis diesen alten Gruß, der dem andern Glück und Gesundheit wünscht, zu „Heil Hitler" und „Sieg Heil" pervertiert haben, vergisst Otto Normalbürger, dass er selbst sehr wohl mit „Schi heil", „Petri Heil" oder „Waidmanns Heil" grüßt.

Der Kontext hat sich seit dem 19. Jahrhundert fatal verändert. Das beste Beispiel ist August Heinrich Hoffmann von Fallersleben. Der verdienstreiche Hochschullehrer für Germanistik (und Burschenschafter) litt als umherziehender Freigeist genauso wie die Unternehmer unter der staatlichen Zersplitterung des deutschsprachigen Raumes. In seinem „Lied der Deutschen", das er 1841 auf Helgoland schrieb, kommt das inbrünstig zum Ausdruck. In der ersten Strophe geht es um den Zusammenhalt aller Deutschen, in der zweiten ziemlich unverblümt um „Wein, Weib und Gesang", in der dritten um die Einheit. Würde Hoffmann von Fallersleben heute hören, dass sein Lied die Hymne der BRD ist, wäre er stolz; aber er wäre entsetzt, wenn er erführe, dass sich die Staatsführung darauf geeinigt hat, nur mehr

Nach den Krawallen die Schuldumkehr.

die dritte Strophe („Einigkeit und Recht und Freiheit") anzuerkennen. Dass sein „Von der Maas bis an die Memel, von der Etsch bis an den Belt" in der ersten Strophe nach den Grenzziehungen von 1918/19 und 1945 nicht mehr aktuell ist, dafür kann der 1874 Verstorbene wahrlich nichts. Wenigstens werden seine vielen Kinderlieder wie „Alle Vögel sind schon da", „Der Kuckuck und der Esel" oder „Ein Männlein steht im Walde" noch ohne Einschränkungen geträllert.

Will man heutzutage das Gegenteil von liberal ausdrücken, so verwendet man fälschlicherweise „illiberal" oder „intolerant". Historisch richtig müsste es aber „servil" heißen (die „Liberales" und die „Serviles" waren im Spanien des frühen 19. Jahrhunderts die beiden politischen Lager des Bürgertums). Die Burschenschaften waren daher im besten Wortsinn liberal und zeigten sich aufmüpfig gegen Thron und Altar. In den noch jungen Parlamenten bildeten sie die Fraktion der Linken.

So wie ihre Traditionen änderten sie auch ihre Gesinnung nicht. Mit dem Wandel der Gesellschaft fanden sie sich durch Beibehaltung der Position plötzlich auf der rechten Seite wieder. Sehr schön zeigt sich das beim Thema Ehe. Früher gab es nur die kirchliche Hochzeit ohne Möglichkeit einer Scheidung. Die fortschrittlichen Kräfte, so auch die Burschenschafter, verlangten eine zivile Ehe mit Scheidungsmöglichkeit. Der Konflikt darum veränderte sogar die Landkarte Österreichs. Nach dem Ersten Weltkrieg bildeten die zwei Millionen Wiener ein Drittel der österreichischen Gesamtbevölkerung und zwei Drittel der Niederösterreicher. Der niederösterreichische Landeshauptmann Albert Sever war ein Roter, der mit der Ausschöpfung seiner eherechtlichen Kompetenzen aus Sicht der Christlichsozialen eine rote Linie überschritt. Da das hungernde Wien mit Südmähren seine Lebensmittelversorgung verloren hatte (Stichwort „Znaimer Gurkerl"), nützten die Christlichsozialen ihre agrarische Trumpfkarte und warfen Wien aus Niederösterreich hinaus. Wien wurde somit am 1. Jänner 1922 zum jüngsten österreichischen Bundesland. Auch die fortschrittlichsten Befürworter der Zivilehe hätten anno dazumal über die Idee einer Homo-Ehe herzlich gelacht. Es wäre so empfunden worden, als würden heute erste Stimmen für eine Sodo-Ehe zwischen Mensch und Tier laut werden. Im 21. Jahrhundert ist die Homo-Ehe Normalität in der westlichen Welt geworden, und die Burschenschafter, die ihren Standpunkt nicht verlassen haben, gelten als reaktionär.

Seinerzeit gehörte es für freisinnige Studenten einfach zum guten Ton, einer schlagenden Verbindung anzugehören. Nicht nur der Begründer des Marxismus (Karl Marx, Landsmannschaft der Treveraner in Bonn, heute

Persönlichkeiten, die in Burschenschaften und anderen Korporationen ihre Mensuren fochten

Politik

Hans Kudlich Befreier der österr. Bauern 1848	**Franz Dinghofer** Ausrufer der Republik Österreich 1918
Karl Marx Begründer des Marxismus	**Theodor Herzl** Begründer des Zionismus
Ferdinand Lassalle Gründervater der SPD	**Viktor Adler** Gründervater der SPÖ
Wilhelm Liebknecht Mitbegründer der SPD	**Engelbert Pernerstorfer** Mitbegründer der SPÖ
Carl Schurz Für Abraham Lincoln US-Innenminister	**Robert Bernardis** Hauptputschist gegen Hitler 1944 in Wien
Friedrich Ludwig Jahn Freiheitskämpfer und „Turnvater"	**Egon Erwin Kisch** Rotgardist 1918 und „Rasender Reporter"
Otto von Bismarck *Der* Staatsmann des 19. Jahrhunderts	**Eberhard Diepgen** Berliner CDU-Bürgermeister
Heinz-Christian Strache Vizekanzler der Republik Österreich	**Michael Häupl** Wiener SPÖ-Bürgermeister

Kunst & Kultur

Heinrich Heine „Letzter Dichter der Romantik"	**Robert Schumann** Komponist
Georg Büchner Namensgeber für Büchner-Preis	**Karl Emil Franzos** Dichter, Wiederentdecker Büchners
Wilhelm Hauff Vor allem Märchen wie „Kalif Storch"	**Hermann Bahr** Literaturkritiker u. Burgtheater-Dramaturg
Gustav Freytag Dichter, „Soll und Haben"	**Georg Heinrich Kührner** Hofmaler der Kaiser Franz Joseph und Karl
Theodor Storm Dichter, „Der Schimmelreiter"	**Heinrich Laube** Direktor des Burgtheaters
Ludwig Thoma Dichter, „Lausbubengeschichten"	**Julius Mosen** Schöpfer des Andreas-Hofer-Liedes
Heinrich Hoffmann von Fallersleben Dt. Nationalhymne, viele bek. Kinderlieder	**Ludwig Andreas Feuerbach** Philosoph
Nikolaus Lenau „Lyriker der Melancholie"	**Friedrich Nietzsche** Philosoph

Wissenschaft

Hans Geiger Physiker, „Geigerzähler"	**Heinrich Hertz** Physiker, „Hertzsche Wellen"
Ferdinand Porsche Autokonstrukteur mit 1.230 Patenten	**Justus von Liebig** Erfinder des Chloroforms
Konrad Duden Philologe, gleichnamiges Wörterbuch	**Alfred Brehm** Zoologe, „Brehms Tierleben"
Max Weber Soziologe und Nationalökonom	**Alfred Boas** Begründer der modernen amerik. Ethnologie

Nobelpreis

Theodor Mommsen Historiker I 1902 I Literatur	**(Karl) Ferdinand Braun** Elektrotechniker I 1908 I Physik
Wilhelm Ostwald Chemiker I 1909 I Chemie	**Gustav Stresemann** Politiker I 1926 I Friede
Hans Fischer Chemiker, Mediziner I 1930 I Chemie	**Carl Bosch** Chemiker, Techniker I 1931 I Chemie
Otto Loewi Pharmakologe I 1936 I Medizin	**Otto Hahn** Kernforscher I 1944 I Chemie

Corps Palatia) und der Begründer des Zionismus (Theodor Herzl, Wiener akademische Burschenschaft Albia) zählten dazu, sondern auch der Gründer der SPÖ (Viktor Adler, Wiener akademische Burschenschaft Arminia) und die Gründerväter der SPD (Wilhelm Liebknecht, u. a. Corps Rhenania Gießen, und Ferdinand Lassalle, Breslauer Burschenschaft der Raczeks, heute zu Bonn).

Gegen Ende des 19. Jahrhunderts wurden viele Korporationen vom gesellschaftlichen Virus des Antisemitismus infiziert, was 1896 in den „Waidhofener Beschlüssen" gipfelte: Juden wurden als nicht satisfaktionsfähig eingestuft. Die meisten der Ausgegrenzten schlossen sich in eigenen jüdischen Burschenschaften zusammen.

Im Dritten Reich wurden die Studentenverbindungen zur Selbstauflösung gezwungen. Ihre Mitglieder bekleideten teils hohe Positionen in der NSDAP und machten sich auch verschiedener Verbrechen schuldig, teils leisteten sie Widerstand. Beim Stauffenberg-Putsch am 20. Juli 1944 waren sie massiv beteiligt; Peter Graf Yorck von Wartenburg (Corps Borussia

Bonn) und Ulrich von Hassell (Corps Suevia Tübingen) sind nur die prominentesten Namen.

Im Nachkriegsösterreich schmolzen die akademischen Burschenschaften zusammen, und mit Öffnung der Universitäten in den 1970er-Jahren versanken sie auch prozentuell in der Bedeutungslosigkeit. Die Gesamtheit ihrer aktiven Burschen und Alten Herren kommt über den dreistelligen Bereich nicht hinaus. Mediziner und Juristen stechen anteilsmäßig signifikant heraus.

Mit dem Aufstieg der FPÖ gerieten auch die Korporierten in den Fokus, und es zeigte sich, dass beide füreinander Segen und Fluch zur gleichen Zeit sind. Schlagende, die politisch aktiv werden wollen, können das in Österreich nur mehr in der FPÖ tun. Selbst in der Obersteiermark, wo bis in die 1980er-Jahre hinein enge Verflechtungen zwischen Sozialdemokraten und Burschenschaftern der Montanuniversität Leoben bestanden, ist es damit vorbei. Das Gleiche gilt im politisch „schwarzen" Bereich: Die

Theodor Herzl, der Begründer des Zionismus, ganz rechts nach Mensur mit Kornblume im Knopfloch.

politische Karriere eines Markus Söder (CSU), der der nichtschlagenden Burschenschaft Teutonia Nürnberg angehört und im März 2018 zum Ministerpräsidenten Bayerns gewählt wurde, wäre in Österreich nicht mehr möglich. Sowohl in der FPÖ als auch in den Burschenschaften gibt es Diskussionen, wie sich eine politische Enthaltsamkeit der Burschenschaften oder eine strikte personelle Trennung auswirken würden. Manche gehen davon aus, die schlagenden Verbindungen würden weitgehend unbekannt sein und wie ein Briefmarkensammlerverein harmlos belächelt werden, andere meinen, sie würden verboten werden.

Einigkeit besteht nur darin, dass die mediale Hetze und die sich mehrenden tätlichen Übergriffe ein inakzeptables Ausmaß erreicht haben.

Die alljährlichen Demonstrationen gegen den Akademikerball in der Hofburg eskalierten 2012 und 2014 völlig. Unter dem Motto „Unseren Hass, den könnt ihr haben" richteten in eigenen Bussen aus Deutschland angereiste Linksextreme massive Sachschäden an, sogar einem ORF-Übertragungswagen wurde die Scheibe eingeschlagen. Begleitet wurde der „Schwarze Block" 2014 von der ehemaligen grünen ÖH-Vorsitzenden Janine Wulz, die jede Verantwortung von sich wies.

Seit dem Eintritt der FPÖ in die Bundesregierung und der „Liederbuch"-Affäre hat das Kesseltreiben zugenommen. So erscheinen immer wieder sonntags in der bunten Beilage der „Kronen Zeitung" einschlägige Karikaturen von Bruno Haberzettl. Einmal sieht man zwei Burschenschafter mit dem Rücken zur Wand und umgeben von lauter Kothäufchen, mit der Frage, ob es die FPÖ aus dem „rechten Eck" schaffen werde. Ein anderes Mal bildet derselbe Zeichner die Korporierten als Kanalratten ab. Der Vorname des Urhebers könnte fast als Bekenntnis zu einer bestimmten Ideologie missverstanden werden, ist doch die Darstellung von Minderheiten als tierisches Ungeziefer seit 73 Jahren gesellschaftlich verpönt.

In seiner Festrede am Akademikerball am 26. Jänner 2018 findet der frischgebackene Vizekanzler klare Worte: „Wir sind keine Opfer, wir sind auch keine Täter. Aber es ist unsere Pflicht, klar Stellung zu beziehen gegen Antisemitismus, Rassismus und totalitäres Denken." Und zu den Demonstranten: „Uns eint die Liebe zur Freiheit und die Liebe zur Heimat. Aber sicher nicht der Hass auf andere. Das Hassen überlassen wir jenen, die heute draußen stehen und völlig unreflektiert über uns herziehen und gegen uns hetzen."

Die FPÖ und das Deutschtum

„Gemmas on …?" Armin Assinger setzt sich auf und zieht am Revers seines Sakkos. Der Kandidat nickt. „So, Frage 15, es geht um eine Million Euro!" Nach einer kurzen Pause liest der beim Fernsehpublikum beliebte Kärntner Moderator mit Schisportvergangenheit laut vor, was sein Bildschirm zur höchsten Stufe der „Millionenshow" anzeigt:

„Wobei handelt es sich um eine Gemeinsamkeit von Wolfgang Amadeus Mozart und Jochen Rindt?

A: Beide starben an einem Monatsfünften.

B: Beide sind in Österreich begraben.

C: Beide wurden nicht in Österreich geboren.

D. Beide waren zeitlebens nie Bürger Österreichs."

Die geschilderte Situation ist eine fiktive, die Frage real. Die wenigen, denen die Millionenfrage gestellt wird, verfügen im Regelfall über keinen Joker mehr. Aber dieser würde in solch einer Situation ohnehin nur bedingt helfen können. Beim Publikumsjoker würden sich bei A und B zwei hohe Säulen ergeben. Denn jedes Kind weiß, dass Mozart in Salzburg das Licht der Welt erblickte und Rindt der erste österreichische Formel-1-Weltmeister war. Beim 50:50-Joker würden wahrscheinlich gemeinerweise C und D übrigbleiben. Der fiktive Kandidat wäre überfordert. Allerdings bräuchte es in diesem speziellen Fall für die Million lediglich Risikobereitschaft – denn alle vier Antworten sind richtig!

Beginnen wir bei der Auflösung mit Jochen Rindt. Er wurde am 18. April 1942 in Mainz geboren, wie schon sein Vater Karl Rindt 1903. Die heutige Landeshauptstadt von Rheinland-Pfalz ist dank der alljährlichen Fernsehübertragung am Faschingsdienstag Karnevalshauptstadt von ganz Deutschland. Sie ist die Heimat von Johannes Gutenberg, dem Erfinder des Buchdrucks, und von Franco Foda, dem österreichischen Fußball-Nationaltrainer. Nachdem Jochen Rindts Eltern 1943 bei einem Luftangriff auf Hamburg getötet worden waren, wuchs die Vollwaise bei den Großeltern mütterlicherseits in Graz auf. In der Formel-1-Saison 1970 gewann Rindt so viele Rennen, dass auch nach seinem tödlichen Unfall am 5. September im italienischen Monza kein Konkurrent mehr seine Punktzahl erreichen konnte. Jochen Rindt wurde in Graz beigesetzt. Der einzige postume Formel-1-Weltmeistertitel war zugleich der erste österreichische. Das wurde er aber nur, weil Jochen Rindt mit einer österreichischen Lizenz fuhr. Zeitlebens besaß er ausschließlich die deutsche Staatsbürgerschaft.

Das Musikgenie Mozart wurde am 27. Jänner 1756 in Salzburg geboren. Tags darauf erfolgte die Taufe im Salzburger Dom auf die Namen Joannes Chrysostomus Wolfgangus Theophilus. In der Familie wurde Mozart „Wolferl" gerufen; er bevorzugte für sich „Amadé". Das Talent wurde ihm durch seinen Vater, ebenfalls ein Komponist, in die Wiege gelegt. Leopold Mozart, geboren 1719 in Augsburg, dem schwäbischen Westen des heutigen Bayern, war fürs Studium nach Salzburg gegangen, wo er eine gute Anstellung am Hof und eine Braut gefunden hatte. Er sollte schließlich 1787 auch in Salzburg sterben. Sein Sohn überlebte ihn nur um wenige Jahre. Er erlag am 5. Dezember 1791 in Wien dem „hitzigen Frieselfieber". Wo genau Wolfgang Amadeus Mozart begraben liegt, ist nicht seriös zu beantworten. Beide infrage kommenden Friedhöfe gehören längst zum Wiener Stadtgebiet. Als Mozart 1756 geboren wurde, war Salzburg die Hauptstadt des gleichnamigen Fürsterzbistums, das wie sein Nachbarland Österreich dem Heiligen Römischen Reich Deutscher Nation angehörte. Salzburg hatte sich im Laufe des 14. Jahrhunderts aus Bayern herausgelöst und Eigenstaatlichkeit erlangt. Nach seiner Säkularisierung 1802/03 erlebte es einige turbulente Jahre, bis es nach dem Wiener Kongress 1816 endgültig zu Österreich kam (bis auf den Rupertiwinkel, der Bayern zugeschlagen wurde). Da hätte Mozart seinen 60. Geburtstag gefeiert, wenn er nicht schon 25 Jahre tot gewesen wäre. Mozart selbst sah sich, wie durch seine Briefe belegt ist, zeitlebens als glühenden „Teutschen". Übrigens legte erst Erzbischof Andreas Rohracher 1951 den Titel „Fürsterzbischof" zurück, den Titel „Primas Germaniae" behielt er für sich und seine Nachfolger, weshalb Salzburg bis heute das „Deutsche Rom" ist, auch wenn man es immer öfter „Rom des Nordens" nennt.

Salzburg ist, was seinen bayerischen Ursprung anbelangt, beileibe kein Einzelfall in Österreich. Wien gehörte bis 1469 zum bayerischen Bistum Passau, das heutige Oberösterreich und weite Teile des heutigen Niederösterreich gar bis 1783. Bis weit ins 15. Jahrhundert hinein hieß die heute zweitgrößte Stadt Österreichs Bayrisch-Graz, mit verschiedenen Schreibweisen und zur Unterscheidung von Windischgraz, dem heutigen Slovenj Gradec. In Wien gibt es zwölf Orte, die die altbairische Endung –ing aufweisen. Drei werden von der Wissenschaft als „unecht" bezeichnet, weil sie Eindeutschungen slawischer Namen darstellen (Währing, Döbling, Liesing), die anderen neun sind „echt". Penzing gab dem 14. Bezirk seinen Namen. In Bayern gibt es diesen Ort viermal, bei Landsberg am Lech auch als eigenständige Gemeinde. In Wien hatte Penzing ein weithin sichtbares äußerliches bayerisches Merkmal: den typischen Zwiebelturm der Pfarrkirche. Nach einem Brand 1945 trägt der Turm nun ein Steildach.

Österreich ist sprachlich bairisch geprägt. Bis auf Vorarlberg sowie in Tirol das Lechtal und die einzige Walsergemeinde Galtür, wo das Alemannische vorherrscht, werden in Österreich bairische Dialekte gesprochen. Diese haben freilich in manchen Regionen fremdsprachliche Einflüsse erfahren, etwa in Kärnten durch das Slowenische der zweiten Volksgruppe oder in Wien durch das Tschechische und Jiddische der zeitweilig starken Minderheiten.

Diese bairische Prägung ist kein Zufall: Das alte Ostarrichi begann 976–1156 als Markgrafschaft und war Teil des Herzogtums Bayern, bevor es zum Herzogtum Österreich wurde. Dieses wurde von den Babenbergern regiert, deren Name sich auf die Stadt Bamberg im fränkischen Norden des heutigen Bayern bezieht. Als diese Linie 1246 ausstarb, wechselte die Herrschaft über Österreich für dreieinhalb Jahrzehnte zwischen fünf verschiedenen

Adelsgeschlechtern, bis Rudolf I., der erste Habsburger-Herrscher des Heiligen Römischen Reiches, am Reichstag zu Augsburg im Dezember 1282 seine beiden Söhne mit dem Herzogtum Österreich belehnte. Die Regentschaft der Habsburger in Österreich (ab 1453 Erzherzogtum, ab 1804 Kaisertum) sollte bis 1918 fast lückenlos bestehen bleiben. Der Name der Habsburger ist von ihrem Stammsitz abgeleitet, der Hab(icht)sburg im heute deutsch-schweizerischen Kanton Aargau.

Ab Ferdinand I. (römisch-deutscher Kaiser 1558–64) wurde Wien endgültig zur Residenz und damit de facto zur deutschen Hauptstadt. Als der Imperialismus Napoleons sich anschickte, auch die römisch-deutsche Kaiserkrone an sich zu reißen, setzte Kaiser Franz II. zwei Gegenmaßnahmen: Er schuf 1804 das österreichische Kaisertum und löste 1806 das Heilige Römische Reich nach ungefähr tausend Jahren auf. Fortan war er der erste österreichische Kaiser Franz I. und verwirrt seitdem die Schulkinder als „Franz II. (I.)".

Um das alte Reich zu ersetzen, wurde an einem Nebenschauplatz des Wiener Kongresses 1815 der Deutsche Bund gegründet, dessen offiziellen Vorsitz Österreich innehatte.

Als nach der Revolution von 1848 die neu geschaffene Deutsche Nationalversammlung in der Frankfurter Paulskirche tagte, gehörten dieser nicht nur mehrere österreichische Abgeordnete an, sondern es führte auch der freisinnige Habsburger Erzherzog Johann den Vorsitz. Auf dem Stephansdom in Wien wehte die großdeutsch-freisinnige schwarz-rot-goldene Fahne.

1866 kam es zu einem Krieg, den Preußen nicht gegen Österreich, sondern quasi gegen Deutschland führte, denn die Mitglieder des Deutschen Bundes standen mehrheitlich auf der Seite Österreichs – sowohl größere wie die Königreiche Bayern und Sachsen als auch kleinere wie das Fürstentum Liechtenstein und die Freie Stadt Frankfurt. Preußen siegte und Österreich war das erste Mal in seiner damals knapp 900-jährigen Geschichte von Deutschland getrennt …

Die aus dem nationalen Gleichgewicht geratene Habsburgermonarchie wurde mit dem „Ausgleich" von 1867 zum Doppelstaat Österreich-Ungarn umgestaltet, Preußen übernahm das Kommando im 1871 gegründeten deutschen Kaiserreich. Die geistige Verbundenheit der deutschsprachigen Österreicher mit Deutschland blieb bestehen. Es gab über die Jahrzehnte unzählige Karikaturen zu den Nationalitätenkonflikten in der Donaumonarchie. Deren Völker wurden meistens in der typischen Tracht dargestellt. Die Bewohner des heutigen Österreich trugen dabei immer die Zipfelmütze des „deutschen Michel". Und Kaiser Franz Joseph bekannte sich stets stolz als deutscher Fürst. In der österreichischen Bündnispolitik war ein Pakt gegen das Deutsche Reich denkunmöglich.

Nach dem Ende des Ersten Weltkriegs zerbrach die Donaumonarchie. Völker, die sich miteinander verwandt fühlten, bildeten die neuen Staaten Tschechoslowakei und Jugoslawien. Jene Volksgruppen, die an ein gleichsprachiges Mutterland angrenzten, schlossen sich diesem augenblicklich an – Polen, Rumänen, Italiener. Das deutschsprachige Rumpfösterreich, ein all seiner Ressourcen beraubter Kleinstaat, tat flugs das Gleiche. Artikel 2 der neuen, demokratischen Verfassung lautete: „Deutschösterreich ist Bestandteil der Deutschen Republik."

Die Siegermächte untersagten den Anschluss kategorisch, und der Staatsname musste von Deutschösterreich in Österreich geändert werden. Der Widerwillen gegen die österreichische Eigenstaatlichkeit war so stark ausgeprägt, dass drei Bundesländer separat Volksabstimmungen durchführten: Im Mai 1919 entschieden sich in Vorarlberg 81 % für einen Anschluss an die Schweiz, im April 1921 in Tirol 98,5 % für Deutschland, ebenso wie 99 % im Mai 1921 in Salzburg.

Besonders stark, nahezu fanatisch, drängten die österreichischen Sozialdemokraten auf den Anschluss an Deutschland. Deren Chefideologe Otto Bauer träumte ganz offen von einem „sozialistischen Großdeutschland", und Friedrich Austerlitz, Chefredakteur des Parteiorgans „Arbeiterzeitung", titelte: „Heil Deutschland!" In der Eigenbezeichnung SDAP (Sozialdemokratische Arbeiterpartei) hatte Österreich demonstrativ keinen Platz. Hellmut Andics betitelte sein Buch zu diesem Thema treffend „Der Staat, den keiner wollte". Die Sozialdemokraten agitierten auch nach dem gescheiterten Anschluss weiter. Der Volksbildner Ludo Moritz Hartmann erreichte als österreichischer Gesandter in Berlin, dass die Fahne der neuen Republik nicht im kleindeutsch-preußischen Schwarz-Weiß-Rot, sondern in den deutschen Volksfarben Schwarz-Rot-Gold erstrahlte. In Österreich sorgte man unter Federführung Karl Renners für den farblichen Gleichklang im Bundeswappen. Der österreichische Bundesadler trägt ein schwarzes Federkleid, aus seinem goldenen Schnabel züngelt es rot. Und im „Roten Wien" verordnete der Stadtschulratspräsident Otto Glöckel, dass die Kinder zu Beginn jedes Schultages das „Deutschlandlied", dessen dritte Strophe heute in der BRD Staatshymne ist, in allen drei Strophen zu singen hatten. Dort trug auch der legendäre Sozialstadtrat Julius Tandler, von dessen Errungenschaften das Ansehen der SPÖ heute noch zehrt, gerne den Kalabreserhut der 1848er-Revolutionäre.

Dass die österreichischen Sozialdemokraten ebenso wie die Christlichsozialen Anfang der 1930er-Jahre einen radikalen Schwenk weg vom Anschluss vollzogen, lag ausgerechnet an einem Österreicher: Adolf Hitler. Die beruflich und privat gescheiterte Existenz musste nach einem verpatzten Putsch 1923 in München eine Festungshaft in Landsberg verbüßen, wo sie „Mein Kampf" verfasste. Hitlers NSDAP führte ein Schattendasein. Bei der Reichstagswahl 1924 erzielte sie 3,0 %, beim Urnengang 1928 gar nur mehr 2,6 %. Die durch den New Yorker Börsenkrach 1929 ausgelöste Weltwirtschaftskrise, die die Massenarbeitslosigkeit in Deutschland noch weiter anfachte, wirkte wie ein braunes Streichholz am Pulverfass: Bei der Reichstagswahl 1930 legte die NSDAP von 800.000 auf 6,4 Millionen Wähler zu, erreichte 18,3 % und stellte die zweitstärkste Fraktion. Hitler stand aufgrund des plötzlichen politischen Durchbruchs vor einem bizarren bürokratischen Problem – er besaß keine deutsche Staatsbürgerschaft. 1925 hatte Hitler erfolgreich die Entlassung aus dem österreichischen Staatsverband beantragt. Österreich war froh, den Tunichtgut loszuwerden, dessen Rücknahme man nach der Haftentlassung abgelehnt hatte. Der nunmehr staatenlose Hitler musste aber alsbald feststellen, dass die Einbürgerung trotz des Tragens der deutschen Uniform im Ersten Weltkrieg ein erstaunlich schwieriges Unterfangen war. Die Weimarer Republik war nämlich wesentlich föderaler aufgebaut als die spätere Bonner und die heutige Berliner Republik. Man musste Bürger eines Teilstaates werden, womit man automatisch auch Bürger des Deutschen Reiches wurde. Hitler scheiterte 1925 in Thüringen und 1929 in Bayern. Durch einige Winkelzüge – und dennoch nur mit Müh und Not – gelangte Hitler am 26. Februar 1932 durch den Freistaat Braunschweig an die deutsche Staatsbürgerschaft. Das war weniger als ein Jahr vor seiner Machtergreifung … Dann ging alles sehr schnell. Bei der Reichstagswahl am 31. Juli 1932 durfte er erstmals selbst antreten. Die NSDAP schoss hoch auf 37,3 % und konnte damit genau den gleichen Anteil erreichen wie die SPD und das christlich-konservative Zentrum auf den Plätzen 2 und 3 zusammen. Am 30. Jänner 1933 wurde er Reichskanzler und schaltete sogleich die anderen Parteien aus. Mit dem Tod des Reichspräsidenten Paul von Hindenburg am 2. August 1934 übernahm Hitler auch dessen Amt.

Ebenfalls 1932–1934 errichtete der christlichsoziale Bundeskanzler Engelbert Dollfuß den autoritären Ständestaat, dessen Herrschaftssystem auch „Austrofaschismus" genannt wird. Ein kurzer, aber heftiger Bürgerkrieg im Februar 1934 wurde von den christlichsozialen Machthabern so grausam geahndet, dass manche Sozialdemokraten im Juli 1934 einen nationalsozialistischen Putsch unterstützten, den Dollfuß nicht überlebte. Heute sind sich alle darüber einig, dass die Feindschaft mit den Sozialdemokraten im Kampf gegen den Nationalsozialismus ein schwerer Fehler war. Es wird aber dabei ausgeblendet, dass der schwarz-rote Konflikt entlang damals tiefer gesellschaftlicher Bruchlinien geführt wurde: Arbeitgeber gegen Arbeitnehmer, politischer Katholizismus gegen Antiklerikalismus.

Bei der Erläuterung der plötzlichen Gegnerschaft zu einem Anschluss trat das neue Regime in Wien die Flucht nach vorne an: Österreich sei das „bessere Deutschland". Es habe stets seine deutsche Mission im Südosten verfolgt und sei wesentlich edler als die Führung in Berlin, wo die Preußen, oberflächlich germanisierte Slawen, das Sagen hätten. Als der von vornherein auf verlorenem Posten stehende Bundeskanzler Kurt Schuschnigg am 11. März 1938 seine Abschiedsrede hielt, teilte er der Bevölkerung mit, dass er der Gewalt weiche, weil er keinesfalls „deutsches Blut vergießen" wolle. Diese Verhinderung eines deutschen Bruderkrieges war damals für Freund und Feind schlüssig, klingt für die Österreicher 80 Jahre später jedoch widersprüchlich.

Das Land war tief gespalten. Als Adolf Hitler am 15. März 1938 vom Balkon der Wiener Hofburg die Vollzugsrede hielt, jubelten ihm am Heldenplatz Hunderttausende zu. Hunderttausende andere saßen daheim und weinten. Und viele weitere flohen ins Ausland oder waren schon auf dem Weg ins KZ Dachau. Für die Volksabstimmungsfarce am 10. April 1938 (99,75 % für den Anschluss) gewannen die neuen Machthaber mit Ex-Kanzler Karl Renner und Kardinal Theodor Innitzer je eine prominente rote und schwarze Stimme für ein öffentliches „Ja". Viele illegale Nationalsozialisten, die teilweise im Anhaltelager Wöllersdorf eingesessen hatten, erlebten unmittelbar nach dem Anschluss ihre erste Enttäuschung, als Funktionäre aus dem „Altreich" die von ihnen angestrebten Positionen übernahmen.

Hitlers Hass auf Österreich war grenzenlos. In Wien war er von der Kunstakademie abgelehnt worden und hatte in Obdachlosenheimen wohnen müssen. Der tagelange Triumphzug, der ihm in Österreich jetzt bereitet wurde, konnte das nicht tilgen. Das Land hieß nunmehr „Ostmark", aus den Bundesländern Niederösterreich und Oberösterreich wurden die Reichsgaue „Niederdonau" und „Oberdonau". Hitler war zwar im oberösterreichischen Innviertel geboren worden, aber seine Eltern stammten aus dem niederösterreichischen Waldviertel. Mitten in diesem ließ er einen großen Truppenübungsplatz errichten, der so ausgeweitet wurde, dass ihm noch Strones, der Geburtsort seines Vaters Alois Hitler, zum Opfer fiel. In

Spital bei Weitra, dem Geburtsort seiner Mutter Klara Pölzl, untersagte er der stolzen Einwohnerschaft die Aufstellung eines Denkmals für ihn.

Insgesamt gesehen verbesserte sich während der ersten Monate im neuen „Großdeutschen Reich"die Stimmung auch unter Nichtnazis. Wie erhofft ging die Arbeitslosigkeit stark zurück. Für die meisten Menschen war nicht zu erkennen, dass dieser Wirtschaftsaufschwung eine Folge der direkten und indirekten Vorbereitung des Krieges war. Nicht wenige profitierten von der Ausschaltung jüdischer Konkurrenz oder der Bereicherung im Zuge der „Arisierung". Als Ende September 1938 die sudetendeutschen Gebiete auf diplomatischem Wege gewonnen werden konnten, erreichte die Zustimmung für das neue Regime ihren Höhepunkt. Die Sudetendeutschen waren jahrhundertelang Österreicher gewesen und 1918 gegen ihren Willen der neuen Tschechoslowakei einverleibt worden, wo ihnen zwei Jahrzehnte lang Repression widerfuhr. Die sudetendeutschen Gebiete im Süden Böhmens und Mährens waren – kulturell gesehen – verlängerte Mühl-, Wald- und Weinviertel. Nun wurden sie Teile von „Oberdonau" und „Niederdonau".

Der Beginn des Zweiten Weltkrieges im September 1939 änderte alles, aber immer noch nicht für viele Österreicher. Die schmählichen und schmerzlichen Ereignisse von 1918/19, als die Donaumonarchie, der zweitgrößte Staat Europas, in eine von den Siegermächten gegängelte kleine Rumpfrepublik umgewandelt worden war, waren noch sehr präsent. Die „Blitzsiege" gegen die Großmächte Polen und Frankreich gaben vielen Österreichern das Gefühl, „wieder wer zu sein". Erst 1942/43, als Hitler wie weiland Napoleon die winterlichen Weiten Russlands völlig unterschätzt hatte und in Stalingrad selbst die Wende einleitete, kippte auch die Stimmung zwischen Boden- und Neusiedler See. Die zahlreichen Toten an der Front und die alliierten Bombenangriffe ab August 1943, die von der alltäglichen Brutalität der Nazis begleitet wurden, führten zu einer tief greifenden Abkehr. Die am 1. November 1943 veröffentlichte Moskauer Deklaration der Alliierten, wonach Österreich als „erstes Opfer" Hitlers wiederherzustellen sei, sprach vielen aus der Seele. Das war auch der Grund, warum der Stauffenberg-Putsch am 20. Juli 1944 in Wien kaum Unterstützung fand, weil die Aufständischen zwar mit harter Hand gegen die Nazis vorgehen, aber Österreich bei Deutschland halten wollten.

Im Frühjahr 1945 bejubelten die meisten Österreicher sowohl das Kriegsende als auch die Überwindung der NS-Tyrannei. Sie sahen sich fortan als „erstes Opfer" der Außenpolitik Hitlers. Völkerrechtlich gesehen war das auch nicht falsch, denn das offizielle Österreich hatte bis zuletzt mit allen friedlichen Mitteln gegen den Anschluss gekämpft. Dabei war es von der internationalen Staatengemeinschaft im Stich gelassen worden, nur Mexiko hatte vor dem Völkerbund gegen den deutschen Einmarsch protestiert. Das Verhalten der österreichischen Bevölkerung erwies sich allerdings als janusköpfig. Nirgendwo gab es, gemessen an der Gesamtbevölkerung, so viele Widerstandskämpfer, aber auch so viele prominente Mittäter. Die Alliierten ließen ihre Moskauer Deklaration eine reine Deklaration sein, was sich besonders in der östlichen Besatzungszone zeigte: Rotarmisten begingen Massenvergewaltigungen und demontierten vom Krieg verschonte Industrieanlagen als „deutsches Eigentum". Es erfolgte der Abtransport in die Sowjetunion, wo österreichische Kriegsgefangene noch bis 1956 in Arbeitslagern zu Tode geschunden wurden.

Die Österreicher hatten ein für allemal genug vom Nationalsozialismus. Er hatte aus dem Volk der Dichter und Denker eines der Richter und Henker gemacht. Seine Verbrechen im Namen einer „deutschen Herrenrasse" bewirkten einen unermesslichen nachhaltigen Imageschaden für alles Deutsche. Aber immerhin verfügten die Österreicher in den ersten Jahren nach dem Krieg noch über ein Deutschbewusstsein. Das zeigt eine anekdotische Affäre um die Schulzeugnisse: Der Kommunist Ernst Fischer befand sich 1934–1945 im Moskauer Exil. In der ersten österreichischen Bundesregierung 1945 war er als Staatssekretär für den Unterricht zuständig. Er leitete in die Wege, dass in den Zeugnissen anstelle des Faches „Deutsch" nunmehr „Unterrichtssprache" zu stehen habe. Sein ÖVP-Nachfolger Felix Hurdes setzte das gerne um. Er war 1938/39 im KZ Dachau und 1944/45 im KZ Mauthausen interniert gewesen. Der Spott der Bevölkerung gab dem nominell neuen Unterrichtsgegenstand den Namen „Hurdestanisch".

Im Laufe der Jahrzehnte verfehlte diese neue Ideologie, die Österreich nicht nur als Staatsnation, sondern als eigene, völlig abgekoppelte Kulturnation propagierte, ihre Wirkung aber nicht. Von der Volksschule an eingeimpft, veränderte sie, die Österreich – wenn überhaupt – bestenfalls als deutschsprachig betrachtet, Generation um Generation. Das zeigte sich sehr augenfällig am 26. Oktober, der vom „Tag der Fahne" über den „Staatsfeiertag" zum „Nationalfeiertag" wurde.

So kommt es, dass heutzutage oft auch jene Österreicher, die sich lediglich in ihrer deutschen Muttersprache verständlich machen können und mit deutschem Familien- und auch Vornamen in einer Gemeinde mit deutschem Ortsnamen wohnen, die Deutschen für ein völlig fremdes Volk halten – unabhängig davon, ob sie dem nordwestlichen Nachbarland gegenüber freundschaftlich oder feindselig eingestellt sind.

Großveranstaltungen der FPÖ, wie hier das Neujahrstreffen in Wels am 16. Jänner 2016, muten wie Spiele der österreichischen Fußballnationalmannschaft an.

Für die FPÖ ist diese Entwicklung nicht ganz unproblematisch. Seit ihrer Gründung 1956 hat sie in ihren Parteiprogrammen immer eine klare Linie manifestiert: Der Anschluss ist tot, aber nicht die Kulturgemeinschaft mit einem Goethe, Schiller und Lessing. Die Sichtweise war keine großdeutsche, auf die BRD als Primat bezogene, sondern eine gesamtdeutsche, die auch die DDR, die Schweiz und Südtirol miteinbezog – und darüber hinaus alle anderen deutschen Volksleute, sei es ein donauschwäbisches Dorf in Südungarn oder eine Tiroler Siedlung im brasilianischen Urwald.

Die veränderte Einstellung der Österreicher trug mit dazu bei, dass die FPÖ bald auf eine Fünf-Prozent-Partei zusammenschmolz. Außerhalb dieser Partei leistete sich in der politischen Prominenz lediglich Bruno Kreisky ein Deutschtumsbekenntnis. Als Agnostiker mit jüdischen Vorfahren konnte er sich das auch besser als jeder andere leisten. „National ist in Österreich immer noch deutschnational", brummte er. Bruno Kreisky hatte es 1938 gerade noch ins neutrale Schweden geschafft. Sein Bruder Paul war ins britische Protektorat Palästina ausgewandert. Unter Bruno Kreiskys ermordeten Verwandten befanden sich einige, die in der Donaumonarchie deutschfreiheitliche Politiker und teilweise auch Burschenschafter gewesen waren. Da er keinerlei Berührungsängste zum Dritten Lager hatte, ließ sich der „Sonnenkönig" von der FPÖ 1970/71 auf den Thron hieven und schmiedete 1983 vor seiner Pension noch schnell eine rot-blaue Koalition. Spitzendiplomat Wolfgang Petritsch, zuvor einer der vielen Sekretäre Kreiskys, veröffentlichte 2010 eine Biografie. Darin erinnert er sich, wie der Kanzler einige Vertreter des Ringes Freiheitlicher Jugend (RFJ) zu sich einlud. Kreisky bekannte in lockerer Stimmung: „Wir sind doch alle Deutsche", und war von Holger Bauer, dem späteren Staatssekretär im rot-blauen Kabinett, bitter enttäuscht, weil dieser sich wand wie ein Wurm am Angelhaken.

Von einem ganz anderen Kaliber war diesbezüglich Jörg Haider. Als neuer, erfolgreicher FPÖ-Obmann setzte er im ORF-„Sommergespräch" im August 1988 eine gezielte Provokation: Er bezeichnete die „Österreichische Nation" als „ideologische Missgeburt" und fand im Interviewer Johannes Fischer einen kongenialen Partner – der fiel nämlich vor lauter Betroffenheit beinahe in Ohnmacht. Haider war damit für den Rest der sommerlichen Saure-Gurken-Zeit, wenn die Journalisten nicht wissen, was sie schreiben sollen, mediales Monopol-Objekt. Die Wochenzeitung „profil" bildete sogar am Titelblatt eine Fotomontage von Haider mit Wehrmachtshelm ab. Damals führten Meinungsforschungsinstitute alle paar Jahre Umfragen zu dieser Thematik durch. 1988, im großen „Bedenkjahr" (50 Jahre Anschluss), gaben nur fünf Prozent der Österreicher an, die österreichische Staatsnation sei Teil der deutschen Kulturnation, weitere zehn Prozent meinten, Österreich sei noch keine eigene Kulturnation, aber auf dem Weg dorthin. Wie das Nationalratswahlergebnis 1990 zeigte, hatte Haider diese 15 % bestmöglich mobilisiert. Er zwang damit auch die eigenen Parteifunktionäre dazu, sich dieser Frage zu stellen. Die Nr. 2 in der Partei etwa, Generalsekretärin Heide Schmidt, eine prononciert Liberale, gehörte dazu. Denn sie war 1948 als Heidi Kollmann, Tochter heimatvertriebener Sudetendeutscher, im bayerischen Allgäu geboren worden. Sie begegnete dem großen, kritischen Interesse der Öffentlichkeit mit dieser Formulierung: „Liberal ist die Freiheit des Einzelnen, national ist die Freiheit des Volkes."

In Wirklichkeit veränderte Jörg Haider die FPÖ in eine ganz andere Richtung. Das lag aber nicht an seiner ideologischen Sprunghaftigkeit (knapp vor der Nationalratswahl 1995 verkündete er innerhalb einer Woche über die Medien zuerst, dass die „Deutschtümler" die FPÖ verlassen sollten, um danach im kärntnerischen Krumpendorf bei der „Kameradschaft IV", einem

Veteranenverband der Waffen-SS, die Gastgeber als moralische Vorbilder zu glorifizieren), sondern an seinen Wahlerfolgen. Die FPÖ wurde für viele Menschen attraktiv, weit über die 15 % Deutschbewussten hinaus. Sie gaben der Partei bei Wahlen ihre Stimmen, manche wurden für sie aktiv. Einige traten ihr als Mitglied bei und übernahmen letztlich vielleicht sogar eine Funktion.

Generell haben sich alle vier Parlamentsparteien des Jahres 1986 sehr stark verändert. Noch bevor SPD-Frontmann Gerhard Schröder 1998 als neuer Kanzler „Genosse der Bosse" wurde und „Hartz IV" einführte, galten in Österreich die Kanzler Franz Vranitzky und Viktor Klima bereits als „Nadelstreif-Sozialisten". Zur gleichen Zeit rückte die zunehmend säkularisierte ÖVP gesellschaftspolitisch nach links. SPÖ und ÖVP trafen sich in der Mitte und wurden verwechselbar, die Große Koalition geriet zu einem politisch amorphen Klumpen. Die Grünen starteten als umweltschützerische Bewegung, die 1978 das AKW Zwentendorf und 1984 die Vernichtung der Hainburger Au verhinderte. Unmittelbar danach wurde sie von Kommunisten unterwandert und übernommen. Als die „Grüne Alternative" 1992 im steirischen Bad Gleichenberg erstmals einen Bundessprecher wählte, standen sich mit den Kandidaten Peter Pilz und Franz Floss zwei ehemalige Genossen der „Gruppe Revolutionäre Marxisten" gegenüber. Ihre Partei gab sich mit dem Erreichten noch nicht zufrieden und öffnete sich für Bürgerliche auf dem Weg nach links. Das blieb nicht ohne Folgen: Innerhalb eines Jahrzehnts war aus der Marxisten-Partei eine „Bobo"-Partie geworden. Medienorientierte Wohlfühl- und Gutmenschpolitikerinnen ohne festes ideologisches Gerüst wie Monika Langthaler und später Eva Glawischnig übernahmen das Ruder. Das gipfelte schließlich in dem Spaltungs-Desaster von 2017. Peter Pilz schaffte das bisher einmalige Kunststück, binnen kürzester Zeit zwei Parteien in die Luft zu jagen … Eine Rückkehr der Grünen ins Parlament, wie sie die FDP 2017 in der BRD schaffte, ist freilich nicht auszuschließen.

Als HC Strache im Jahr 2005 als Bundesobmann der FPÖ antrat, übernahm er eine andere Partei als 1980 Norbert Steger oder 2000 Susanne Riess-Passer. 1980 war die FPÖ eine Fünf-Prozent-Honoratiorenpartei, die primär aus Freiberuflern und Bildungsbürgern bestand. Im Jahr 2000 war sie eine 27-Prozent-Partei des „kleinen Mannes", der von den Medien gerne despektierlich als „Modernisierungsverlierer" bezeichnet wird. Strache konnte weder auf das eine noch auf das andere zurückgreifen, denn die FPÖ war geschwächt durch fünf Jahre Regierungsbeteiligung und nach der BZÖ-Abspaltung dem Tode geweiht. Rettungsrufe an das „nationale Lager" schienen sinnlos geworden, denn viele der „alten Nationalen" waren im vorangegangenen Vierteljahrhundert ins Pflegeheim oder auf den Friedhof übersiedelt – und das einzige Bundesland, wo sie noch in wahrnehmbarer Häufung lebten, war das Revier Jörg Haiders. Die Rettung gelang durch längst nicht mehr deutschbewusste Österreich-Patrioten. FPÖ-Großveranstaltungen, seien sie am Land in einem Festzelt oder in Wien unter freiem Himmel, muten an wie ein Länderspiel der österreichischen Fußball-Nationalmannschaft: Hunderte rot-weiß-rote Fahnen werden geschwenkt, viele Teilnehmer tragen rot-weiß-rote T-Shirts, Kappen, Schweißbänder.

Dementsprechend hat sich auch die Einstellung der stark gewachsenen freiheitlichen Anhängerschaft gegenüber dem Deutschtum geändert. Viele würden sich niemals als kulturell ident mit den „Piefkes" und „Marmeladingern" betrachten. Der deutschbewusste FPÖ-Funktionär war immer schon längere Diskussionen gewöhnt, beispielsweise an der Universität. Nun können ihm diese auch beim FPÖ-Stammtisch widerfahren. Speziell vor Begegnungen des ÖFB- und DFB-Teams heißt es in gespannter Erwartung: „Zu wem hältst du?" Der Deutschbewusste bleibt dann trotz der Absurdität der Frage ruhig und nützt die Gelegenheit der lebensnahen Erläuterung: „Na, selbstverständlich zu Österreich." Das nächste Córdoba kann nicht schnell genug passieren, idealerweise in einem WM- oder EM-Finale. Wenn das deutsche Team aber gegen Polen oder Peru spielt und sein Sieg keine Nachteile für Österreich mit sich bringt (z. B. ein Ausscheiden aus der Gruppenphase), dann drückt man ihm natürlich die Daumen. So wie bei einer Partie Italien-Frankreich viele Tessiner die Squadra Azzurra und viele Wallonen Les Bleus unterstützen, ohne dass ihnen in der Schweiz bzw. in Belgien Hochverrat vorgeworfen wird. Und wenn Polen auf Peru trifft, dann steht man als Europäer natürlich auf der Seite Polens.

Wenn deutschbewusste FPÖ-Funktionäre lesen, dass „die Deutschen zur größten Ausländergruppe in Österreich geworden sind", tut ihnen das doppelt weh. Zum einen wegen der Sichtweise, zum anderen, weil sie die politischen Verlierer des Zuzugs sind. Die Bundesdeutschen dürfen zwar in Wien nur auf Bezirksebene wählen, aber der Stimmzettel in eigener Farbe für die EU-Bürger verrät viel über sie. Wo sie gehäuft wohnen, dürfen die Grünen sogar auf eine absolute Mehrheit hoffen. Der durchschnittliche Türke sagt: „Die FPÖ wäre mir eigentlich am liebsten, aber die ist gegen den Islam und für die Kurden. Daher wähle ich die SPÖ, die ist das türken- und islamfreundliche Gegenteil und garantiert überdies, dass uns die Sozialleistungen und Vereinsförderungen nicht gestrichen werden." Der durchschnittliche Serbe sagt: „Ich wähle die Freiheitlichen. Sie behandeln uns wie ihresgleichen, und außenpolitisch haben sie Serbien immer die Treue gehalten." Der durchschnittliche Bundesdeutsche sagt: „Ich weiß noch nicht, wen ich wähle." Und fügt erbost hinzu: „Ich weiß nur, wen ich nicht wähle: Die FPÖ, denn die ist deutschnational …!"

Die FPÖ und die nationalen Minderheiten

„Die spinnen, die Römer!", das hörte man vor ziemlich genau 2000 Jahren sehr oft in unseren Breiten. Das Römische Reich hatte sich das ganze heutige Österreich südlich der Donau einverleibt und begann nun, das Leben der keltischen Einwohner, mit denen man vorher nur in Handelsbeziehungen stand, umzukrempeln. Die Kelten waren keine kurzfristige Erscheinung (als La-Tène-Kultur sind sie bei uns spätestens seit dem vierten vorchristlichen Jahrhundert nachgewiesen) und auch keine lokale. Sie besiedelten die Britischen Inseln, fast das ganze westeuropäische Festland und zogen sich über Mitteleuropa bis weit hinein nach Osteuropa. Sogar in Zentralanatolien und am Bosporus lebten die Kelten. Der im Neuen Testament der Bibel zu findende Galaterbrief des Apostels Paulus und der türkische Fußballverein Galatasaray İstanbul sind Dokumente dafür.

„Die spinnen, die Römer!", sagten die Kelten einige Jahre nach Christi Geburt an Bodensee, Neusiedler See und Wörther See. Sie meinten es mal positiv, mal negativ. Die größte Umstellung war der neue römische Kalender. Er war vor allem für die große Bevölkerungsmehrheit der Bauern gewöhnungsbedürftig und wurde vermutlich noch sehr lange ignoriert. Jener Tag, an dem die Erde in die Vollmondphase eintritt und sich die Kapillargefäße der Menschen verengen, ist – statistisch belegt – auch jener mit den meisten Unfällen und Gewaltverbrechen. Im alten keltischen Mondkalender fiel dieses astronomische und medizinische Ereignis immer auf Freitag, den 13. Im heutigen Kalender hüpft es von Monat zu Monat wild umher und ist als Datum nicht mehr greifbar. Die Phantomschmerzen des einfachen Volkes waren so groß, dass bis heute sinnloserweise diskutiert wird, ob Freitag, der 13., ein Unglückstag sei … Jene Abergläubischen, die sich gegen das harmlos gewordene Datum wappnen wollen und bei der Auswahl eines Glücksbringers zum vierblättrigen Kleeblatt greifen, haben sich unbewusst für ein Relikt der keltischen Kultur entschieden. Dass die Romanisierung auch Annehmlichkeiten mit sich brachte, die man schnell zu schätzen lernte, zeigen die Ausgrabungen am Kärntner Magdalensberg mit ihren entdeckten Fußbodenheizungen. Apropos Kärnten: Trotz Romanisierung und anschließender Germanisierung und Slawisierung ist kein Gebiet Österreichs so stark keltisch geblieben, was die Volkskultur anbelangt. In keinem anderen Bundesland gibt es in den Volkssagen so viele keltische Elemente, so viele Übereinstimmungen mit den irischen. Und in keinem anderen Bundesland gibt es noch ein keltisches Clan-Wesen. In den Kärntner Tälern bekennen sich viele Menschen zu einer bestimmten Großfamilie, die mehrere hundert Mitglieder umfassen kann. Irische Einwanderer hatten den keltischen Totenkult Samhain (in der Nacht von 31. Oktober auf 1. November) in die USA mitgenommen. Als dieser in den 1990er-Jahren als Halloween nach Europa zurückkehrte, wurde in Österreich heftig über die fortschreitende Amerikanisierung diskutiert. Viele Kärntner konnten darüber nur den Kopf schütteln: „Wir haben zu Hause immer schon in dieser Nacht einen Kürbis ausgeschnitten und mit einer Kerze ausgeleuchtet ins Fenster gestellt …!" Für die Genetiker gilt Rothaarigkeit in Mitteleuropa als keltisches Erbe. Somit dürfen sich automatisch auch alle Träger des Namens Fuchs, unabhängig von der Haarfarbe, als kleine Kelten fühlen. Denn als in unseren Breiten im Hochmittelalter Familiennamen gebräuchlich wurden, verpasste man Rothaarigen oft den Namen Fuchs. Die Kelten haben auch in österreichischen Ortsnamen ihre Spuren hinterlassen – in jenen, die wie Hallein und Hallstatt das keltische Wort für Salz (hal) enthalten, noch gut erkennbar. Ein anderes Beispiel zeigt sehr schön, was unter „historisch gewachsen" zu verstehen ist: Einige Kelten legten dort eine Siedlung an, wo die Donau eine Biegung aufweist, und nannten sie Lentos (gekrümmt). Die Römer übernahmen die Ansiedlung und latinisierten sie zu Lentia. Die Baiern schließlich verdeutschten sie zu Linz.

Die Romanisierung des heutigen Österreich bedeutete in der Donauregion extremes Multikulti. Der Strom war nämlich zum „nassen Limes" geworden, einer schwer befestigten Grenze gegen die gefürchteten Germanen. Und die zur Bewachung und Verteidigung eingesetzten Legionäre kamen prinzipiell von ganz woanders her. So schloss Rom von vornherein Loyalitätskonflikte aus. Dass die Soldaten bei lokalen Aufständen gegen ihre Familien hätten vorgehen müssen, wäre zu riskant gewesen. Wenn die Rekrutierten hingegen fern der Heimat von Unterworfenen als Römer angeeinet wurden, beschleunigte das ihre ganz persönliche Romanisierung noch. In Lauriacum (heute als Lorch Stadtteil von Enns) war die Romanisierung eine direkte, kamen die Legionäre doch aus Italien, und Latein war ihre Muttersprache. Das war aber eine Ausnahme. Im untergegangenen Carnuntum waren Thraker stationiert – ein ausgestorbenes indogermanisches Volk, dessen Kernsiedlungsgebiet das heutige Bulgarien war. Im ehemals keltischen Vindobona, dem heutigen Wien, versahen römische Legionäre aus dem heutigen Syrien ihren Dienst. Und jene Legionäre, die das heutige Tulln aus dem sumpfigen Boden stampften, nannten ihr Lager Comagenae. Denn sie stammten aus dem von den Römern annektierten Königreich Kommagene, dessen damaliges Staatsgebiet heute größtenteils zur Türkei gehört und von Kurden bewohnt wird.

Mit der Austria Romana war es nach ungefähr viereinhalb Jahrhunderten vorbei, wie man in der „Vita Sancta Severini" faszinierend lebhaft nachlesen kann. Ihr Erbe ist noch immer allgegenwärtig. Unsere deutsche Sprache ist voll von lateinischen Lehn- und Fremdwörtern – vom Fenster bis zur Republik. In Wissenschaftssparten wie der Medizin ist das Lateinische internationale Fachsprache geblieben. Wir haben auch das römische Privatrecht übernommen und nicht zuletzt die lateinische Schrift. Nur die römischen Zahlen haben wir durch die arabischen ersetzt, weil deren System die mathematisch unverzichtbare Null beinhaltet.

Das Weströmische Reich war an der Völkerwanderung zerbrochen. Asiatische Reiter trieben germanische Populationen vor sich her. Mit einer dieser Reitergemeinschaften kamen quasi im Schlepptau die Slawen. Sie besiedelten das heutige Österreich von Osten her bis nach Osttirol hinein, aber eher schütter, sodass sie sich nur in Kärnten halten konnten (die Burgenlandkroaten kamen erst im 16. Jahrhundert auf der Flucht vor den Osmanen). Nach diesem slawischen Zwischenspiel etablierten Baiern, Franken und im Westen Alemannen nach und nach die deutsche Kultur im Land.

Auf einem Gebäude im Herzen der Bundeshauptstadt gibt es eine plakative, aber trotzdem gänzlich unbeachtete Inschrift, die den Umbruch von der Antike zum Mittelalter nicht unpathetisch auf einen Zweizeiler zusammenpresst:

> „Im Völkersturm Rom's Feste schwand
> Voll Kraft das deutsche Wien erstand."

Mit dem Vertrag von Saint-Germain-en-Laye 1919 war Österreich von einer Vielvölkergroßmacht zu einem kleinen, deutschen Nationalstaat geworden. Ethnische Minderheiten gab es nur mehr als Spurenelemente.

Sowohl uralte Minderheiten als auch sehr junge, die sich erst noch anschickten, Fuß zu fassen, waren verschwunden. Vorarlberg ist dafür ein gutes Beispiel: Jene italienischen Arbeitskräfte, die aus „Welschtirol", also dem Trentino, gekommen waren, gingen entweder in ihre Heimat zurück, die jetzt zu Italien gehörte, oder wurden schnell assimiliert. Von ihnen zeugen nur mehr Familiennamen wie Bilgeri oder Girardelli. Jene Vorarlberger, die man äußerlich als Latino-Typen beschreiben würde und die eingedeutschte romanische Familiennamen tragen, sind Nachfahren der Rätoromanen des Montafon. Deren letzte Muttersprachler waren schon im 19. Jahrhundert gestorben. (Ob der Vorname Roman des ORF-Moderators Rafreider bewusst auf diese Wurzeln Bezug nimmt, ist unbekannt.)

Nach dem Zweiten Weltkrieg schaute es für die angestammten Minderheiten noch düsterer aus. Während die Mehrheitsbevölkerung um allein 400.000 Sudetendeutsche anwuchs, hatte es vor allem Wien erwischt. Im Schmelztiegel der stark expandierenden Kapitale des Habsburgerreiches mischten seit dem 19. Jahrhundert vor allem die Tschechen und Juden sehr stark mit. Erstere schufen als „Ziegelbehm" im Arbeiterbezirk Favoriten sogar ein eigenes (noch existentes) Vergnügungsviertel, den Böhmischen Prater. Und zweitere waren in der Leopoldstadt so stark, dass dieses Gebiet zwischen Donau und Donaukanal „Mazzesinsel" genannt wurde. In Wien werden in der Alltagssprache immer noch zahlreiche tschechische und jiddische Begriffe verwendet.

Die Tschechen haben sich nicht nur unübersehbar im Wiener Telefonbuch verewigt; sogar ihre besonders harte Aussprache eines bestimmten Konsonanten fand als „Meidlinger L" Eingang in die Wiener Mundart. Nach Ende des Zweiten Weltkrieges gingen viele Wiener Tschechen nach Böhmen und Mähren, wo es keine Kriegsschäden gab und die entdeutschten Randgebiete leer standen. Hätten sie geahnt, dass die Tschechoslowakei bereits 1948 kommunistisch werden würde, hätten sich viele anders entschieden. Auch die Flüchtlinge des Jahres 1968 konnten die Assimilierung nicht mehr aufhalten. Der Kern des Wiener Tschechentums ist heute auf die Komenský-Schule zusammengeschmolzen, deren Erhaltung den Großteil der bescheidenen Volksgruppenförderung verschlingt.

Unübertrefflich schlimm war das Schicksal der Juden. Wie vernichtend die Verfolgung in Wien wirkte, zeigen zwei Zahlen: Während es in den 1920er-Jahren mehr als 200.000 bekennende Juden gab, hat die Israelitische Kultusgemeinde heute gerade einmal 8000 Mitglieder … Der Abfluss an Intelligenz war unbeschreiblich. Allein von jenen, die der systematischen Massenmordmaschinerie der Nazis durch rechtzeitige Emigration entrinnen konnten, profitierten vor allem die USA jahrzehntelang.

Im niederösterreichischen Weinviertel verstummten in der Zweiten Republik die Marchfeldkroaten endgültig, und im einst sehr slowakischen Hohenau an der March hatten sich die Hojač verwestenthalert.

Das Burgenland, das 1919 als Deutsch-Westungarn zu Österreich zurückkam, mutete als einziges Bundesland fast noch ein wenig donaumonarchisch an. Seine Landeshauptstadt Eisenstadt wurde von den Einwohnern sonst noch Železno (auf Kroatisch), Kismarton (auf Ungarisch), Tikni Martona (in Romanes) und Asch (auf Jiddisch) genannt. Eine nennenswerte Stärke mit mehreren eigenen Ortschaften wiesen nach 1945 aber nur mehr die Kroaten auf.

Die nationalen Minderheiten haben in der Gesellschaft der Zweiten Republik vollständige Integration erreicht. Das zeigen vor allem die Burgenland-Kroaten. Sie brachten es bis zum Bundeskanzler (Fred Sinowatz), Bundesminister (Norbert Darabos, Nikolaus Berlakovich), Landeshauptmann (Lorenz Karall), bis zur Volksanwältin (Terezija Stoisits) und bis zum derzeitigen Eisenstädter Erzbischof (Ägidius Zsifkovics). Diese Aufzählung erhebt keinerlei Anspruch auf Vollständigkeit. Die beiden Letztgenannten haben ihre Wurzeln im südburgenländischen Dörfchen Stinatz/Stinjaki, dessen Familien die österreichische Prominenz immer wieder mit Nachschub versorgen (Resetarits, Stipsits, Grandits).

Die FPÖ unterhält insbesondere im Burgenland freundschaftliche Kontakte zu den Minderheiten, deren Angehörige gelegentlich Mitglieder und Funktionäre werden. Da wird zwischendurch auch einmal ein Rom Gemeinderat. Insbesondere die National-Freiheitlichen sehen in den Minderheitenvertretern Seelenverwandte. Jene wollen ihre kulturelle Identität für sich und ihre Nachkommen bewahren, wie diese selbst es für die deutsche Mehrheitsbevölkerung anstreben. Und manchmal beneiden sie die nichtdeutschen Minoritäten, weil diese für ihr nationales Engagement von Staat und Gesellschaft (verdientermaßen) viel Applaus ernten, während ihr eigenes in die Nähe des Nationalsozialismus gerückt wird.

In Kärnten hingegen, wo es zwei blutige Konflikte um die Grenzziehung und zwei südslawische Besetzungen gab, spiegelte sich das Verhalten der Mehrheitsbevölkerung im Verhalten der FPÖ wider. Deren Minderheitenfreundlichkeit beschränkte sich auf die Windischen. Diese waren die Nachfahren der Alpenslawen, die Ende des 6. Jahrhunderts zeitgleich mit den Baiern in das heutige Kärnten einwanderten. Einige Orts- und Flurnamen weisen noch auf sie hin, etwa Windische Höhe. Im „Völkerfrühling" des 19. Jahrhunderts wurden nördlich der Karawanken aus den Windischen Slowenen, weil das die Dorfpfarrer so wollten. In vielen Kärntner Dörfern gab es eine ähnliche Beziehungskiste wie zwischen Don Camillo und Peppone. Allerdings war hier der Gegenspieler des konservativ-slowenischnationalen Pfarrers nicht ein kommunistischer Bürgermeister, sondern der freisinnig-deutsche Volksschullehrer.

Nach Erstem Weltkrieg und Kärntner Abwehrkampf kam es in Südkärnten am 10. Oktober 1920 zu einer Volksabstimmung über die Grenzziehung. Obwohl es hier bei der Volkszählung von 1910 ungefähr 60 % Slowenen gegeben hatte, stimmten trotz aller Anstrengungen knapp 60 % für Österreich. Die Vorgänge rund um das fortan heilige Datum waren weit weniger mythenbeladen als in der Kärntner Historiographie. Den für Jugoslawien schockierenden Unterschied machten die Windischen. Sie waren Nationalbewegungsverweigerer. In den eigenen vier Wänden und in der Dorfgemeinschaft sprachen sie ganz selbstverständlich ihren slawischen Dialekt. Mit ihren Kunden auf den Märkten in Klagenfurt und Villach sprachen sie ganz selbstverständlich Deutsch. Fernab von akademischen Themen wie „Nation", „Ethnie" oder Schaffung einer eigenen Schriftsprache konnten sie klar denken und wussten: Als Bauern würde das Eingeklemmt-Werden zwischen Staatsgrenze und Karawanken für sie das Ende ihrer wirtschaftlichen Existenz bedeuten. So entschieden sie sich ganz nüchtern für Österreich. Es gibt diesbezüglich übrigens auch ein Beispiel in die andere Richtung: Vergleicht man die Zahlen der Volkszählung von 1910 und der Volksabstimmung von 1920, zeigt sich, dass in Ferlach definitiv Deutsche für Jugoslawien votierten. In der Büchsenmacherstadt musste man sich zwischen dem großen Jugoslawien mit allgemeiner Wehrpflicht und dem kleinen Österreich, dem von den Siegermächten lediglich ein winziges Berufsheer mit leichter Bewaffnung zugestanden worden war, entscheiden.

Noch einmal so richtig eskalierte die Situation ab 1941. Nazi-Deutschland, zu dem Kärnten jetzt gehörte, marschierte in Jugoslawien ein. Die Kärntner Slowenen wurden ausgesiedelt und übers „Altreich" verstreut. Viele flohen vorher und schlossen sich den Tito-Partisanen an. Diese überfielen Bauernhöfe, wo sie raubten, mordeten und vergewaltigten. Ihre bevorzugten Ziele waren die Windischen, weil sie diese als Verräter ansahen.

Die Windischen waren in Kärnten nicht wirklich anerkannt. Es gibt abschätzige Bezeichnungen wie „windischer Potukl". Manchmal teilten sie auch Schimpfwörter mit den Slowenen. Das, was an den Windischen geschätzt wurde, war ihre leidenschaftliche Abgrenzung von den Slowenen. Während den Deutschtumsbekennern unter den Freiheitlichen außerhalb Kärntens oft Anschlussgedanken und eine Nähe zum Totalitarismus unterstellt wurden, ließen sie selbst innerhalb Kärntens genau das den Slowenen angedeihen. Auch wenn es vereinzelte kommunistische Funktionäre und katholische Geistliche gab, die in diese Richtung agierten, so war die pauschale Verdächtigung der gesamten Volksgruppe (alleine schon durch den

Begriff „Nationalslowenen" im Gegensatz zu den „Deutschkärntnern") ungerecht und auch eine taktische Dummheit.

Nach dem Zweiten Weltkrieg übten bekennende Windische in allen drei Landtagsparteien Funktionen aus. In der FPÖ war der prominenteste der 2002 verstorbene Erich Silla, 1956–1984 Landtagsabgeordneter, zeitweise sogar Klubobmann. Als Slowenenvertreter in Wien erreichten, dass die Windischen von den Volkszählungsformularen verschwanden, bekannten diese sich als Deutsche. Heute gibt es nur mehr wenige Hundert bekennende Windische, die meisten davon im vorgerückten Alter. Und die Slowenen sind zahlenmäßig ungefähr dort angelangt, wo die Windischen einmal waren.

Die beiden Hauptprobleme der Kärntner Slowenen sind eher kurios: Der ungewöhnlich hohe Akademikeranteil verstärkt die Abwanderung. Wer in Klagenfurt, Graz, Wien oder Laibach studiert hat und hoch qualifiziert ist, kommt nach Eisenkappel/Železna Kapla oder Zell-Pfarre/Sele-Fara nur mehr auf Besuch zurück. Und slowenische Pfarrer, die auch in Gemeinden mit großer deutscher Mehrheit Messen ausschließlich in slowenischer Sprache lesen und bei Begräbnissen Reden und Lieder in deutscher Sprache verbieten, sorgen für böses Blut zum Schaden der Volksgruppe.

In Kärnten sind das Deutsche und das Slowenische seit 1400 Jahren eng verzahnt. Die Menschen im Lande tragen Namen wie Arnulf Tschabuschnig und Mirko Aichholzer. Ein Kärnten ohne Slowenen wäre wie ein Böhmen ohne Deutsche – unnatürlich und kulturell ärmer.

Schon der Vorgänger des jetzigen Amtsinhabers, der vorerst letzte freiheitliche Landeshauptmann Gerhard Dörfler, ging im Sinne einer Entspannung und Normalisierung des Verhältnisses auf die Slowenen zu.

Im aktuellen Parteiprogramm der FPÖ heißt es: „Unsere autochthonen Volksgruppen der Burgenlandkroaten, Slowenen, Ungarn, Tschechen, Slowaken und Roma sind als historisch ansässige Minderheiten eine Bereicherung und integrierter Bestandteil Österreichs und unseres Staatsvolkes."

Dass die Minderheitenfreundlichkeit der FPÖ keine leere Phrase ist, zeigte sich im Jahre 2009. Damals wurde von der Bundesregierung geplant, dass Migranten-Communities ab der dritten Generation Volksgruppenstatus erreichen können sollten. Weil die angestammten Minderheiten dadurch an die Wand gedrückt worden wären, protestierte der freiheitliche Verfassungssprecher und stellvertretende Bundesobmann Harald Stefan aufs Schärfste dagegen und konnte diesen Anschlag verhindern.

Die FPÖ und die Migranten

„Musst du FPE wählen! Strache super – gegen mehr Ausländer!" Der als politisch links deklarierte Komödiant Robert Palfrader ist den Österreichern noch nicht als „Robert Heinrich I." samt eigener Hauptabend-Fernsehsendung („Wir sind Kaiser") bekannt und werkt noch für das ORF-Spaßformat „Echt fett", bei dem mit versteckter Kamera gearbeitet wird. Als Oberösterreicher mit südtirolerisch-ladinischen Wurzeln fühlt er sich an seinem Wohnort Wien vielleicht fremd. Das erleichtert es aber immerhin ungemein, sich in die hiesige xenomane Künstlerszene einzufügen. Und diese ist entsetzt, dass seit den Wien-Wahlen 2010 die FPÖ auch bei den Migranten den zweiten Platz eingenommen hat. Um das schier Unbegreifliche zu karikieren, hüpft Palfrader als vermeintlicher FPÖ-Aktivist auf der stark frequentierten Einkaufsmeile Mariahilfer Straße wie Rumpelstilzchen umher und macht mit starkem südslawischen Akzent lautstark „fir de Frajchajtliche" Wahlwerbung. Als er eine reifere, rotblonde Passantin in die Mangel nimmt, um sie von der „FPE" zu überzeugen, lächelt diese lediglich übers ganze Gesicht und belässt es wortlos bei zustimmenden Gesten. Was Palfrader nicht weiß: Diese Dame heißt ähnlich wie er, nämlich Pálffy. Sie gehört einem verbürgerlichten Zweig der prominenten ungarischen Adelsfamilie an. Und sie ist seit Langem Mitglied der Freiheitlichen Partei – wie ihr damals noch lebender Mann, der der FPÖ-Basis bestens dafür bekannt war, bei ihren Großveranstaltungen Gratis-Zuckerwatte in blauer Farbe anzubieten. Palfraders Brachial-Parodie des migrantischen FPÖ-Sympathisanten verschwimmt in diesem Moment in grotesker Weise mit der Wirklichkeit.

Den Grundstock für den hohen heutigen Ausländer- und Migrantenanteil in Österreich bildeten die Gastarbeiter aus Jugoslawien und aus der Türkei. Multikulti-Propagandisten behaupten heute gerne bei jeder sich bietenden oder nicht bietenden Gelegenheit, dass die Gastarbeiter – vulgo: „die Ausländer" – Österreich nach dem Zweiten Weltkrieg wieder aufgebaut hätten. Das ist eine glatte Geschichtslüge, die sich durch vier nackte Jahreszahlen simpel widerlegen lässt:

1945:   Ende des Zweiten Weltkrieges.
1955:   Ende der Besatzungszeit.
1959:   Offizielles Ende des Wiederaufbaus.
1964:   Anwerbeabkommen mit Jugoslawien und der Türkei.

Vom Zustrom der Gastarbeiter profitierten die österreichischen Unternehmer, die Gastarbeiter und auch die österreichischen Beschäftigten. Es war ein Geschäft zum Wohle aller Beteiligten – für die Gastarbeiter vom Betrag her am wenigsten, proportional und von der Auswirkung für das eigene Leben her aber am stärksten.

Anfang der 1960er-Jahre setzte in Österreich ein beispielloser Wirtschaftsaufschwung ein, der fast zwei Jahrzehnte lang anhalten sollte. Der Vorarlberger Textilfabrikant verkaufte eine halbe Million Kleider und stellte fest, dass er locker zwei ganze Millionen an die Frau bringen könnte. Die Expansion wäre technisch und finanziell kein Problem gewesen, aber es mangelte an Arbeitskräften. Die Auftragsbücher der Firmen waren voll. Wenn ein junger Mensch seine Ausbildung abgeschlossen hatte, egal ob an Pflichtschule oder Universität, und drei Bewerbungsschreiben abschickte, bekam er mindestens zwei Zusagen.

Mit dem Eintreffen der Gastarbeiter konnten die Unternehmer ihre Umsätze und Gewinne erhöhen, was sich auch auf die österreichischen Arbeitnehmer auswirkte: Die Gewerkschaft nützte die Gunst der Stunde und erstritt im Rahmen der Sozialpartnerschaft für die Werktätigen nicht nur bessere Arbeitsbedingungen, sondern auch eine höhere Entlohnung und kürzere Arbeitszeiten. Die Arbeiter wiederum nützen das Mehr an Freizeit, um das Mehr an Geld auszugeben. Dieser angekurbelte Konsum heizte die Konjunktur weiter an. Wirtschaftsspiralen können sich auch aufwärts drehen. Viele Österreicher kauften ihren ersten Fernseher und ihr erstes Auto, womit sie im Sommer erstmals an die italienische Adriaküste auf Urlaub fuhren.

Die Gastarbeiter kauften keinen Fernseher, für den sie mangels Sprachkenntnissen keine Verwendung gehabt hätten, und auf Urlaub fuhren sie ausschließlich in die Heimat. Es ging darum, die Familie zu Hause zu versorgen und darüber hinaus am Lebenstraum zu basteln, sei es der Bau eines Hauses oder die Eröffnung eines eigenen Lokals. Durch die zumeist fehlende Qualifikation – insbesondere bei den Anatoliern handelte es sich oft um Analphabeten – wurden die Gastarbeiter für körperlich schwerste Tätigkeiten zu niedrigstem Kollektivvertragtarif eingesetzt. Durch den wesentlich geringeren Geldwert der generell weichen Währungen ihrer Herkunftsländer bot sich für sie aber die reelle Chance, ihr Nettoeinkommen zu vervielfachen und mit ihrer Familie der Armut zu entfliehen.

Die beiden Hauptlebensinhalte der frühen Gastarbeiter waren Arbeit und Heimweh. Udo Jürgens hat letzterem mit dem Lied „Griechischer Wein" ein Denkmal gesetzt. Nach eigenen Angaben komponierte er die Melodie auf Rhodos innerhalb von 20 Minuten und wusste sofort, dass sie ein Super-Hit werden würde. Zwei Jahre lang lehnte er zu triviale Texte ab, bis Michael

Kunze die Hymne der griechischen Gastarbeiter im Ruhrpott daraus machte. Das Lied verdankt seinen riesigen Erfolg aber einem Missverständnis: Udo Jürgens traf zwar bei den Menschen in Deutschland und Österreich einen Nerv, aber nicht jenen der Empathie für die Gastarbeiter, sondern den der eigenen Urlaubsnostalgie. Außerhalb der Arbeitszeiten gab es für Gastarbeiter und Einheimische kaum ein Zusammenleben.

Das Phänomen Gastarbeit wurde von beiden Seiten oberflächlich aufgefasst, weil der Aufenthalt ja ohnehin nur für kurze Zeit angedacht war. Die Einheimischen interessierten sich daher nicht für die Gastarbeiter, und diese sich ihrerseits nicht für ihr Gastland.

Man sagt Österreich nach, dass hier Provisorien besonders lange Bestand hätten. Die Gastarbeiter sind das beste und bedeutendste Beispiel. Nachträglich gesehen verwundert es aber auch nicht. Denn in diesem schlampigen Modell wurde keine Aufenthaltsdauer festgelegt und der Familiennachzug ermöglicht. Die Gastarbeiter fanden bald heraus, dass man zwei Fliegen mit einer Klappe schlägt, wenn man die Ehefrauen nachholt. Wenngleich das Heimweh blieb, konnte man wenigstens der Einsamkeit ein Ende setzen, und die Frauen brachten am Fließband oder als Reinigungskräfte ein zusätzliches Einkommen. Kinder wurden geboren, die hierzulande in die Schule kamen und die die Heimat ihrer Eltern nur mehr vom sommerlichen Besuch der Großeltern kannten.

Als den meisten Gastarbeitern dämmerte, dass sie frühestens in der Pension wieder in ihre Heimat zurückgehen würden, verließen sie ihre (oft substandardmäßigen) Quartiere. So setzte im Wien der 1980er-Jahre ein Prozess ein, der heute bereits sehr weit fortgeschritten ist: Wenn eine betagte Witwe ins Pflegeheim übersiedelt oder stirbt, zieht in ihre Wohnung eine Migrantenfamilie ein.

Die beiden multikulturellen Herkunftsländer der Gastarbeiter wurden zwar beide autokratisch regiert, unterschieden sich aber dennoch deutlich voneinander. Das kommunistische, aber blockfreie Jugoslawien wurde lediglich durch den Diktator Josip Broz zusammengehalten, der sich Tito nannte (was auf das serbokroatische Kürzel der sogenannten „Geheimen Internationalen Terror-Organisation", die er als Partisan im Zweiten Weltkrieg gegründet hatte, zurückgehen soll). Die Türkei war als Rest des Osmanischen Reiches von Kemal Atatürk 1923–1938 in eine streng westlich orientierte Militärrepublik umgebaut worden, über die eine kemalistische Elite wachte und Islamisten, Linke und Kurden mit eiserner Faust unterdrückte. In das Geschehen in Österreich mischten sich weder Belgrad noch Ankara ein.

Mit dem Fall des Eisernen Vorhanges 1989 gerieten Mittel-, Ost- und Südosteuropa aus den Fugen. 1991 zerbrach nicht nur die Sowjetunion, sondern auch Jugoslawien (in bis zu sieben Staaten, je nach Perspektive), und 1994 erlangte erstmals ein Islamist das Amt des Oberbürgermeisters von Istanbul, ein gewisser Recep Tayyip Erdoğan.

Der Zuzug nach Österreich stieg sprunghaft an. Vor den Nationalrats-wahlen 1990 wurde die weit rechts von der FPÖ positionierte Liste „Nein zur Ausländerflut" von so vielen Unterstützungserklärungen überflutet, dass ein Grundmandat in Wien (ca. 3 %) realistisch erschien. Die SPÖ-Wien reagierte schnell: Ihre Parteijugend SJ demonstrierte vor dem Rathaus gegen Neonazismus, und die solcherart aufgeklärte magistratische Wahlbe-hörde ließ die Kandidatur der Liste nicht zu, obwohl diese nicht verboten wurde. Für die FPÖ war diese seltsame, längst in Vergessenheit geratene Begebenheit, bei der ihr eine reine Statistenrolle zukam, ein Glücksfall.

Die 1995 mit dem Beitritt auch für Österreich schlagend werdende EU-weite Niederlassungsfreiheit wirkte sich anfangs kaum aus. Im Lauf der 1990er-Jahre stellten die alteingesessenen Österreicher gravierende Unter-schiede zwischen bereits integrierten und neuen Migranten fest. Und nicht wenige Eingebürgerte wählten erstmals die FPÖ, wofür sie klare Gründe nannten: Sie hätten sich alles hart erarbeiten müssen. Die Neuen hätten es wesentlich leichter. Sie würden sich einfach in die soziale Hängematte legen, und selbst wenn nicht, dann würden sie die Arbeitsplätze der Integ-rierten gefährden und auf jeden Fall für Lohndruck sorgen.

Die Freiheitlichen zeigten sich für diese neue Wertschätzung aus unge-wohnter Richtung zunächst wenig offen. Es konnte zwar durchaus sein, dass man sich seiner tschechischen Großmutter bewusst war, eine serbi-sche Ehefrau hatte, viel Zeit beim italienischen Wirt ums Eck verbrachte und dort freundschaftlich Anteil am Leben des netten ägyptischen Kell-ners nahm. Aber das war Privatsache, und diese Migranten hatten natürlich nichts mit jenen zu tun, die in der warmen Jahreszeit auch untertags die Parkanlagen bevölkerten, im gemeinsamen Wohnhaus als rücksichtslose Nachbarn für Unmut sorgten und in den U-Bahn-Stationen vor aller Au-gen Suchtgift verkauften. „Die sollen sich anpassen", war der Standardsatz. Berichteten einzelne freiheitliche Vorreiter ihrer jeweiligen Bezirksleitung, dass ein türkischer Kulturverein gerne ein paar FPÖ-Funktionäre zu einem Abend mit 300 Mitgliedern in einen Hochzeitssalon zum Meinungsaus-tausch einladen würde oder im nahegelegenen Jugo-Viertel einige Wirte und deren Gäste sich freuen würden, wenn man nach der Sitzung bei ihnen vorbeischaute, dann spürten sie nasse Fetzen an ihren Ohren. „Wir werden uns nicht anbiedern und irgendwann vielleicht sogar unterwerfen!", lautete die mehrheitliche Ablehnung. Mehrere Bezirksobleute verbuchten bei ihren monatlichen Stammtischen einen regen Zulauf von Alteingesessenen, die im Begriff waren, in ihrem Wohnhaus und auch in ihrem Grätzel in die Minderheit zu geraten. Wenn diese dann in der Partei wieder auf Migranten träfen, darunter sogar Türken, könnten sie auf dem Absatz kehrtmachen, fürchteten die Obleute.

Mit dem neuen Landesparteiobmann HC Strache änderte sich das anno 2004 rasch. Sein klares Credo war: Die FPÖ darf sich, wenn sie erfolgreich sein und Österreich positiv mitgestalten will, nicht zu sehr von der Lebensrealität entfernen. Das dürfe nicht als Anbiederung missverstanden werden. Migranten müssten die Grundsäulen dieses Landes – ein aufgeklärtes Christentum mit deutscher Sprache und westlichen Werten – anerkennen. Der Migrant, der seine neue Heimat Österreich liebt, so wie sie ist, sich an die Gesetze hält und überdies arbeitet und Steuern zahlt, sei willkommen, und auch die FPÖ dürfe keinen Unterschied zwischen ihm und dem autochthonen Österreicher machen. Dank dieses Rückenwindes setzte sich unter den Funktionären die immer stärker gewordene Gruppe, die eine Öffnung begrüßte, bald ganz durch. Mittlerweile ist der unverkrampfte Umgang mit migrantischen Interessenten eine Selbstverständlichkeit, jugendliche Neumitglieder kennen nichts anderes.

Bei den anderen Parteien, allen voran den Grünen, hat das nichts bewirkt. Trommelten sie lange Jahre, dass die xenophoben Freiheitlichen alle Fremden über einen Kamm scheren, alle in einen Topf werfen würden, und das natürlich negativ, so kritisierten sie hernach heftig, dass die Freiheitlichen in gute Migranten und böse Migranten unterscheiden würden. Sie beklagten sich somit über genau die Differenzierung, die sie stets gefordert hatten …

Zu der Zeit, als HC Strache die Verantwortung über die FPÖ übernommen hatte, nahm die Zahl der Migranten in Wien und Österreich sprunghaft zu, und das hatte statistische Gründe: Es wurde bei der Definition des Migranten jene der Vereinten Nationen übernommen. Migrant war nicht mehr nur jemand, der im Ausland geboren worden war oder über eine ausländische Staatsbürgerschaft verfügte, sondern auch jeder, für den das bei zumindest einem Elternteil zutraf. Die Zahl der Migranten schnellte damit in Wien schlagartig auf 44 % hoch und in Rudolfsheim-Fünfhaus, dem traditionell ausländerstärksten Bezirk Wiens und Österreichs, auf 56 %. Beide Werte sind mittlerweile noch um einige Prozentpunkte angestiegen. Beide Berechnungen haben ihre jeweiligen Tücken. Bei der alten konnte es passieren, dass das jüngste Kind der Türkenfamilie, das erst nach der Einbürgerung der Eltern als Österreicher in Österreich das Licht der Welt erblickte, kein Migrant mehr war, seine Eltern und Geschwister aber schon. Bei der neuen hat die Österreicherin, die als Ausflüglerin in der bayerischen Grenzstadt Passau von den Wehen überrascht wird, ein migrantisches Kind in der Wiege, was auch noch für die Enkel gelten wird. Unterm Strich ist die neue UN-Regelung aber die praktikablere.

Der noch junge österreichische Wissenschaftszweig der „Migrationsforschung" vermag nichts zu einer Entflechtung der komplexen Materie beizutragen, weil seine Vertreter zwar mit sehr viel Selbstbewusstsein, aber wenig Substanz agieren. Sie tun nichts, damit die Herkunft der Migranten besser aufgeschlüsselt wird; es werden primär Staatsangehörigkeiten erfasst, aber keine Muttersprachen und keine konfessionellen Ausrichtungen. So präsentiert uns die Migrationsforschung schon einmal ein Trio, bestehend aus einem Russen, einem Österreicher und einem Türken. Dabei ist der Russe in Wirklichkeit Tschetschene, der Österreicher Türke und der Türke Kurde.

Mit der Wien-Wahl 2015 knackte auch die FPÖ-Wien bei ihren Landtagsabgeordneten erstmals die prozentuelle Zweistelligkeit (vier von 34 Abgeordneten) hinsichtlich des Migrantenanteils. Bei Nemanja Damnjanović sind seine serbischen Wurzeln namentlich und akustisch offensichtlich. Bei Wolfgang Jung nicht, er lehnt für sich den Begriff „Migrant" auch entschieden ab. Er wurde zwar in Oberösterreich geboren, aber seine Eltern, donauschwäbische Heimatvertriebene, im serbischen Teil Jugoslawiens. Michael Stumpfs donauschwäbische Eltern stammen aus Ungarn, und er spricht mit ihnen ausschließlich Ungarisch. Ricarda Reif (mittlerweile als verehelichte Ricarda Berger nach dem Regierungseintritt in den Nationalrat nachgerückt) hat eine slowakische Mutter.

Schaut man auf die Wiener Bezirksebene, stellt man fest, dass sich unter den FPÖ-Funktionären und –mandataren kaum weniger Migranten befinden als in den anderen Parteien. Aber in der FPÖ wird der oft in den Mund genommene „Migrationshintergrund" buchstäblich praktiziert. Man ist Migrant, man versteckt das auch nicht, aber es ist einfach kein Thema. Den Freiheitlichen wird oft vorgeworfen, dass sie Menschen nach ihrer Herkunft beurteilen würden. Allerdings sind es die anderen Parteien, bei denen die Herkunft ein zentrales Thema darstellt. Bei ihren migrantischen Mandataren präsentieren sie nicht selten deren fremde Herkunft als Hauptgrund für ihre Position – es wäre also nicht falsch, von einem „Migrationsvordergrund" zu sprechen. In den Reihen der Freiheitlichen entdeckt man die Migranten als solche oft erst nach vielen Jahren, wenn im privaten Kreis durch Zufall die

Rede darauf kommt. So entpuppt sich plötzlich die urwienerische Bezirks-rätin als Kind ukrainischer Eltern. Bei näherem Nachfragen aufgrund von Indizien erlebt man gelegentlich Überraschungen. So hat etwa die Bezirks-rätin mit dem italienischen Familiennamen einen französischen Vater.

Die Handschrift HC Straches in der „Ausländerpolitik" der FPÖ zeigt sich auch am Terminus „Integration". Vor Strache verstand die freiheitliche Basis darunter einen linken Kampfbegriff, der für sie bestialisch nach gelenkter Überfremdung roch. Unter Strache ist sie Hauptforderung geworden.

Die FPÖ hinkt damit allerdings aus Sicht des gesellschaftspolitischen Mainstreams erst recht wieder hinterher. Denn die SPÖ brandmarkt nun-mehr nicht nur die Assimilation, sie hat sich auch offiziell von der Integra-tion verabschiedet. Sie strebt für Migranten mittlerweile die „Partizipation" an, also die „Teilhabe". Liest man die erläuternden Schriften dazu, bleibt im Wesentlichen das Wahlrecht übrig. Ein Wahnsinn, heißt es oft vor Wahlen, dass X % der Bewohner von der Mitbestimmung ausgeschlossen seien. Aus der Sicht des sozialdemokratischen Stimmzettel-Kapitalismus ist das auch durchaus nachvollziehbar.

Diese berechnende Fixierung fand irgendwann einmal in einem Witz ihren Niederschlag, der an politischen Wiener Stammtischen gelegentlich erzählt wird: Bei einem Kongress der Sozialistischen Internationale wird ein Aufsatzwettbewerb verkündet. Die Mitgliedsparteien sollen am darauffol-genden Tag einen Kurz-Essay präsentieren, und zwar zum Thema „Elefant". Gesagt, getan. Die britische Labour Party behandelt „Die geschichtliche Rolle des Elefanten im Commonwealth", die französische Schwesterpartei „Das Liebesleben des Elefanten", die der Kenianer „Der Elefant als Tou-rismusfaktor" und immer so weiter. Schließlich ist der SPÖ-Beitrag an der Reihe. Dessen Titel lautet: „Wahlrecht für ElefantInnen!"

Bei Migranten aus Ost- und Südosteuropa sowie den wenigen orienta-lischen Christen (meistens werden aus dem Nahen Osten Muslime auf-genommen) steht die FPÖ schon jetzt hoch im Kurs. Europa und dessen österreichisches Herz stehen im 21. Jahrhundert vor einer gewaltigen He-rausforderung. Der islamistische Imperialismus, die Bevölkerungsexplosion in Schwarzafrika und der globale Klimawandel zeigen erste, allerdings noch vergleichsweise sanfte Auswirkungen. Aber bereits jetzt gibt es einige Grät-zel in Wien, in denen man österreichische und migrantische Frauen schon aus weiter Ferne gut unterscheiden kann, und zwar an dem, was sie vor sich herschieben: die migrantischen den Kinderwagen, die österreichischen den Rollator. Erstmals beginnt eine Bundesregierung, dem fatalen Trend entgegenzusteuern. Aber auch bei gutem Gelingen steht Österreich vermutlich vor der größten demografischen Umwälzung seit der Spätantike.

Allerdings gibt es nicht nur Schattenseiten. Das prominenteste Positiv-Beispiel ist die Farbformel des David Alaba: Schwarz + Gelb = Rot-Weiß-Rot. Der Vater des österreichischen Fußball-Nationalspielers ist Nigerianer, die Mutter Filipina – exotischer geht es kaum. Trotzdem könnte man die allfällige Frage „Ist Alaba Österreicher?" lediglich mit einer Gegenfrage beantworten: „Was sonst?" David Alaba ist nicht nur österreichischer Staatsangehöriger, er wurde hier geboren und wuchs hier auf. Nigeria und die Philippinen kennt er bestenfalls von Besuchen. Die am Boden gebliebene Frohnatur spricht perfekt Deutsch mit österreichischem Einschlag und ist ein tiefgläubiger Christ, was er aber aufs Private beschränkt. Es gibt herrliche Videos, die zeigen, wie Alaba bei Bayern München seinem Mannschaftskollegen Franck Ribéry, einem alteingesessenen, weißen, zum Islam konvertierten Franzosen, wienerische Begriffe wie „Oida" beibringt.

Aber wird es irgendwann einmal einen Schwarzen oder einen (antiislamistischen, nicht nationalistischen) Türken als FPÖ-Mandatar geben? Die meisten Beobachter außerhalb der Partei und manche innerhalb würden das verneinen. Aber das taten sie schon in den 1990er-Jahren, als es um die serbischen Gastarbeiternachkommen ging.

Die FPÖ und der Islam

„Willkommen, Willkommen!" Der Funktionär des Moscheevereins heißt den neu eingetroffenen Gast mit ausgebreiteten Armen überschwänglich willkommen. Freitagabend, der 30. November 2012: Es ist die „Lange Nacht der Moscheen". Die Sultan-Ahmet-Moschee in der Veronikagasse in Wien-Hernals kann zwar nicht mit ihrer Namensschwester in Istanbul mithalten, die dort als „Blaue Moschee" mit sechs Minaretten bekannt ist, aber die Aufregung ist heute hier wohl größer. Die Gastgeber und das Gotteshaus selbst sind so richtig „aufgebrezelt". Diverse Köstlichkeiten sind in reichlichen Mengen angerichtet, ein Mann zupft die Saiten seiner Saz, und eine Frau bringt Kalligrafien zu Papier.

Direkt vor der Predigtkanzel des Imams ist ein Podium aufgebaut, das sich Dr. Mustafa Yıldız, Fachinspektor für Religionsunterricht der Islamischen Glaubensgemeinschaft in Österreich (IGGÖ), und Univ.-Prof. Dr. Rüdiger Lohlker, Orientalist an der Universität Wien, teilen. Die beiden übertreffen einander in Plüschpropaganda. Sie erläutern beinahe wortident, dass den Muslimen der „kleine Dschihad" (der Kampf gegen den Feind von außen) nicht so wichtig sei wie der „große Dschihad" (der Kampf gegen den Feind der Seele). Yıldız zitiert dazu den Koran, Lohlker einen Brief an einen Offizier im Damaskus des 18. Jahrhunderts. Yıldız fügt hinzu, dass es für den Glaubenskrieg zwei andere Begriffe gebe, nämlich „harb" und „muharete". Beide halten fest, dass Dschihad eigentlich „Anstrengung" bedeute. Also sei auch das hier Dschihad, sagt Lohlker. Die Veranstalter würden den Abend angenehmer verbringen können, aber stattdessen nähmen sie diese Mühe auf sich und versuchten, Fehlbilder über den Islam zu korrigieren. Der gebürtige Ostfriese Lohlker gilt als Islamismus-Experte. In Österreich gebe es „vielleicht zwei Dutzend" Islamisten, meint er allen Ernstes, und die würden den Islam missverstehen. Er gratuliert allen Nichtmuslimen dazu, dass sie gekommen sind. Am Ende bekommen die beiden Redner je ein Buch und eine Schachtel mit süßem Lokum. Der stets ausgesprochen sanft lächelnde Yıldız, der auch gerne über die Liebesbotschaft des Propheten İsa (Jesus) spricht, bittet, man möge seine Naschereien doch an die netten Anwesenden verteilen. Die nach Hause Gehenden werden ersucht, einen Fragebogen auszufüllen. Mit den Noten 1 bis 4 kann man Professionalität, Freundlichkeit und Unterhaltungsangebot der Gastgeber bewerten und schließlich auch, ob man nun ein besseres Bild vom Islam habe als vorher. Dann bekommt man noch ein Buch, das dem Propheten Mohammed huldigt, und eine langstielige rote Rose, an der ein Kärtchen mit „Dein Lächeln eine Wohltat" befestigt ist. Man möge doch bitte nächstes Jahr wiederkommen, heißt es zum Abschied.

Die Sultan-Ahmet-Moschee gehört zu einem der vier großen türkischen Moscheenverbände in Österreich, nämlich zur Islamischen Föderation. In Deutschland ist diese besser bekannt als Millî Görüş, „Nationale Sicht". Bis zum Jahr 2015, als auf Einladung Angela Merkels eine Million Muslime nach Deutschland kamen (darunter viele potenzielle Terroristen), hatte der dortige Verfassungsschutz noch die Ressourcen, Millî Görüş zu beobachten. Sein jährlicher Bericht war unmissverständlich: Diese Organisation lehne westliche Demokratien ab, wolle die freiheitlich-demokratische Grundordnung beseitigen und stattdessen die Scharia einführen. Besonders auffallend sei ihre antisemitische Agitation. Auch das Vereinslogo lässt so gut wie keinen Spielraum für Interpretationen: Der grüne Sichelmond umklammert Europa. Der österreichische Ableger geht gleich einen Schritt weiter – der grüne Sichelmond verschluckt den ganzen blauen Planeten.

Nun präsentierte man sich während der „Langen Nacht der Moscheen" streichelweich. Was hier nicht nur praktiziert, sondern regelrecht zelebriert wird, dafür gibt es im Islam einen Terminus technicus: Takiyya. Der fromme

Moslem, der seine Religion voranbringen will, darf dafür lügen und betrügen, tarnen und täuschen. „Das machten die Schiiten, wenn sie sich fürchteten, enttarnt zu werden", hört man von Sunniten standardmäßig. Aber die große Moschee an der Neuen Donau in Wien-Floridsdorf, die erste in Österreich mit Minaretten, 1977 von Richard Lugner für die Saudis erbaut, ist nicht schiitisch, sondern sunnitisch. In der Koranausgabe, die dort in deutscher Sprache feilgeboten wird, gibt es keine Suren 4 und 5 und damit keine Züchtigung von widerspenstigen Ehefrauen und kein Handabhacken bei Diebstahl. Dafür stapelten sich im Sommer 2008 im gleichen Kasten Exemplare von „Erlaubtes und Verbotenes im Islam" von Scheich Jusuf al-Qaradawi. Dieses Pamphlet, das jahrelang an Wiener Schulen im islamischen Religionsunterricht Verwendung fand, fordert für einige „Vergehen" – darunter Homosexualität – die Todesstrafe.

Die islamische Community in Österreich hätte zwischen dem Verlust Bosniens 1918/19 und dem Gastarbeiter-Anwerbeabkommen 1964 in einem mittleren Wiener Gemeindebau Platz gehabt. Nun verdoppelt sie sich alle zehn bis 15 Jahre und liegt derzeit bei geschätzten 700.000 Personen.

Der Islam besteht aus zwei Elementen: den „fünf Grundsäulen" und dem Koran. Die fünf Grundsäulen, nämlich das Glaubensbekenntnis, das fünfmalige Gebet pro Tag, das Fasten während des Monats Ramadan, das Almosengeben und die Pilgerfahrt nach Mekka, stellen überhaupt kein Problem dar. Das Problem ist der Koran. Er ist denkbar ungeeignet, wörtlich ausgelegt zu werden, und das schon allein sprachlich: In den arabischen Beduinendialekt Mohammeds mischt sich Aramäisch, die Sprache Jesu. Hinzu kommt, dass sich die mekkanischen und medinischen Suren extrem voneinander unterscheiden. In Mekka, wo Mohammed vermutlich als Christ aufwuchs, zeigte er sich auch als erster Moslem offen gegenüber den anderen Religionen. Als er 622 nach Medina flüchten musste (als „Hidschra" der Beginn der islamischen Zeitrechnung), wurde er verbittert und rachsüchtig. Der Koran wurde einige Jahre nach Mohammeds Tod erstmals niedergeschrieben. Wer auch immer auf die Idee kam, den Koran so zu ordnen, dass er mit der längsten Sure beginnt und mit der kürzesten endet, würfelte die mekkanischen und medinischen Teile damit wild durcheinander. Im Koran wird daher an unterschiedlichen Stellen zur Tötung Andersgläubiger aufgerufen.

Es wird oft behauptet, dass sich der Islam in seinem „finsteren Mittelalter" befinde, wie freilich auch das Christentum eines durchlebt habe. Das lässt sich sogar historisch nachvollziehen: Am 2. Juli 1993 trafen sich im anatolischen Sivas alevitische Schriftsteller im Hotel „Madımak" zu einem Kongress. Die Aleviten sehen den Koran zwar als wichtigste religiöse Grundlage, aber als Menschenwerk an. Sie bauen keine Moscheen, sondern beten in Cem-Häusern ohne Trennung von den Frauen, die gleichberechtigt sind. Dort führen sie, die noch geprägt sind von den Lehren des Zarathustra, einen Tanz auf, der an den Lauf der Gestirne erinnert. Die Aleviten trinken auch in Maßen Alkohol. Sie werden von den Sunniten, aber auch von strenggläubigen Schiiten als Ketzer betrachtet. In der Türkei machen sie 15–30 % der Bevölkerung aus. In Sivas blockierte 1993 ein islamistischer Mob die Ausgänge des Hotels und steckte dieses in Brand. 37 Menschen starben qualvoll. Der 2. Juli ist seitdem ein jährlicher Gedenktag für die Aleviten. In der islamischen Zeitrechnung fällt dieses Datum ins Jahr 1414. Hält man Nachschau, was sich im Jahr 1414 nach christlicher Zeitrechnung tat, so stößt man auf den Beginn des Konzils von Konstanz, bei dem im Folgejahr der Reformator Jan Hus trotz der Zusage freien Geleits als Ketzer auf dem Scheiterhaufen verbrannt wurde – eine frappante Parallele.

In Österreich kommt erschwerend hinzu, dass die Türken die größte Gruppe unter den Muslimen stellen. Die Türkei ist ein großartiges Land voller kultureller und landschaftlicher Wunder. Anatolien könnte man fast als achten Kontinent bezeichnen. Leider befindet sich das Land seit der Machtergreifung des Islamisten Recep Tayyip Erdoğan in einem zusätzlichen nationalistischen Taumel. Erdoğans Verhalten ist vermutlich in einer persönlichen Überkompensation zu suchen. Er selbst wurde zwar in Istanbul geboren, aber seine Eltern – Angehörige des kaukasischen Volkes der Lasen – noch in Rize im äußersten Nordosten, an der Schwarzmeerküste. In der Türkei haben die Lasen jene Rolle inne, die in Österreich die Burgenländer und in Deutschland die Ostfriesen spielen. Erdoğans Ehefrau Emine ist übrigens auch keine ethnische Türkin, sondern Araberin aus dem Landessüden.

Am 13. September 2017 berichten die österreichischen Tageszeitungen, dass es in den Wiener Pflichtschulen (Volksschulen und Neue Mittelschulen) erstmals mehr muslimische (31.984) als katholische (29.894) Kinder gebe. Die Entwicklung ist zweifellos dramatisch, aber zahlenmäßig glücklicherweise noch nicht so, wie es hier den Anschein hat. Nicht aufgezählt in den Schlagzeilen sind nämlich die anderen christlichen Konfessionen (z. B. 9.985 Serbisch-Orthodoxe) und Schüler ohne Bekenntnis (15.531), die erfahrungsgemäß Kulturchristen sind. Ihre Eltern sind irgendwann einmal aus der Kirche ausgetreten und unterscheiden sich kaum von den vielen noch registrierten „Taufscheinchristen". Hinzu kommt, dass von den muslimischen Kindern nicht alle Sunniten sind, ja viele vermutlich nicht einmal

Muslime. Kann eine Sophie Hawlicek keinen Nachweis über die Zugehörigkeit zu einer Religionsgemeinschaft vorlegen, ist sie ohne Bekenntnis. Bei ihrem Klassenkameraden Abdullah Öztürk fragt man gar nicht erst – Moslem! Ob er Sunnit oder Alevit ist oder von einem agnostischen Elternhaus geprägt wird, zählt alles nicht. In Österreich fehlt bei den Muslimen die Glaubenswahrheit der Christen. Bei diesen gibt es dutzende Unterteilungen: römisch-katholisch, griechisch-katholisch, evangelisch verschiedener Bekenntnisse, altkatholisch, Zeugen Jehovas, Evangelikale, diverse Orthodoxe. Bei den Muslimen gibt es offiziell nur zwei Glaubensgemeinschaften: die sunnitisch dominierte IGGÖ und die Aleviten. Allerdings wären alleine die Aleviten in vier Gruppen zu unterteilen, in Türken, Kurden sowie in jene, die sich noch als Muslime oder schon als etwas Eigenes empfinden.

Die Aufsplitterung ist eine absolute Notwendigkeit – und nicht etwa, weil es um zahlenmäßige Selbstberuhigung gehen würde. Der Islam gehört definitiv nicht zu Österreich, die Muslime aber sehr wohl. Es zählt nicht ihre Quantität, sondern die „Qualität". Daher muss Glaubenswahrheit geschaffen werden. Damit nicht die IGGÖ, die sich die beiden Erdoğan-Organisationen Millî Görüş und ATİB untereinander aufgeteilt haben, die Religionslehrer für alle Kinder, die für Muslime gehalten werden, bestimmen dürfen.

Warum passiert das derzeit? Weil die SPÖ einen diabolischen Pakt eingegangen ist: Jene Partei, die sich besonders für Feminismus und Homosexualität starkmacht, unterstützt ausgerechnet jene Islamisten, die beides für auszumerzende Sünden halten. Es geht um Stimmzettel-Kapitalismus zwecks kurzfristigen Machterhalts. Mit den vor zehn Jahren eingeführten Briefwahlkarten ist das noch einfacher.

HC Strache war der erste österreichische Politiker, der vor den Gefahren des Islamismus warnte. Dies tat er bereits 1992, als junger Bezirksrat. Das war sogar noch ein Jahr, bevor der US-Politologe Samuel Huntington in einem Artikel erstmals „The Clash of Civilizations" in Aussicht stellte, einen „Zusammenprall der Kulturen", vor allem der islamischen mit der westlichen. Huntingtons geistige Initialzündung war wenige Monate zuvor durch echten Sprengstoff erfolgt: Am 26. Februar 1993 hatte eine Gruppe von Islamisten einen Anschlag auf das World Trade Center in New York verübt. Sie wollte mittels eines sprengstoffbeladenen Autos in der Tiefgarage den Nordturm auf den Südturm stürzen lassen. Durch eine zu geringe Menge (immerhin 700 kg Harnstoffnitrat) kamen „nur" sechs Menschen ums Leben, ungefähr tausend wurden verletzt. Das 30 Meter große Loch zerstörte sieben Stockwerke und sechs Kellergeschosse. Dieses Attentat sorgte in einem Land mit hoher Kriminalitätsrate und gelegentlichen Amokläufen nur kurzzeitig für große Aufregung. Als Huntington 1996 seine Prognose des „Zusammenpralls der Kulturen" in Buchform herausbrachte, wurde er dafür jahrelang angegriffen – bis zum 11. September 2001, als Islamisten von ihnen entführte Passagierflugzeuge in die beiden Haupttürme des World Trade Centers lenkten. An diesem Tag kamen knapp 3000 Menschen zu Tode.

In Europa schaute man geschockt zu, wähnte sich aber unbeteiligt. Intellektuelle Kommentatoren orteten einen Konflikt, für den die US-Präsidenten Bush sen. und jun. verantwortlich zu machen seien, die als „Weltpolizisten mit Cowboy-Mentalität" aus Gier nach Öl die ausgebeutete muslimische Welt gegen sich aufgebracht hätten. Diese mit der Klassenkampf-Romantik der Altachtundsechziger durchsetzte, naiv-überhebliche europäische Analyse war natürlich völlig jenseitig, allein schon deshalb, weil der Drahtzieher Osama bin Laden Ölmilliardär war. Die Schuld Washingtons lag vielmehr darin, im „Kampf für die Demokratie" prowestliche Despoten zu stürzen. Diese hatten zuvor zwecks Machterhalt in ihren abgegrenzten Herrschaftsbereichen den sich antiwestlich und global verstehenden Islamismus rigide am Boden gehalten. Der (selbst-)mörderische Kampf des Westens gegen das weit geringere Übel begann 1991 im Irak und setzt sich bis heute (Syrien) fort.

Am 11. März 2004 erreichte der islamistische Terror Europa, als in Madrid bei mehreren Anschlägen auf Personenzüge zur morgendlichen Hauptverkehrszeit 191 Menschen getötet wurden. Das war der Beginn einer bis heute andauernden Serie: London im Juli 2005 (56 Todesopfer), Paris im November 2015 (130), Brüssel im März 2016 (32), Nizza im Juli 2016 (86), Manchester im Mai 2017 (23). Diese Aufzählung nennt nur die blutigsten Terrorakte. Die zwischenzeitlichen bestialischen Einzeltaten, als etwa am 26. Juli 2016 einem 80-jährigen Priester in seiner Kirche in der Normandie die Kehle durchgeschnitten wurde, bleiben aufgrund der Vielzahl der Attacken kaum in Erinnerung.

Österreich ahmte 2001 die Reaktion der Westeuropäer nach: Als „Insel der Seligen", neutral und grundsätzlich „leiwand", habe man nichts zu befürchten. Anfangs hatte das Land noch Glück, auch FPÖ-Chef Strache. Als im September 2007 der Islamist Mohamed Mahmoud verhaftet wurde, kam beim Prozess heraus, dass er nicht nur bei der 2008 in Österreich und der Schweiz stattfindenden Fußball-Europameisterschaft ein Blutbad anrichten, sondern auch HC Strache töten wollte. Mahmoud, Sohn eines ägyptischen Moslembruders, dem in Österreich Asyl gewährt worden war, erschoss im

Juni 2015 für ein Propagandavideo des IS im syrischen Palmyra mit Wonne vor laufender Kamera zwei Gefangene. Sein weiteres Schicksal ist unbekannt. Ins Visier der österreichischen Behörden hatte er sich selbst gebracht, da er die Öffentlichkeit suchte. Ungeschicklichkeit führte im Oktober 2014 auch zur Verhaftung eines 14-jährigen Türken, der eine Nagelbombe zur Explosion hatte bringen wollen – vorzugsweise am Wiener Westbahnhof.

Am 20. Juni 2015 war es dann vorbei mit dem österreichischen Glück: Ein gebürtiger Bosnier raste mit seinem Geländewagen durch die Grazer Innenstadt. Drei Menschen wurden getötet, 36 verletzt. Der Grazer Bürgermeister war Augenzeuge. Beim Prozess setzten Attentäter und Verteidigerin auf die österreichische Naivität. Obwohl der Täter als Flüchtling aus einer mehrheitlich muslimischen Gemeinde Bosniens gekommen war, seine Frau zwang, streng muslimisch zu leben, im Internet regen Kontakt mit Islamisten hielt und laut einigen Augenzeugen bei seiner Amokfahrt „Allahu akbar" gerufen hatte, gab die Anwältin zu Protokoll, ihr Mandant sei „katholisch". Dieser hatte für das Verfahren seinen Rauschebart abrasiert (Islamisten sehen den Bart als unantastbares Gottesgeschenk zwecks optischer Abgrenzung von den minderwertigen Frauen) sowie einen weißen Anzug angelegt und gab sich demütig und schwach. Er stellte sich selbst als von allen verfolgtes Opfer dar, was seine Anwältin auf die Trumpfkarte „unzurechnungsfähig" setzen ließ. Die Gutachter schlossen sich dem mehrheitlich an, aber die Geschworenen machten einen Strich durch diese Rechnung. Das zeigte auch deutlich, dass die Stimmung im Volk gekippt war. Die von etablierter Politik und Gesellschaft getrommelte „Toleranz" gegenüber der „Religion des Friedens" bei gleichzeitiger Ächtung des Warners HC Strache war schwer erschüttert.

HC Strache hat den Weg der differenzierten Betrachtung nie verlassen („Nicht jeder Moslem ist Terrorist, aber fast jeder Terrorist ist Moslem."), und er weiß auch um die Breite des Spektrums nicht nur unter den Muslimen, sondern sogar unter den Islamisten. Für Widersinnigkeiten wie „Der islamistische Terror hat mit dem Islam nichts zu tun" ist er jedoch konsequent nicht zu haben. „Der Islamismus ist der Faschismus des 21. Jahrhunderts" und „Lieber stehend sterben als auf Knien leben" hört man von ihm immer wieder.

Das ist auch der wesentliche Streitpunkt zwischen SP und Freiheitlichen. Seit 2013 verteilen Salafisten auf Österreichs Straßen Gratis-Exemplare des Korans und preisen diesen als allein gültigen Leitfaden für das ganze Leben an. In Graz untersagte dies 2015 mittels Weisung der damalige zuständige Stadtrat Mario Eustacchio (seit 2017 freiheitlicher Vizebürgermeister). In

Wien lässt man die Salafisten unter Verweis auf die „Religionsfreiheit" unbehelligt gewähren.

Dabei ist das Propagieren des Korans in Österreich bereits seit 1912 verboten. Österreich hatte das bis dahin osmanische Bosnien-Herzegowina 1878 okkupiert und 1908 annektiert. 1912 wurde wegen des muslimischen Bevölkerungsanteils im neuen Teil des Staatsgebietes das Islamgesetz geschaffen. Der Islam wurde durch dieses den anderen Religionen gleichgestellt, im § 6 hieß es allerdings: „Auch die Lehren des Islams, seine Einrichtungen und Gebräuche genießen diesen Schutz, insoweit sie nicht mit den Staatsgesetzen im Widerspruch stehen." 2015 wurde das alte Islamgesetz auf Initiative des damaligen Integrationsministers Sebastian Kurz durch ein neues ersetzt. Dieses strotzt vor größeren und kleineren Unzulänglichkeiten. Aber immerhin hat sich ein sehr wichtiger Passus vom alten ins neue Islamgesetz hinübergerettet, und zwar im § 2 (2): „Islamische Religionsgesellschaften genießen denselben gesetzlichen Schutz wie andere gesetzlich anerkannte Religionsgemeinschaften. Auch ihre Lehren, Einrichtungen und Gebräuche genießen diesen Schutz, sofern sie nicht mit gesetzlichen Regelungen in Widerspruch stehen." Gegen die Beibehaltung dieses Halbsatzes liefen Vertreter einiger muslimischer Organisationen Sturm, weil er die Muslime unter „Generalverdacht" stelle. Somit genießt das öffentliche Verteilen und Propagieren des Korans ausdrücklich *keinen* Schutz unter der Ägide der Religionsfreiheit. Denn im Koran wird zu verschiedenen Handlungsweisen aufgerufen, die österreichischen Gesetzen widersprechen. An einigen Stellen wird sogar zum Mord aufgerufen, etwa in der Sure 2, Vers 191, wo es zu den Nichtmuslimen heißt: „Und tötet sie, wo immer ihr auf sie stoßt." In Österreich ist Mord aber verboten und findet sich als § 75 im Strafgesetzbuch. Und die Aufforderung zu sowie Gutheißung von mit Strafe bedrohten Handlungen ist nach § 282 StGB ebenso verboten. Das heißt natürlich nicht, dass der Besitz des Korans strafbar wäre. Es verhält sich mit ihm ähnlich wie mit „Mein Kampf": Jeder darf ihn besitzen und lesen, aber wer ihn wie die Salafisten auf der Straße verteilt und aufruft, zur Gänze nach dessen Inhalten zu handeln, begibt sich in Widerspruch zu den Gesetzen.

Von der SPÖ-Wien ist keine Umsetzung des Islamgesetzes zu erwarten. Im Oktober 2006 wurde in Wien-Brigittenau Emine Polat SP-Bezirksrätin. Sie bekannte sich als aktives Mitglied der Islamischen Föderation Wien, also Millî Görüş, und gab gegenüber Journalisten als Fernziel an, Bezirksvorsteherin werden zu wollen. Der damals amtierende SP-Bezirksvorsteher Karl Lacina (Bruder des ehemaligen SP-Finanzministers Ferdinand Lacina) bejubelte Polat sogar in einer eigenen Presseaussendung. Als die Islamische Föderation Wien 2015 einen neuen Obmann wählte, wurde das Mehmet Aslan. Bemerkenswert: Aslan war nicht nur jahrelang SP-Bezirksrat in Rudolfsheim-Fünfhaus, die Partei akzeptierte sogar, dass er in der Arbeiterkammer ein Mandat für eine Konkurrenzfraktion, die islamistische „Liste Perspektive", bekleidet …

Wiens neuer Bürgermeiser Michael Ludwig plakatiert: „Wien ist, was wir draus machen". Das stimmt absolut. Er ist gefordert. Wenn er – wie sein Vorgänger – jahrelang Islamisten gewähren lässt oder sie sogar aktiv unterstützt, dann wird die SPÖ sich à la longue entscheiden müssen, ob sie den Bürgermeistersessel einem Islamisten oder einem Freiheitlichen übergibt. Und sie wird sich die Freiheitlichen als für sie wesentlich kleineres Übel noch wünschen …

Serb(i)enfreund HC Strache

„Kosovo je srce Srbije!" – für die meisten Österreicher mag das ein Zungenbrecher sein. HC Strache kommt das ganz locker über die Lippen. Wenn er in Barcelona am Ende einer Rede Katalonien in der Landessprache hochleben lässt, muss er für dieses „Visca Catalunya" geistig auf die Eselsbrücke „Whiskas Katzalunya" zurückgreifen. Und das, obwohl er die katalanische Insel Eivissa (hierzulande geläufiger unter ihrem spanischen Namen Ibiza) bekanntermaßen liebt. Bei „Kosovo je Srbija" oder „Kosovo je srce Srbije" („Das Kosovo ist das Herz Serbiens") ist keinerlei Hilfsmittel vonnöten.

Für neutrale Beobachter erscheint es vielleicht widersprüchlich, dass man den Wunsch der Katalanen nach einem eigenen Staat unterstützt und jenen der Kosovo-Albaner nicht, aber die Fälle könnten unterschiedlicher nicht sein.

Die Katalanen sind ein altes romanisches Kulturvolk, dessen Sprache an westeuropäischen Herrscherhöfen gerne Verwendung fand. Katalonien hatte das Pech, sich – im Spanischen Erbfolgekrieg (1701–1714) vor die Wahl gestellt – für die Habsburger und gegen die am Ende siegreichen Bourbonen zu entscheiden. Leider scheint es im 21. Jahrhundert im EU-Mitgliedsstaat Spanien nicht möglich zu sein, dass Demokratie und Freiheit für alle praktiziert werden und man eine einvernehmliche doppelstaatliche Lösung findet wie seinerzeit die Tschechen und Slowaken, oder eventuell eine nach dem Vorbild Österreich-Ungarns 1867.

Im Kosovo liegen die Dinge ganz anders. In der jugoslawischen Zeit wurde etwas zu Ende gebracht, das vor Jahrhunderten begonnen hatte: die albanische Majorisierung. „Wir werden die Serben im Ehebett besiegen!", war die Parole. Der Kinderreichtum trug dazu bei, dass das Kosovo zum Armenhaus Jugoslawiens geriet. Das und die zunehmende Repression trieb viele Serben in die Flucht. Wenn Nationalisten behaupten, das Kosovo sei immer schon albanisch gewesen, so ist das leicht zu widerlegen. Das Amselfeld heißt auf Serbisch Kosovo polje. Kos ist die Amsel, kosovo das Adjektiv dazu; mit sächlichem Geschlecht, weil das Wort polje wie die deutsche Entsprechung sächlich ist. Der Landesname Kosovo ist eine Verkürzung und heißt also „das Amselige". Wie lautet der Landesname auf Albanisch, das nicht zu den slawischen Sprachen gehört? Kosova. Das Gleiche bei der Hauptstadt Priština: Deren altslawischer Name bedeutet so viel wie „sprudelnde Quelle". Der „albanische" Name lautet Prishtina …

Der Niederlage auf dem Amselfeld 1389 folgte eine jahrhundertelange osmanische Besetzung. Das im Kosovo gelegene Kloster Peć gilt überdies als eine der Keimzellen der serbisch-orthodoxen Kirche. Das macht den Verlust umso schmerzlicher für die Serben. Für Belgrad ist das Kosovo das, was für Innsbruck während der Zeit des italienischen Faschismus Südtirol war. Einige geschichtlich wichtige Orte lagen plötzlich jenseits der Grenze, wie das Schloss Tirol und das Geburtshaus Andreas Hofers. Die Tiroler wollte man mittels „Option" loswerden und siedelte zur Italianisierung Arbeiter aus dem Süden an.

2008 sagte sich das nunmehr mehrheitlich albanische Kosovo von Serbien los und erklärte seine Unabhängigkeit, die seit 2012 international anerkannt ist – im Widerspruch zu der noch gültigen Resolution 1244 des UN-Sicherheitsrates.

Solche Ungerechtigkeiten lassen HC Strache nicht kalt. Es gibt aber noch zwei andere territoriale, die Parallelen zur österreichischen Geschichte aufweisen. Bosnien-Herzegowina ist ein Staat, der von der EU künstlich und teuer am Leben erhalten wird. Nur die muslimischen Bosniaken wollen ihn, die anderen Bosnier, also Serben und Kroaten, nicht. Der Staat besteht aus zwei Entitäten, auch Teilstaaten genannt. Da gibt es eine Föderation von Bosniaken und Kroaten und im Norden und Osten die Republika Srpska. Diese würde sich gerne mit dem Nachbarland Serbien vereinen, was ihr aber so streng untersagt ist, wie es Österreichs Erster Republik im Hinblick auf Deutschland war. Um zusätzlich die westliche Hälfte von der östlichen zu trennen, hat man an der engsten Stelle das Sonderverwaltungsgebiet Brčko-Distrikt eingerichtet, der von beiden Entitäten und dem Gesamtstaat gemeinsam verwaltet wird.

Mit dem Verlust von Montenegro hat Serbien auch keinen Meereszugang mehr. Die Loslösung von Serbien beruhte auf einer am 21. Mai 2006 durchgeführten Volksabstimmung. Die EU schlug den beiden Konfliktparteien vor, dass es zur Unabhängigkeit nur kommen sollte, wenn die Wahlbeteiligung bei über 50 % und die Zustimmung bei über 55 % liege. Das klingt fair, ist es aber nicht: Denn ungefähr 250.000 Montenegriner mit Hauptwohnsitz in Serbien wurden zur Abstimmung nicht zugelassen. Ohne dieses Drittel der montenegrinischen Erwachsenen wurde bei den restlichen 485.000 Abstimmungsberechtigten eine Beteiligung von 86,4 % und eine Zustimmung von 55,5 % ermittelt. Seit der Lossagung erinnert Montenegro an Österreichs Zweite Republik – man leugnet seine kulturelle Herkunft und Geschichte. Sogar eine montenegrinisch-orthodoxe Kirche wurde geschaffen, was nun auch hinsichtlich einer eigenen Schriftsprache überlegt wird.

2008 begann HC Strache, sich für die serbische Geschichte und Vergangenheit näher zu interessieren, und verliebte sich schnell in das Land. Seit damals hat er sämtliche maßgeblichen Politiker Serbiens und der Republika Srpska vor Ort, aber auch in Wien getroffen. Auch zur größten montenegrinischen Oppositionspartei hält er Kontakt.

Von Anfang an dabei war Konstantin Dobrilović. Seine Wurzeln liegen in der Republika Srpska, geboren wurde er aber im westfälischen Münster, und aufgewachsen ist er in Dortmund. Dobrilović ist Präsident der Christlich-Freiheitlichen Plattform, die ihren Auslandsschwerpunkt in Ost- und Südosteuropa sowie im Nahen Osten hat. Nebenbei fungiert er als FPÖ-Bezirksrat in Wien-Favoriten. Er begleitet HC Strache nicht nur in Wien zu den Communities, sondern auch zu Auslandsterminen in Moskau, Belgrad, Banja Luka. Eigentlich sollte er im Wiener Gemeinderat sitzen, aber die zuständige Stelle des Wiener Magistrats ist bei Serben übergenau, auch wenn die Staatsbürgerschaft eine deutsche ist. Serben beschweren sich wiederholt, dass immer neue Dokumente verlangt werden, bis hin zu Zeugnissen aus der Volksschulzeit, die 30 Jahre zurückliegt. Obwohl die Serben über Jahrzehnte hinweg die stärkste Migrantengruppe in Österreich waren und sie als Drittstaatsangehörige durchaus ein Interesse an der Einbürgerung haben, scheinen sie in der diesbezüglichen Statistik hinter einigen muslimischen Staaten auf, weil deren Neo-Österreicher brav SPÖ wählen, während die Serben immer stärker zur FPÖ tendieren.

Dobrilović erzählt gerne von seinen Auslandsaufenthalten mit Strache, und dass dieser am Balkan oft auf Deutsch angesprochen werde. Der Umfrage einer serbischen Tageszeitung zufolge ist Strache nach Putin und Berlusconi der drittpopulärste ausländische Politiker.

Straches Sympathie für Serbien wurde aber bereits in Wien aufbereitet. 150.000 Serben gibt es hier, weitere 150.000 anderswo in Österreich. Somit wird „Beć" immer als dritt- oder viertgrößte serbische Stadt geführt. Wenn man sagt, die Serben seien vollständig integriert, ist das noch eine Untertreibung. In manchen Multikulti-Grätzeln Wiens ist die Friseurin oder die Kellnerin „die letzte Wienerin". Irgendwann erfährt man dann, dass die Susi eigentlich Snežana heißt und aus Požarevac stammt … Die Serben haben in der Stadt ein wenig die frühere Rolle der Tschechen übernommen. Wo einst Navratil, Pospišil und Jedlička den Wiener Schmäh rennen ließen, tun das jetzt Nikolić, Petrović und Jovanović.

Die Serben scheinen generell sehr anpassungsfähig zu sein. In der beliebten Fernsehserie „Rosenheim-Cops" gibt es im beschaulichen Bayern ein echtes „Nordlicht" namens Sven Hansen aus Hamburg. Nicht nur sprachlich perfekt dargestellt wird der schnoddrige Hanseate von Igor Jeftić aus Belgrad. Und es gibt sogar ein amerikanisches Pendant: Bei „Rizzoli & Isles" wird die typisch irische Einwohnerin Bostons von Sasha Alexander verkörpert. Die gebürtige Kalifornierin heißt eigentlich Suzana Drobnjaković; beide Eltern sind ausgewanderte Serben.

Für manche Serben beginnen die Heimatländer manchmal etwas zu verschwimmen. Dobrilović berichtet lachend über ein aktuelles Beispiel: Am 6. Oktober 2017 sitzt HC Strache, noch nicht Sportminister, in der Ehrenloge des Ernst-Happel-Stadions. Neben ihm hat „Palma" Platz genommen. Der Unternehmer und Chef der Partei „Vereintes Serbien", der mit bürgerlichem Namen Dragan Marković heißt, ist in Serbien als schillernde Persönlichkeit bekannt. Marković gab zur bevorstehenden Nationalratswahl an die österreichischen Serben eine Wahlempfehlung für die FPÖ ab. HC Strache und „Palma" folgen dem WM-Qualifikationsspiel zwischen Österreich und Serbien. Im Gegensatz zur bereits ausgeschiedenen Heimmannschaft haben die Gäste noch gute Chancen auf die Endrunde in Russland. Österreich besiegt die favorisierten Serben. Während HC Strache in ausgelassener Stimmung jubelt, ärgert sich „Palma", dass ausgerechnet ein Serbe den Ausschlag gegeben hat: Marko Arnautović erzielt das 2:1 und ist am 3:2-Siegestreffer maßgeblich beteiligt.

Auch das bestmögliche Beispiel für gelungene Integration überhaupt stammte aus Serbien, nämlich Edip Sekowitsch. Dieser wurde am 24. Jänner 1958 in Paljevo im südserbischen Sandschak als Edip Šećović geboren. Als serbischer Amateur-Jugendmeister im Boxen übersiedelte er 1980 nach Wien, um Profiboxer im Mittelgewicht und Halbmittelgewicht zu werden. 1981 heiratete er seine Amira und wurde Vater von Bernhard, Emir und Anita. „Stier von Serbien" genannt, holte er für Österreich den Weltmeister- und Europameister-Titel. Trotz höchst lukrativer Angebote aus europäischen Ländern und auch aus den USA blieb er in Österreich, das er als seine neue Heimat betrachtete. Er passte sogar seinen Familiennamen an die Landessprache an. Sekowitsch erfüllte sich einen Traum, indem er am Wiedner Gürtel ein Lokal namens „Ring frei" eröffnete, dem er später das „Champ's Pub" anschloss. Nebenbei führte er eine Box-Schule, in der er Gojko „Gogi" Knežević trainierte, dessen Karriere anfangs von der FPÖ gesponsert wurde und bis zu internationalen Titeln führte. Sekowitsch rief auch die Projekte „Gegen Gewalt an Schulen" und „Kinder gegen Drogen" ins Leben.

Am 26. August 2008 betrat der tschetschenische Asylwerber Zaurbek B., damals 26, Sekowitschs Lokal. Der Tschetschene war 2005 mit falschen Papieren eingereist, lebte zuerst bei seiner Mutter in Graz, dann in Wien. Nach Schlägereien und einer Messerstecherei hätte er abgeschoben werden sollen. Sein Anwalt erreichte aber eine „aufschiebende Wirkung". Der Tschetschene hatte an diesem sehr frühen Morgen seine Mutter in Graz besuchen wollen und verpasste am gegenüberliegenden Südbahnhof (heute Hauptbahnhof) den Zug. In Sekowitschs Lokal fiel er den Gästen sofort durch seine Aggressivität auf. Als Sekowitsch um 5.30 Uhr morgens schloss, rastete der Tschetschene aus und zückte sein Messer. Sekowitsch flüchtete nach draußen, wo er fünf Stiche abbekam und am Gehsteig verblutete. Das Gerichtsverfahren im Folgejahr sorgte für großes Aufsehen, auch wegen des von vielen Beobachtern als überaus ekelhaft empfundenen Auftretens des Rechtsbeistands des Angeklagten. Lennart Binder, so sein Name, war damals als prominenter „Flüchtlingsanwalt" bekannt, mit ausgezeichneter gesellschaftlicher Vernetzung – sogar einem Schwager als Bundespräsidenten (Heinz Fischer). Binder behauptete allen Ernstes, Sekowitsch habe die Religion des Tschetschenen beleidigt, obwohl der Südserbe selbst Moslem war. Binder, der sich auch schon für den Terroristen Mohamed Mahmoud ins Zeug gelegt hatte, plädierte auf Notwehr und meinte, Sekowitsch müsse „der Teufel geritten haben", dass er den Kampf gesucht hätte. Zaurbek B. wurde zu 20 Jahren Haft verurteilt. In der Berufungsverhandlung – Binder hatte wie die Staatsanwaltschaft berufen und überdies Nichtigkeitsbeschwerde eingelegt – gab Binder an, sein Mandant sei „traumatisiert" und das (bestätigte) Urteil „überzogen" gewesen.

2012 wurde beim Ausgang der U2-Station Stadlau ein Gässchen in Sekowitschweg benannt. Die erklärende Zusatztafel gibt es erst seit 2018. Am 13. Juni fand eine Einweihungsfeier statt, zu der zahlreiche Menschen erschienen: Sekowitschs Familie und Freunde, Boxer, FPÖ-Funktionäre. Die Veranstaltung wurde auch zum Spendensammeln für Patrick Klug genützt. Der junge Mann ist seit einem Badeunfall querschnittsgelähmt. Nun soll sein Traum von Mobilität durch ein Auto in Erfüllung gehen. HC Strache unterschrieb gemeinsam mit Vizebürgermeister Dominik Nepp einen Scheck über 2500 Euro und übergab ihn im Beisein von Sekowitschs Witwe Mira und Tochter Anita, einer Juristin und begabten Nachwuchsboxerin. HC Strache und seine FPÖ waren nicht das erste Mal zur Stelle. Moderator Thomas Hetlinger, früher Manager von Edip Sekowitsch, erzählte auf der Bühne, dass Strache nach dem Tod des Champions 2008 als erster und einziger Politiker sofort Hilfe angeboten und auch nachher den Kontakt zur Familie aufrechterhalten habe. Die Stimmung war dementsprechend familiär. Drei Sänger brachten dem Vizekanzler auf der Bühne ein Ständchen zu dessen Geburtstag am Vortag, und auch die Witwe ergriff das Wort.

Wenn HC Strache in Sachen Srbija unterwegs ist, kann er neben Dobrilović und anderen serbischen Bezirksräten auch auf zwei Gemeinderäte und einen Nationalrat zurückgreifen: Nemanja Damnjanović stammt aus der Automobil-Industriestadt Kragujevac. Gerald Ebinger, mit einer Kroatin verheiratet, kennt sich am Balkan sehr gut aus und kann sich dort auch verständigen. Und der geschäftsführende Klubobmann im Nationalrat, Johann Gudenus, feierte 2017 in Banja Luka eine serbisch-orthodoxe Hochzeit mit seiner Tajana. „Ich habe Serbien geheiratet", sagt er gerne. Da kann nicht einmal HC Strache mithalten …

Die FPÖ und die Medien

„Es ist zum Heulen: die Menschen, die ihm zukreischen und wie sie aussehen. Es sind die hässlichsten Menschen Wiens, ungestalte, unförmige Leiber, strohige, stumpfe Haare, ohne Schnitt, ungepflegt, Glitzer-T-Shirts, die spannen, Trainingshosen, Leggins. Pickelhaut. Schlechte Zähne, ausgeleierte Schuhe. Die Flüchtlinge aus dem Nahen Osten sind ein schönerer Menschenschlag. Und jünger. Und irgendwie schwant ihnen das, den abgearbeiteten, älteren Österreichern."

Das ist kein widerwärtiges „Hass-Posting" eines anonymen Gescheiterten, der um Mitternacht im Internet Gift und Galle absondert. Das ist ein berufliches Produkt von Christa Zöchling. Zöchling wohnte dem Wahlauftakt der Wiener Freiheitlichen am 4. September 2015 am Viktor-Adler-Markt bei. Hier, im 10. Wiener Gemeindebezirk Favoriten, leben die „Arbeiter von Wien" der sozialdemokratischen Saga gehäuft. War der Bezirk früher ein rotes Bollwerk, so liegen SPÖ und FPÖ bei Wahlen nun gleichauf. Der Höhepunkt des Wahlkampfauftakts war die Rede von HC Strache. Zöchlings Ergüsse zu dieser Veranstaltung erschienen am darauffolgenden Montag, dem 7. September 2015, im politischen Wochenmagazin „profil". Sie sind so ekelhaft, dass sogar die Institution *Österreichischer Presserat*, die mit den Freiheitlichen nichts am Hut hat, das „profil" in seinem Urteil vom 10. November 2015 wegen Verallgemeinerung und Diskriminierung rügte.

Bevor Zöchling diese Verurteilung hinnehmen musste, wurde sie aber noch ausgezeichnet. Am 28. Oktober 2015 erhielt sie im Wiener Rathaus den „5. Wiener Journalistinnenpreis". Gestiftet wird dieser von der Wien Holding, die millionenschwere Inseratenaufträge an Printmedien vergibt. Initiiert wurde er von drei Wiener Stadträtinnen, nämlich Renate Brauner, Sandra Frauenberger (beide SPÖ) und Maria Vassilakou (grüne Vizebürgermeisterin), sowie dem „Frauennetzwerk Medien". Letzteres musste an diesem Tag ohne seine Vorsitzende Ingrid Strobl auskommen, denn diese war als Kommunikationschefin zu den Grünen gewechselt. Begründet wurde die Preisverleihung an Zöchling damit, dass „sie sich mit der FPÖ, mit dem Rechtspopulismus in Österreich befasst".

Zöchling kandidierte in ihrer Geburtsstadt Graz 1984 an vorderer Stelle für die KPÖ. 1992 landete sie beim „profil" in Wien. Dessen Galionsfigur war Georg Hofmann-Ostenhoff. Dieser stammte – wie der Grünen-Mandatar Peter Pilz – aus der trotzkistischen Gruppe Revolutionäre Marxisten. Zöchlings Anheuerung wurde dadurch begünstigt, dass Redakteurin Burgl Czeitschner vom „profil" in den ORF zurückkehrte, wo sie die Leitung der Hauptabteilung „Gesellschaft, Jugend und Familie" übernahm. Die Lebensgefährtin der SP-Frauenministerin Johanna Dohnal galt aufgrund der NS-Vergangenheit ihres Vaters als besonders wütende „Antifaschistin". Ungeschickterweise erließ sie ein Rundschreiben, indem es sinngemäß hieß, in möglichst allen Sendungen solle unterschwellig gegen das FPÖ-Volksbegehren „Österreich zuerst" agitiert werden. Das Dokument fand den Weg in die Öffentlichkeit. Was jeder gewusst hatte und was am Küniglberg immer vehement geleugnet worden war, lag nun schwarz auf weiß vor. Der ORF war auf peinlichste Weise kompromittiert. Czeitschner musste gehen. Heute lehrt sie übrigens sowohl an der Universität Wien als auch an der Donauuniversität Krems.

Die Affäre warf nebenbei auch ein bezeichnendes Licht auf das „profil", bei dem damals die Raiffeisengruppe das Sagen hatte. Raiffeisen wird aufgrund seiner dominanten Rolle in ländlichen Gegenden gerne „grüner Vampir" genannt, ist politisch aber tiefschwarz. Warum es Raiffeisen duldete, dass „profil" als politisches Wochenblatt hauptsächlich auf ÖVP und FPÖ einschlug, verstanden bürgerlich Gestrickte nie. Schrieb Andreas Mölzer über „rechtes Geld für linke Zeitungen", erntete er teilweise Spott, teilweise Zorn.

Zöchling hatte sich beim „profil" schnell eingearbeitet. Kam unter freiheitlichen Funktionären die Rede auf sie, hörte man Formulierungen wie „der Unwahrheit verpflichtet" oder „pathologischer Fall". Das vorläufig letzte größere der von Zöchling per „profil" gelegten faulen Eier wurde am 25. Oktober 2017 sogar dem „Standard" zum Verhängnis, weil diese Branche, wenn es „gegen rechts" geht, das unkritische Abschreiben voneinander praktiziert. Der freiheitliche Nationalratsabgeordnete Christian Hafenecker habe einen rassistischen Online-Kommentar geteilt: „Menschen sind wie Bananen, die schwarzen mag keiner." Bei dieser Behauptung handelte es sich allerdings um eine Erfindung Zöchlings für die „profil"-Ausgabe vom 7. August 2017. Zöchling wurde dafür wegen übler Nachrede verurteilt und die Verlagsgruppe NEWS, zu der das „profil" gehört, zu einer Zahlung von 8000 Euro.

Dass Zöchling weiter fröhliche Urständ feiern darf, liegt am allgemeinen politischen Klima in den österreichischen Redaktionsstuben. „profil" ist ja kein Einzelfall, wie es selbst anhand eines bezeichnenden Vorfalls dokumentierte: Am 12. Dezember 1995 startete das Magazin eine Umfrage unter Prominenten, wem diese bei der bevorstehenden Nationalratswahl ihre Stimme geben werden. Jens Tschebull, Herausgeber des „WirtschaftsBlattes", bekannte: „Ich werde die F wählen. Ich betrachte meine Stimme als symbolische Wiedergutmachung für die haßerfüllte, unobjektive Berichterstattung mancher meiner Berufskollegen." Das schlug in Tschebulls Umfeld wie eine Bombe ein, wie „profil" eine Woche später berichtete: „Vergangenen Freitag setzte die um den guten Ruf der noch jungen Tageszeitung besorgte Mannschaft einen listigen Akt der Wiedergutmachung – mit Wissen und wohlwollender Duldung des ‚WirtschaftsBlatt'-Erfinders und –Geschäftsführers Chris Radda. Sie ließ intern über die Parteipräferenzen der ‚WirtschaftsBlatt'-Redaktion abstimmen. Ergebnis in absoluten Stimmen: 13 SPÖ, 2 ÖVP, 16 Grün, 20 LIF, 1 F – Jens Tschebull, allein zu Hause mit Jörg Haider." Absolut erstaunlich für ein Periodikum, das sich selbst als „wirtschaftsliberal" verstand. Da sollte man eine derart krasse Abweichung von der Gesamtbevölkerung eher in eine andere Richtung vermuten.

Solch einen freimütigen Einblick gewähren Medien selten. Journalisten haben viele Möglichkeiten, kleine und große Fouls zu begehen, von der sinnentstellenden Kürzung eines Textes bis zum Meuchelfoto. Das passiere aber angeblich niemals aus politischen Motiven. Wer das behaupte, sei paranoid oder plane einen Angriff auf die Pressefreiheit.

Sein Umfeld erlebt HC Strache entspannt und gut gelaunt. Die Medien hingegen schreiben regelmäßig Tobsuchtsanfälle herbei.

Harald Vilimsky, Leiter der FPÖ-Delegation im EU-Parlament und Generalsekretär der Partei, hat bei der Recherche zu den politischen Ausrichtungen der Redaktionen einen Gordischen Knoten durchschlagen: Für sein Weblog analysierte er am 19. Mai 2015 kurzerhand die Ergebnisse der Arbeiterkammerwahl 2014 in den österreichischen Medien. Er filterte die Ergebnisse von SPÖ, den zwei grünen Parteien AUGE und GA sowie den beiden kommunistischen GLB und KOMMint. Die Resultate von APA, „Kurier", „News", Puls 4, „Die Presse", ORF und „Wiener Zeitung" stellte er grafisch dar. Zusammenaddiert erreichten diese fünf Parteien zwischen 72,3 % (staatliche „Wiener Zeitung") und 86,7 % (Austria Presse Agentur). Ein besonders interessantes Ergebnis lieferte „Die Presse": Die SPÖ verzeichnete mit 33,6 % den mit Abstand niedrigsten Wert unter den Vergleichsobjekten (obwohl das immer noch über dem Nationalratswahlwert liegt). Dafür erzielten die beiden Grün-Listen gemeinsam 38,4 %. Zusammen mit den 4,0 % Kommunisten war die Summe von 76,0 % durchaus erstaunlich für eine „bürgerliche" Zeitung.

Der Mediävist Karl Brunner, bei dem auch HC Strache an der Universität Wien als außerordentlicher Hörer die „Einführung in die Geschichte" absolvierte, gab seinen Studenten im Rahmen dieser Lehrveranstaltung eine interessante Hausübung: Sie mussten zu einem aktuellen Thema möglichst viele Printmedien lesen und die Inhalte vergleichen. Die Ergebnisse waren für die jungen Menschen durchwegs verblüffend. Brunner brachte es in der Vorlesung auf den Punkt: „Wenn ein Journalist zu Ihnen sagt ‚Ich bin unabhängig', müssen Sie ihn sofort fragen: Unabhängig von wem?"

Sonderfall ORF

„Hierher, hier bin ich!" Der Mittzwanziger – er sei aufgrund seiner Initialen fortan hier „der Schweizer" genannt – beugt seinen Oberkörper aus einem kleinen Extrazimmer heraus in die größere Gaststube. Der Schweizer trat 1988 als junger Mann der FPÖ bei. Als hochintelligenter Jus-Student mit großem politischen Talent war er in kürzester Zeit die rechte Hand seines Bezirksobmannes geworden und 1991 auf sicherem Listenplatz in die Bezirksvertretung eingezogen. Zu jenem ungefähr Gleichaltrigen, den er 1989 bei der Neumitgliederfeier als Tischnachbarn kennengelernt hatte, hielt er freundschaftlichen Kontakt. Als dieser wieder einmal anrief, teilte ihm der Schweizer mit, dass er sein Bezirksmandat niedergelegt habe und in den ORF gewechselt sei. Der Anrufer fand das unermesslich schade, glaubte als Linksextremismus-Rechercheur aber an das sprichwörtliche Glück im Unglück. Einem Treffen stimmte der Schweizer zu, aber das lief diesmal ganz anders ab als sonst: Er wählte, wie in einem schlechten Krimi, ein dunkles Café in abgeschiedener Lage.

Nun steht er also im Türrahmen des Extrazimmers und winkt den Freund hastig herbei. Im schummrigen Nebenraum beginnt er bei geschlossener Tür, zu erzählen: Es war schon so eine Art Kindheitstraum, für den ORF zu arbeiten. Seit sein Bruder vor ein paar Jahren bei diesem anheuerte, habe er ihn beneidet. Der Bruder hatte es freilich als Grünen-Aktivist wesentlich einfacher als der blaue Bezirksrat. Umso größer war die Freude, als ihm sein Bruder eine Anstellung im ORF anbot. Diese war allerdings mit Auflagen verbunden. Es gab ein Sechsaugengespräch mit einem hochrangigen ORF-Vertreter aus den grünen Reihen. Obwohl der Freiheitliche für eine Tätigkeit im Hintergrund ohne jede Einflussmöglichkeit auf Sendungsinhalte vorgesehen war, musste er hoch und heilig versprechen, sein Mandat zurückzulegen und jedweden Kontakt, auch privaten, zu Freiheitlichen abzubrechen.

Der Schweizer erklärt seinem Gegenüber, dass das heutige Treffen einen Abschied für immer bedeute. In seiner Bezirksgruppe habe er diesen bereits absolviert. Er versichert, dass er immer freiheitlich wählen werde, weil ihm in der Wahlzelle ja niemand zusehe. Aber mehr sei nicht mehr möglich. Er redet zwar locker beispielsweise über jene Intendantenperson, bei der „es heraustaubt, wenn man die Bürotür öffnet". Das Beschaffen eines internen Telefonverzeichnisses oder der Ergebnislisten der Betriebsratswahlen, bei der gerüchteweise offen marxistische Listen mit 100 % Wähleranteil in ihrer jeweiligen Abteilung antreten, lehnt er ab. Er stehe unter ständiger besonderer Beobachtung. Das Risiko sei zu groß. Gerate er unter Verdacht, werde er sofort gefeuert – und sein Bruder, der für ihn gebürgt hat, möglicherweise mit ihm.

Dass diese Schilderung keine peinlich übertriebene Ausrede war, zeigt ein anderer, wesentlich prominenterer Fall: Christian Wehrschütz ist derzeit Korrespondent des ORF am Balkan und in Osteuropa. Er gilt als einer der absoluten Stars des Unternehmens. Millionen Österreicher kennen seine markanten Auftritte in der „ZiB1": kräftige Figur, große Brille, schlohweiße Haare, nüchterne Eloquenz und stets stoische Ruhe, auch wenn er sich von der ostukrainischen Kriegsfront meldet. Kaum jemand würde vermuten, dass der 1961 in Graz Geborene 1987–1990 als Chefredakteur des freiheitlichen Parteiorgans „Neue Freie Zeitung" fungierte. Schlank, unbebrillt und dunkelhaarig wieselte er bei politischen Veranstaltungen quirlig umher und war für so manchen vorwitzigen halblauten Kommentar aus den Gästereihen gut. Irgendwann wurde ORF-Generalintendant Gerd Bacher auf den frechen Intellektuellen und dessen Weltoffenheit aufmerksam. Der „Tiger" genannte konservative Medienprofi, der keine Ressentiments gegenüber irgendeiner Parteirichtung kannte, holte Wehrschütz 1991 in den ORF. Auf diesen wartete dort die werktägliche Hölle auf Erden.

Das damalige KPÖ-Organ „Salto" schilderte am 31. Jänner 1992 detailliert und nicht ohne Stolz das permanente Mobbing gegen Wehrschütz. Schon Titel („Rechter Recke als Redakteur") und Untertitel („Das Weh in der ORF-Nachrichtenredaktion" – Anmerkung für die bundesdeutsche Leserschaft: Ein „Weh" ist in Österreich so etwas wie eine „Flasche") zeigten klar, in welche Richtung die Ausführungen gehen würden. Die Nachrichtenredaktion des ORF-Hörfunks habe „erbitterten Widerstand" gegen den „unliebsamen Zuwachs" geleistet. Fähigkeiten des „Erdfarbenen" seien „noch unerkannt". Die gesamte Redaktion habe sich darauf geeinigt, bei Vorstellung des Neuen geschlossen den Raum zu verlassen. Als Chefredakteur Hans Besenböck davon erfuhr, vermied er die peinliche Situation und verzichtete auf eine Vorstellung. Als Wehrschütz sich selbst vorstellte, wurde das teils ignoriert, teils knapp mit einem „Aha, verstehe" quittiert. Demonstrative Eiseskälte war angesagt: „Gespräche verstummten, wenn Wehrschütz den Raum betrat. Er setzte sich in ein Büro – das wegen seiner Bauart auch kurz als ‚Glaskoje' bezeichnet wird – und blieb vom Rest der Mannschaft zwar nicht unbeobachtet, aber doch isoliert. Mitunter kam es vor, daß jemand die Türe der Koje von außen verschloß." In die Kantine begleite ihn niemand, aufgrund der konsequenten Ausgrenzung wisse man nicht, was er eigentlich arbeite: „Er sitzt vorwiegend vor der Schreibmaschine. Manchmal führt er Telefonate in eigentümlichen Sprachen." Äußerlich erinnere er an Gottfried Küssel (den damaligen Anführer der österreichischen Neonazi-Szene) – „man kennt dieses Hund-Herrchen-Phänomen".

Das war die obere Hälfte der Seite 14. Die untere berichtete unter „Russisch-Stunde" über einen Eklat, den Wehrschütz verursacht habe. Laut „Salto" habe sich dieser am 17. Jänner 1992 zwischen 7 und 7.30 Uhr morgens ereignet. Wehrschütz las die Tageszeitungen, in denen das Ausheben der 20 köpfigen neonazistischen „Wehrsportgruppe Trenck" ein großes Thema war, der „Kurier" brachte es sogar auf der Titelseite. „Wehrschütz greift zum Telefon und führt ein Gespräch. Im Raum anwesende KollegInnen werden stutzig: Wehrschütz spricht am Telefon russisch. Eine Sprache, die jemand versteht. ‚20, ja 20, aber ich kann nicht reden'." Folgender „Eindruck liegt auf der Hand": „W. habe jemanden über die Aushebung der Nazipartei informiert, sich dabei einer Sprache bedient, die nicht sonderlich verbreitet ist, um Mithören zu verunmöglichen." Statt dass den ORF-„Kollegen" die

HC Strache mit Norbert Steger, seit 2018 ORF-Stiftungsratsvorsitzender und einer von Straches Vorgängern als FPÖ-Obmann wie auch als Vizekanzler.

Lächerlichkeit ihres Gedankenganges bewusst wurde (Wie exklusiv wäre eine Information, mit der bereits die Tageszeitungen voll sind, und welcher Nazi sollte diese in russischer Sprache entgegennehmen?), lief die Mobbing-Maschinerie sofort auf Hochtouren: „Das sonderbare Telefonat verbreitet sich blitzschnell in der Redaktion, ein Gedächtnisprotokoll wird angefertigt. Man beratschlagt, was zu geschehen habe. Die Redaktion beschließt, in der Sache selbst nichts zu unternehmen, sondern die Information an Chefredakteur Besenböck und Intendant Nagiller weiterzuleiten." Am 21. Jänner musste Wehrschütz vor Besenböck aufsalutieren. Er erklärte, mit seiner privaten Russisch-Lehrerin eine Lektion für Montag, den 20., vereinbart zu haben; das Nicht-sprechen-Können habe sich auf den Dienst bezogen. Besenböck gab sich mit der Plausibilität der Aussage zufrieden. Zu einer Entschuldigung bei Wehrschütz reichte es aber nicht – im Gegenteil: „Das sonderbare Telefonat und die von Besenböck akzeptierte Erklärung stärkt die Position des ehemaligen Chefredakteurs der FP-Wochenzeitung innerredaktionell nicht sonderlich. Dessen ist sich der Chefredakteur bewußt. Besenböck: ‚Der Empfang des Herrn Wehrschütz in der Redaktion war kühl. Durch den Vorfall hat sich das Klima substantiell nicht verändert, wärmer ist es nicht geworden.'"

Dass der „Salto", zeitliches Bindeglied zwischen der Umstellung des KPÖ-Zentralorgans „Volksstimme" von Tages- auf Wochenzeitung, derart detailliert über noch so interne ORF-Vorgänge Bescheid wusste, nimmt nicht wunder. „Salto"- und „Volksstimme"-Chefredakteur Lutz Holzinger, bis zu seinem Tod 2014 der oberste kommunistische Griffel im Lande, hatte seine berufliche Laufbahn in der Nachrichtenabteilung des ORF begonnen. Laut KP-Nachruf war er „[…] bedächtig in seinem Urteil. Er gehörte 40 Jahre der KPÖ an, blieb aber als Journalist stets seiner Unabhängigkeit treu." Das passt perfekt zum sogenannten „Objektivitätsgebot" des ORF …

Wehrschütz schaffte es irgendwie, in diesem für Nicht-Linkssozialisten schwer toxischen Umfeld durchzuhalten, was nach dem Abgang Gerd Bachers 1994 nicht einfacher wurde. Hinzu kam, dass seine Frau (die Ehe scheiterte einige Zeit später) ein Bezirksratsmandat für die FPÖ ausübte. 1999 wurde Wehrschütz als Korrespondent nach Belgrad entsandt. Im Chaos-Jahr 2002 (Stichwort „Knittelfelder Putsch") nutzte er die günstige Gelegenheit zum endgültigen Absprung und trat aus der FPÖ aus. 2011 sorgte er für zwei kuriose Medienmeldungen: Er bewarb sich als einziger Gegenkandidat für das höchste ORF-Amt des Generaldirektors und ging erwartungsgemäß gegen Alexander Wrabetz unter. Und als er kurz zuvor Freimaurer geworden war, verlangten zwei Drittel der österreichischen Logen seinetwegen eine außerordentliche Bundesversammlung. Mittlerweile hat es Wehrschütz endgültig geschafft. 2014 wurde er zum „Journalisten des Jahres" gekürt, und 2015 betraute man ihn im ORF zusätzlich mit der Führung des Büros in Kiew. Bei seinen Reportagen schwingt immer eine Portion Traurigkeit mit, selbst wenn er in einem feuilletonistischen Format durch „sein Belgrad" führt oder für Fotografen lächelt. Wer „beide Wehrschütze" kennengelernt hat und sie vergleicht, kann gut nachvollziehen, wie immens hoch der Preis für den Erfolg auf diesem Karriereweg gewesen ist …

Auch wenn der ORF im Volksmund seit vielen Jahrzehnten „Rotfunk" heißt und es der SPÖ-Mann Alexander Wrabetz als erster Chef am Küniglberg zu einer dritten Amtsperiode hintereinander geschafft hat – das Sagen haben längst die Grünen. Ihnen ist es sogar recht, wenn der Staatsfunk in der Öffentlichkeit als SP-Eigentum gilt. Denn so können sie noch viel besser ihr Unwesen treiben. Politischen Zeitgenossen fiel das schon in den 1990er-Jahren auf, wenn etwa zum Thema Transitlawine auf der Tiroler Inntal-Autobahn Rudi Anschober, der grüne Spitzenkandidat zur bevorstehenden oberösterreichischen Landtagswahl, ausgiebig vor der Kamera zu Wort kam.

Manchmal treiben sie es zu wild und überschreiten dabei eine buchstäblich rote Linie: „Wir Staatskünstler" wurde im September 2017 abgesetzt, also noch während der SP-Kanzlerschaft, nachdem dort nicht nur auf die FPÖ und die ÖVP, sondern auch auf die SPÖ eingedroschen worden war. Beim gespielten Rundumschlag gegen alle Parteien wurden die Grünen in Sekundenschnelle abgehandelt: Sie seien „zu blöd für Skandale". Sind sie nicht, aber es wird im ORF eben nicht darüber berichtet. Im Gegenteil. Der grüne Bezirksrat Markus Reiter geriet seit 2004 immer wieder ins Visier der „Wiener Zeitung", und zwar als Geschäftsführer des „Neuner-Hauses". Dort dürfen Obdachlose auf 20–30 Quadratmeter für stolze 250 Euro im Monat nächtigen. Reiter bezog als Geschäftsführer ein noch stolzeres Salär und musste sich immer wieder gegen den Vorwurf verteidigen, sich zusätzlich an Spendengeldern vergriffen zu haben. 2005 war dann das Spendengütesiegel perdu, das er – wie kritisiert wurde – trotzdem weiter verwendete. Ansonsten kam es noch zu Meldungen über den Einsatz von Obdachlosen für private Übersiedlungen und über fette Aufträge für jenes Vorstandsmitglied, das über ein Unternehmen verfügt. Reiters Vize musste gehen, er selbst blieb. Im ORF trat er des Öfteren bei Sendungen wie „Im Zentrum" auf – laut Insert immer als „Sozialexperte" (für alle, die Reiters Hintergrund kennen, ein blanker Zynismus). Seit Herbst 2017 muss sich Reiter nicht mehr wegen seiner Geschäftsführer-Praktiken vor lästigen Fragen von außerhalb des ORF fürchten – er wechselte den Job und wurde grüner Bezirksvorsteher in Wien-Neubau.

Zur Galionsfigur der stillen Machtausübung der Grünen im ORF wurde Armin Wolf. Diese Aussage würde er kaltschnäuzig kommentieren: „Den Unterschied zwischen diesem Satz und der Wahrheit möchte ich Klavier spielen können." Wolf wurde als Anchorman der „ZiB2" und für seine knallharten Interviews bekannt. Hier lässt er in der Tat Objektivität walten – er hat bei einem Sommergespräch auch schon Grünen-Chefin Glawischnig beinahe zum Weinen gebracht. Aber abseits der äquidistanten Kreuzverhöre ist die Faktenlage völlig klar. Als im November 2011 bekannt wurde, dass Niko Pelinka ab 1. Jänner 2012 Büroleiter von ORF-Generaldirektor Alexander Wrabetz werden sollte, brach ein Sturm der Entrüstung los. Niko Pelinka, Sohn des Journalisten Peter Pelinka und Neffe des Politikwissenschafters Anton Pelinka, war kurz zuvor Leiter des „SPÖ-Freundeskreises", der größten Fraktion im ORF-Stiftungsrat, geworden. Armin Wolf stellte sich an die Spitze jener, die sich gegen die „Verpolitisierung" des ORF verwahrten und dessen „Unabhängigkeit" retten wollten. 1300 Unterschriften wurden ORF-intern gesammelt. Am 19. Jänner 2012 brach Pelinka unter dem unverminderten Druck (z. B. wurde er im erwähnten Satireformat „Wir Staatskünstler" von Burgschauspieler Nicholas Ofczarek als dauerdebil dargestellt) zusammen und demissionierte. Soll sein. Aber: Pelinkas Vorgänger als rechte Hand von Wrabetz, damals als „Kommunikationschef", war der Grüne Pius Strobl gewesen. Da hatte man von Wolf jahrelang keinen Mucks gehört …

Vor einigen Jahren trat Armin Wolf an der Universität Wien für deren Absolventenverein auf. Er wurde von „Falter"-Redakteur Florian Klenk interviewt. Wolf schilderte dabei, wie seine Redaktion Beiträge für die „ZiB2" fertiggestellt habe, und dann sei ÖVP-Mann Werner Mück als direkter Vorgesetzter gekommen und habe alles, was seiner Partei schaden konnte, aussortiert. Fürwahr schlimm, vom Regime der ÖVP-Generaldirektorin Monika Lindner und ihres Erfüllungsgehilfen Werner Mück war in diesem Buch schon weiter vorn die Rede. Aber sehen wir uns ein anderes konkretes Beispiel an: Im Wien-Wahlkampf 2010 wurde eine Internetseite zur Unterstützung der türkischstämmigen Grünen-Abgeordneten Alev Korun eingerichtet. Dieser Versuch der austrotürkischen Imagepflege ging gehörig in die Hose. Dass das islamische Kopftuch kritisiert wird, beantworteten die Macher so: „Packt mal an der eigenen Nase [sic] und schaut euch mal die österreichische Jugend an, die sich anzieht wie Bettler und Sandler!" Und sie setzten zu diesem Thema noch eines drauf: „Aber gegen den heiligen Juden mit den meterlangen Schläfenlocken und Kippa in der U-Bahn traut sich keiner was zu sagen …" Auch über Rumänien und Bulgarien, die „sich weiterhin mit dem Müll [sic] auf der Straße ernähren", wurde hergezogen. Die FPÖ-Presseaussendungen dazu liefen auch über die ORF-Computerbildschirme. Was kam in Armin Wolfs „ZiB2" dazu? Nichts. Man stelle sich vor, jemand hätte auf seiner Seite für einen freiheitlichen Kandidaten geworben und nebenbei Juden und Osteuropäer beschimpft. Es wäre wohl längere Zeit Thema gewesen. Wenn jemand im Nachhinein Beiträge ausscheidet, die der ÖVP schaden, dann ist das „Zensur". Wenn jemand im Vorhinein Themen für Beiträge ausscheidet, die den Grünen schaden, dann ist das „Pressefreiheit". Das ist die krude ORF-Logik von Wolf und Co.

Seit dem Frühjahr 2018 ist mit Norbert Steger erstmals ein Freiheitlicher Vorsitzender des ORF-Stiftungsrats. Die Grünen warnen jetzt vor einer drohenden „Umfärbung". Das ist ein interessantes Eingeständnis, denn man kann nur etwas *um*färben, das vorher schon *ein*gefärbt war. Die Grünen fürchten de facto eine Zurückdrängung ihres Einflusses. Ob das überhaupt gelingen kann, ist fraglich. Würde es passieren, wäre es im Sinne einer Entpolitisierung des ORF kein Schaden.

Nachwort

„Zuerst muss man sich mit dem Feind verbünden, um den Gegner zu besiegen, und dann mit dem Gegner gemeinsam den Feind vernichtend schlagen", skizziert der junge Mann lebhaft die Hauptthese des japanischen Samurai-Philosophen Miyamoto Musashi, über den er soeben ein Buch gelesen hat. Er beeindruckt die schöne Helena und meine Wenigkeit damit durchaus. Der junge Mann ist HC Strache. Es ist ein Montagabend im Frühjahr 1989. Zu diesem Zeitpunkt findet immer der Stammtisch der Liberalen Jugend Österreichs im Obergeschoß des „Bettelstudent" im 1. Wiener Gemeindebezirk statt. Elmar Dirnberger, Chef der noch neuen Organisation und auch Bezirksobmann der FPÖ Penzing, sammelt alle, die sich (wie ich) beim Ring Freiheitlicher Jugend nicht wohlfühlen oder (wie HC) erst gar nicht aufgenommen wurden. Dirnberger ist längst in andere Sphären entrückt, die meisten der regelmäßigen Stammtischbesucher sind nicht in die Politik gegangen oder dort nicht lange geblieben. Die Atmosphäre bei diesem Stammtisch ist gemütlich, die Gesprächskultur hoch. Wenn es nach einigen Stunden ans Zahlen geht, schaut HC mit einem lausbübischen Lachen in die Runde, dem man nichts abschlagen kann: „Bissi Geld borgen." Diese Formulierung ist notorisch, das „borgen" rein rhetorisch. Die Zehn-Schilling-Münze, mit der ich mich im Regelfall beteilige, stammt von dem Geld, das mir meine Mutter mitgegeben hat. Der „Bettelstudent" passt für HC und für mich gleichermaßen gut.

Bevor wir einander kennenlernten, waren wir viermal knapp dran. Das begann schon damit, dass zwischen unseren Geburten nur wenige Tage und wenige Kilometer lagen. HC wurde am 12. Juni 1969 in der Semmelweis-Klinik in Wien-Währung geboren, ich am 19. Juni 1969 im Wilhelminenspital in Wien-Ottakring. In der Partei scherze ich gerne bei passender Gelegenheit, dass ich zwar eine Woche jünger als HC bin, aufgrund meines schütteren Haares die Leute aber glauben würden, er sei eine Woche jünger. Die nächste Gelegenheit verpassten wir ungefähr eineinhalb Jahrzehnte später: Hätte HC es beim Wiener Sportclub zumindest bis in die U21-Mannschaft geschafft, hätte ich ihm am Sportclub-Platz von den Betonstufen der Friedhofstribüne aus zugejubelt. Kurz danach die dritte Gelegenheit beim Schlammkriechen im nächtlichen Wald. Aber ich wartete damit, bis ich meine HAK-Matura und den Mag. phil. (Geschichte und Gewählte

Fächerkombination aus Politikwissenschaft und Tschechisch) in der Tasche hatte. So leistete HC einige Jahre früher seinen Wehrdienst ab. Beim Besuch der Einführungsvorlesung in das Studium der Geschichte bei Univ.-Prof. Dr. Karl Brunner war wiederum er ein bisschen später dran. Ja, und dann eben der RFJ, bei dem wir uns eigentlich hätten treffen müssen und der uns beide zur LJÖ brachte. Die RFJ-Führung war es auch, die uns beide vor der Wien-Wahl 1991 auf der jeweiligen Kandidatenliste zurückreihte. HC wurde von meinem väterlichen Freund Rainer Pawkowicz wieder vorgereiht – im Gegensatz zu mir, weil ich Rainer erst 1992 näher kennenlernte. So wurde HC der damals jüngste Bezirksrat aller Zeiten.

Was gibt es über mich, den Autor dieses Buchs, einen weitgehend Unbekannten und obendrein Facebook-Verweigerer, noch zu sagen? In der ersten Hälfte der 1990er-Jahre machten mich drei politische Aktionen zu einer negativen Kultfigur im linksextremen Lager: das (letztlich erfolglose) Engagement für die „Plattform Siegfriedskopf" zur Rettung des Akademikerdenkmals in der Aula der Universität Wien, das „Molotow-Müsli", das auf 300 Seiten die linksextremen Umtriebe der Grünen dokumentierte, und schließlich die Reanimierung des RFS gemeinsam mit Christian Rössner. Nach einigen Jahren kehrte wieder Ruhe ein.

Meine auch politische Heimat ist der 15. Bezirk, Rudolfsheim-Fünfhaus, österreichweit bekannt durch Westbahnhof, Stadthalle und Lugner City. Hier war ich 1994–2015 Bezirksrat, zwölf Jahre davon als Klubobmann. Nebenbei werkte ich im Rathaus für die Wiener Freiheitlichen, 1997–2005 als Klubreferent (eine Art „Mädchen für alles"), 2005–2015 als Integrationsreferent durch die Wiener Moscheen und das „wilde Kurdistan" tourend. Im Oktober 2015 wurde ich in Gemeinderat und Landtag gewählt. Ich bin nun der Behindertensprecher der Wiener Freiheitlichen und bohre als solcher im rot-grünen Wien meterdicke Bretter. Werde ich abseits dieser Thematik in den Medien erwähnt, kommen zwei zeitgenössische Totschlagbegriffe zur Anwendung: „Burschenschafter" und „Aula-Autor". Dabei handelt es sich um eine Unwahrheit und eine Halbwahrheit. Es wäre nichts Ehrenrühriges, Burschenschafter zu sein, aber es traf auf mich niemals zu. In der „Aula" schreibe ich schon seit ungefähr 2001 nicht mehr und habe nie etwas annähernd Unstatthaftes zu Papier gebracht.

Meine letzte Veröffentlichung in Buchform war 2017 die Eckartschrift „Lettlands deutsche Geschichte(n)". Sie beschäftigte sich mit dem starken Lettlandbezug von Persönlichkeiten wie Heinz Erhardt, Richard Wagner, dem Baron von Münchhausen und „Crocodile Dundee". 2019 soll das „Molotow-Müsli 2.5" erscheinen, eine erweiterte Neuauflage des weiter oben erwähnten Werkes.

Als noch junges FPÖ-Mitglied (offizielles Eintrittsdatum 5. September 1988) lauschte ich gerne den Altvorderen und sog jede Information wie ein Schwamm auf, vor allem solche zu nicht öffentlich gewordenem Hintergrundgeschehen. Wann immer einer dieser Altehrwürdigen von uns ging, kam zum persönlichen Schmerz das Bedauern über den Verlust an Wissen hinzu, zumal dieses meist nicht niedergeschrieben worden war. Irgendwann ist man selbst nicht mehr ganz jung und stellt plötzlich fest, dass man auch schon einiges zu erzählen hat. „Wie war das eigentlich zur Zeit der Spaltung?", hört man klassischerweise von jungen Funktionären, die sich damals noch nicht einmal in der Pubertät befunden haben. Das eine oder andere Mal wurde ich im Anschluss an meine Schilderungen gefragt, warum ich kein Buch darüber schreibe. Und da die Geschichte der wiederauferstandenen FPÖ unter HC Strache noch ungeschrieben ist, stellte ich mich irgendwann der Herausforderung. Angesichts der neuesten Entwicklung lässt sich in dieser Geschichte auch ein schöner Bogen spannen, sozusagen vom Tisch 21 im „Einstein" zum 21. Vizekanzler der Zweiten Republik.

Nun liegt es also vor, dieses Buch, in meinem ganz eigenen Stil. Kein Jubelbuch und natürlich auch nicht der übliche Verteufelungsversuch. Auch handwerklich unterscheidet es sich von sonstiger politischer Fachliteratur. Ich schweife an manchen Stellen bewusst ein wenig ab oder aus, und wo ich selbst mittendrin war, lasse ich das auch einfließen. Mein Diplomvater, der leider schon verstorbene Univ.-Prof. Dr. Andreas Moritsch, übrigens ein überaus FPÖ-kritischer Kärntner Slowene, hat mich alles gelehrt, auch das korrekte und exzessive Zitieren. Aber ich muss gestehen: Ich mag die an den Geschichtsinstituten üblichen Buchstabenwüsten mit angeschlossenen Fußnotenfriedhöfen nicht. Dieses Werk sollte einfach ein Lesebuch werden für alle, die sich für HC Strache oder generell für Politik interessieren. Ich hoffe, dass mir das gelungen ist.